utb 4892

Eine Arbeitsgemeinschaft der Verlage

W. Bertelsmann Verlag · Bielefeld
Böhlau Verlag · Wien · Köln · Weimar
Verlag Barbara Budrich · Opladen · Toronto
facultas · Wien
Wilhelm Fink · Paderborn
A. Francke Verlag · Tübingen
Haupt Verlag · Bern
Verlag Julius Klinkhardt · Bad Heilbrunn
Mohr Siebeck · Tübingen
Ernst Reinhardt Verlag · München
Ferdinand Schöningh · Paderborn
Eugen Ulmer Verlag · Stuttgart
UVK Verlagsgesellschaft · Konstanz, mit UVK/Lucius · München
Vandenhoeck & Ruprecht · Göttingen · Bristol
Waxmann · Münster · New York

Martin Lehner

Erklären und Verstehen

Eine kleine Didaktik der Vermittlung

Haupt Verlag

Martin Lehner, FH-Prof. Priv.-Doz. Dr. phil., Promotion und Habilitation in Erziehungswissenschaft, ist Vizerektor für Lehre an der Fachhochschule Technikum Wien. Er leitet das Institut für Sozialkompetenz und Managementmethoden und zeichnet für den Bereich Hochschuldidaktik verantwortlich. Nach seiner Tätigkeit als Personalentwickler bei IBM war er mehrere Jahre lang selbstständiger Trainer und Berater, anschließend Prozess-Coach bei der TUI. Von 1998 bis 2005 war er Professor an der Fachhochschule Vorarlberg, drei Jahre lang auch Vizerektor. Er leitet seit 20 Jahren didaktische Seminare und Workshops und ist Autor einschlägiger Veröffentlichungen; zuletzt erschienen: *Viel Stoff – schnell gelernt*, UTB 2015; *Viel Stoff – wenig Zeit*, 4. Aufl. Haupt; Didaktische Reduktion, UTB 2012; *Allgemeine Didaktik – Eine Einführung*, UTB basics 2009.

1. Auflage 2018

Bibliografische Informationen der Deutschen Nationalbibliothek:
Die Deutsche Nationalbibliothek verzeichnet diese Publikation in der Deutschen Nationalbibliografie; detaillierte bibliografische Daten sind im Internet über http://dnb.dnb.de abrufbar.

Umschlagsgestaltung: Atelier Reichert, D-Stuttgart
Umschlagsfoto: Fotolia, 153537792_L_contrastwerkstatt, ©Fotolia
Satz: Die Werkstatt Medien-Produktion GmbH, D-Göttingen

Printed in Germany

UTB-Band-Nr.: 4892
ISBN: 978-3-8252-4892-5

Inhaltsverzeichnis

Vorwort

Liebe Leserin! Lieber Leser!

«Meine Lehrerin kann richtig gut erklären!» - «Der Professor bringt das immer so gut auf den Punkt!» sind oftmals gehörte Lobeshymnen auf Lehrpersonen. Natürlich gibt es auch das Gegenteil: «Der/Die kann überhaupt nicht erklären!» ist – jedenfalls aus Sicht der Lernenden – ein oftmals kaum noch zu kompensierendes «Urteil» über eine Lehrperson. Aus diesen Aussagen und auch aus entsprechenden Befragungen lässt sich die Vermutung ableiten, dass die Erklärkompetenz einer Lehrperson – und wieder darf ich einfügen: insbesondere für die Lernenden – eine zentrale didaktische Kompetenz darstellt.

Erklären wird von den Lernenden in den unterschiedlichen unterrichtlichen Feldern – Schule, Hochschule, Erwachsenenbildung usw. – als bedeutsam wahrgenommen. Warum dies so ist, liegt auf der Hand: Gutes Erklären führt in Verbindung mit gelungenen Aneignungshandlungen zu einem Verstehen und hilft den Lernenden dabei, sich Teile der Welt zu erschließen. Gleichsam werden die lernenden Menschen dadurch auch im KLAFKIschen Sinne für diese Welt erschlossen. Sie erwerben durch gelungene Verstehensprozesse Kategorien für die Wahrnehmung und Verortung von Teilen der Welt.

Wiewohl Erklären und Verstehen also offensichtlich bedeutsame Aspekte des Lehr-/Lernfeldes sind, erfahren sie doch in der allgemein-didaktischen und teilweise auch in der fachdidaktischen Diskussion eine nur geringe Aufmerksamkeit. Woran das genau liegt, kann man nur mutmaßen; jedenfalls ist festzustellen, dass andere didaktische Themen – innovative (!) Methoden, Neue Medien und E-Learning, Lernergebnisorientierung u. a.m. – eine deutlich höhere Aufmerksamkeit in der «scientific community» erfahren als inhaltlich orientierte Aspekte wie das Erklären und Verstehen.

TERHART hat bereits vor Jahren festgestellt, dass «Lehren und Lernen nie an sich, sondern immer in Verbindung mit einer bestimmten Inhaltlichkeit» stattfinden.[1] Für das Erklären und Verstehen gilt dies in besonderer Weise, denn ohne einen konkreten Inhalt verbleiben die vielen didaktischen Hinweise recht abstrakt. Erklären und Verstehen sind Vorgänge, denen ein zutiefst qualitatives Moment innewohnt, das oft seriös nur in Verbindung mit Lerninhalten beurteilt werden kann. Eine gute Erklärung profitiert nicht ganz allgemein von Beispielen, sondern von guten (!) Beispielen. Verstehensprozesse werden nicht durch Aufgaben angestoßen, sondern durch gute (!) Aufgaben. Gerade Maßnahmen der externen Qualitätssicherung verzichten oftmals auf diesen wichtigen Konnex und können daher nur in nahezu inhaltsleerer Manier feststellen, dass bestimmte Methoden eingesetzt bzw. bestimmte Lernergebnisse formuliert wurden, nicht aber, in welcher Güte dies geschehen ist. Dazu bedarf es einer inhaltlichen Referenz.

Wenn im Untertitel von einer kleinen Didaktik der Vermittlung die Rede ist, dann ist damit gemeint, dass die Sache und die Lernenden aufeinander bezogen und in dieser Weise auch Erklären und Verstehen in ein Verhältnis gesetzt sind. «Vermittlung» bezeichnet das didaktische Spannungsverhältnis von subjektiver Wissenskonstruktion zu intersubjektiv nachvollziehbarer Sachstruktur und akzentuiert damit auch die Subjektivität der Verstehens- und Aneignungsprozesse. Dieses Spannungsverhältnis bildet sich zudem auch handlungspraktisch ab, denn es gilt im Sinne Kleickmanns, so viel Herausforderung (kognitive Aktivierung) wie möglich zu schaffen, gleichsam aber auch so viel Unterstützung (kognitive Strukturierung) wie nötig zu geben.[2] Erklären und Verstehen als Aspekte einer Didaktik, die sich auch den Fragen der Vermittlung zuwendet, bezeichnen somit eine didaktische Kernaufgabe: das In-Beziehung-Bringen von Sache und Lernenden.

Gelungene Erklärens- und Verstehensprozesse tragen in hohem Maße dazu bei, dass Freude und Begeisterung für Inhalt und Lernprozess bei den Lernenden entstehen. Dies kann auf die Lehrpersonen zurückwirken und deren Freude am Lehren verstärken. Auch dieses Buch ist aus einer Begeisterung für die Lehre – und hier speziell für das Erklären und Verstehen – entstanden. Es ist eine Weiterführung meiner anderen didaktischen Bücher, und so werden die Leser und Leserinnen einige Abschnitte entdecken, die ihnen in ähnlicher Form auch bei «Didaktische Reduktion» (1.3, 5.2, 5.3) und «Viel Stoff – schnell gelernt» (3.4–3.6, 3.8, 4.5) untergekommen sind. Neben diesen fachlichen Inspirationen bedanke ich mich zum wiederholten Male bei Günter Strauch, der die Erstfassung kommentiert hat, und bei Martin Lind, der das Buch wiederum von der Idee bis zum Lektorat fachkundig begleitet hat.

Allen Leserinnen und Lesern wünsche ich viel Freude mit diesem Buch.

Martin Lehner

1 Grundlagen

Inhalt

Zusammenfassung

Erklären und Verstehen (1.1) sind aufeinander bezogene Begriffe. Erklären findet immer dann statt, wenn eine Sache bzw. ein Lerninhalt mit dem Ziel vermittelt wird, bei den Lernenden Verstehen zu bewirken. Zu den Aspekten guten Erklärens (1.2) zählen neben der Adaptivität (Vorwissen usw.) und dem Kontextbezug (Fragen usw.) insbesondere die Verwendung von aufeinander abgestimmten Verstehenselementen (Teilelementen des Erklärens) und geeigneten Repräsentationen (Strukturen, Bilder usw.) sowie die Anregung von kognitiven Aktivitäten. Dabei gilt es sowohl die Sache als auch die Lernenden (1.3) angemessen zu berücksichtigen. Die Vermittlung von Inhalten (1.4) als didaktische Aufgabe wird in der gegenwärtigen Didaktik nur am Rande beleuchtet, wohingegen der Stellenwert einer guten Erklärung auf Seiten der Lernenden nicht hoch genug eingeschätzt werden kann.

1.1 Erklären und Verstehen – Begriffe und Funktionen

Erklären (mhd. «klar»: hell, lauter, rein, glänzend, schön) findet immer dann statt, wenn eine Sache bzw. ein Lerninhalt mit dem Ziel vermittelt wird, bei den Lernenden Verstehen zu bewirken.[3] **Erklären und Verstehen sind demzufolge Korrelativbegriffe,** d. h., jeder Form des Erklärens entspricht eine Form des Verstehens und umgekehrt (→ Zitat 1). Gelingt es derjenigen Person, die eine Sache erklärt, diese verständlich zu machen, dann äußert sich dies üblicherweise darin, dass die Lernenden auch etwas wissen bzw. können. Das (eher innerliche, nicht direkt zugängliche) Wissen versetzt die Lernenden dann auch in die Lage, selber Erklärungen geben zu können, die - sofern sie gelingen - wiederum ein erweitertes eigenes Verstehen bewirken (→ Abb. 1).[4]

Zitat 1: Ewald Kiel (1999) – Erklären und Verstehen

«Das Verstehen kann als Komplement zum Erklären betrachtet werden. Denn die zentrale und notwendige Funktion des Erklärens ist es, etwas verstehbar zu machen.»[5]

Erklären ist eine **situierte Praxis,** d. h., Erklären findet immer für und in einem bestimmten Kontext statt.[6] Hierzu zählen auf Seiten der Lernenden u. a. das sachbezogene Vorverständnis, die lernbiografische Prägung und die individuellen bzw. institutionellen Rahmenbedingungen. Vor diesem Hintergrund ereignet sich Verstehen dann «als subjektiv stimmig und gegenstandsangemessen erlebte Sinnkonstruktion»[7]. Zudem ist Erklären häufig **asymmetrisch,** d. h., die erklärende Person verfügt - sofern es sich nicht um Erklärungen unter Lernenden zum Zwecke der Aneignung handelt - um ein stärker ausgeprägtes Fachwissen als die Adressaten der Erklärung. Nicht zuletzt hat Erklären – jedenfalls in den face-to-face-Situationen – auch ein **interaktives** Moment.

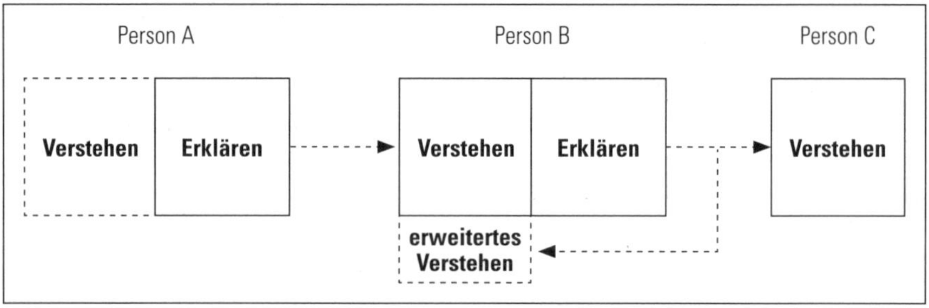

Abbildung 1: Erklären und Verstehen

Erklären und Verstehen sind **keine fest umrissenen Fachtermini,** und ihre Verwendung ist nicht immer unproblematisch. Hinsichtlich des Erklärens führt Stukenbrock aus: «So selbstverständlich es uns im Alltag erscheint, jemandem etwas zu erklären, so problematisch erweist sich eine wissenschaftliche Definition des Erklärens. Antworten auf die Frage, was eine Erklärung sei und was Gegenstand einer Erklärung sein könne, sind ebenso divers wie die Versuche, Erklärungen zu typologisieren.»[8] Ziff macht ähnliche Definitionsschwierigkeiten in Bezug auf das Verstehen aus: «To understand understanding is a task to be attempted and not to be achieved today, or even tomorrow»[9].

Jenseits aller begrifflich-definitorischen Herausforderungen ist festzustellen, dass dem **Erklären aus Sicht der Lernenden ein hoher Stellenwert zu-**

kommt (→ Zitat 2). So wird guten Lehrpersonen eine entsprechende Vermittlungskompetenz zugeschrieben: «Und sie ist gut, also sie kann sehr gut erklären.»[10] Derartige Aussagen finden sich immer wieder in Befragungen von Schülerinnen und Schülern bzw. Studierenden[11]. – Die hohe Wertschätzung, die das Erklären von Seiten der Lernenden erfährt, bildet sich auch in den vielen Erklärangeboten im Internet (Khan Academy, Sofatutor etc.) ab, die vorgeben, bestimmte – in der Regel als schwierig wahrgenommene – Sachverhalte in einer für die Lernenden fasslichen Form darzubieten. Zudem spielen Erklär- bzw. Lehrvideos im Rahmen des Inverted Classroom-Konzepts (auch: Flipped Classroom), das vor allem im Hochschulbereich an Bedeutung gewinnt, eine zentrale Rolle.[12]

Zitat 2: Anke Wagner & Claudia Wörn (2011) – Erklären als Kompetenz

«Aus Sicht der Schülerinnen und Schüler ist eine der wichtigsten Kompetenzen eines guten Lehrers die Fähigkeit, gut erklären zu können.»[13]

Anders als bei diesem lernendenseitig starken Fokus auf die Vermittlungskompetenz und dabei insbesondere auf das zielgruppenspezifische Erklären, scheint diese Kernaufgabe der Lehre «in den vergangenen Jahrzehnten aus dem Blickfeld geraten (zu sein), ja es gibt eine gewisse Scheu vor dem Erklären.»[14] Wagner & Wörn sprechen sogar von einer **wahrnehmbaren Zurückhaltung in Bezug auf vermittelnde Lehraktivitäten:** «Das Bild eines Unterrichts, in dem ein Lehrer vor der Klasse steht und erklärt, gilt als veraltet und nicht mehr angemessen. Schüler sollen im Unterricht eine aktive Rolle einnehmen und bei der Gestaltung mitwirken. Lehrererklärungen scheinen da nicht mehr ins Bild zu passen.»[15]

Dabei gibt es internationale Vergleichsstudien, wie etwa die COACTIV-Studie, in denen die **Bedeutung der Erklärkompetenz für die Unterrichtsqualität** und den Lernzuwachs von Schülern empirisch nachgewiesen wurde. «Dort war die Erklärkompetenz ein zentraler Bestandteil des fachdidaktischen Wissens, das sich – im Gegensatz zum reinen Fachwissen – als prädiktiv valider Indikator für zentrale Aspekte der Unterrichtsqualität sowie für den Lernzuwachs der Schüler herausgestellt hat.»[16] Auch bildet sich das komplementäre Verhältnis zwischen Erklären und Verstehen ab: Der kognitive Strukturaufbau bei den Lernenden bedarf einerseits der Anleitung und Unterstützung durch die Lehrperson, muss dann aber andererseits von den Lernenden selbst vollzogen werden. «Gute instruktionale Erklärungen zeichnen sich dadurch aus, dass sie die kognitiven Aufbauprozesse der Lernenden optimal unterstützen.»[17]

Erklärungen kommen in **unterschiedlicher Form** daher. Eine sinnvoll mögliche Differenzierung berücksichtigt dabei in Anlehnung an LEINHARDT vier Ausprägungen:

- **Ad-hoc-Erklärung** (common explanation): Hierbei handelt es sich um eine - in der Regel - spontane Erklärung, mit der auf eine Frage oder ein wahrgenommenes Wissens- bzw. Verstehensdefizit reagiert wird. Eine Ad-hoc-Erklärung wird an Ort und Stelle gegeben und verstanden und anschließend für den weiteren Lernprozess genutzt. Ad-hoc-Erklärungen gibt es sowohl im Unterricht als auch in der Alltagswelt.
- **Instruktionale Erklärung** (instructional explanation): Diese Form der Erklärung ist von der Lehrperson bewusst als Lehrintervention geplant, um den Lernenden einen Sachverhalt zugänglich zu machen und einen entsprechenden Lernprozess anzustoßen. Die instruktionale Erklärung kann sich sowohl über eine kurze als auch über eine längere Zeit erstrecken.
- **Wissenschaftliche Erklärung** (disciplinary explanation): Hier orientiert man sich in der Regel am subsumtiven Modell, der wichtigsten Form des Begründens, d.h. der logischen Ableitung einer Tatsachenbehauptung aus einem wissenschaftlichen Gesetz sowie den als gegeben unterstellten Situationsbedingungen, unter denen selbiges Gesetz wirkt[18]. Die kausale Erklärung eines Vorgangs bedeutet also, einen Satz, der diesen Vorgang behauptet, aus Gesetzen und Randbedingungen deduktiv abzuleiten[19] (→ Infotafel 1).
- **Selbsterklärung** (self-explanation): Diese Form des Erklärens ist gleichsam eine Form des Lernens. Die Lernenden werden im unterrichtlichen Kontext dazu angehalten, sich etwas selbst zu erklären. Das «Selbst» hat somit eine doppelte Bedeutung, und zwar insofern, als dass die Erklärungen sowohl von den Lernenden generiert werden als auch an diese gerichtet sind.

Allen Erklärungen gemeinsam ist, dass sie von einer expliziten oder impliziten Frage- bzw. Problemstellung und einem bestimmten Verständnis in Bezug auf die **Vollständigkeit und Geschlossenheit der Erklärung** ausgehen. Instruktionale Erklärungen sind in der Regel umfangreicher und elaborierter als Ad-hoc-Erklärungen, gleichsam erfüllen sie aber nicht den Anspruch einer vollumfänglichen wissenschaftlichen Argumentation. Dazu führt PAILER aus: «Erklärungen können viele Defizite aufweisen und insofern vom idealen subsumtiven Modell abweichen und unvollkommen sein, als sie ungenau, rudimentär, nur partiell oder skizzenhaft sein können. Bei wissenschaftlichen Erklärungen sollte dies möglichst vermieden werden. Zwei Forderungen werden aber trotz aller wissenschaftlicher Genauigkeit nie erreicht werden können: Die der Totalität, d. h., dass ein ‹Ereignis in allen seinen Einzelheiten› erklärt wird, und die der Abgeschlossenheit, also dass nichts unerklärt bleibt und sämtliche für die Erklärung verwendeten Annahmen selbst wieder erklärt werden.»[20]

Infotafel 1: «Erklären und Verstehen» in der Wissenschaftstheorie

Droysen-Dilthey-These: Hier wird ein Gegensatz von Erklären (Naturwissenschaften) und Verstehen (Geisteswissenschaften) postuliert. Vorgänge in der Natur werden als Spezialfall eines abstrakten allgemeinen Gesetzes aufgefasst, Erzeugnisse des menschlichen Geistes (Ideen, Theorien, Kunstwerke usw.) als von Menschen hervorgebrachte und nur durch Verstehen zugängliche Artefakte. Bei Wilhelm Dilthey heißt es dazu: «Die Natur erklären wir, das Seelenleben verstehen wir.»[21]
Universelles wissenschaftliches Vorgehen nach Popper: Der Falsifikationismus mit seinem Postulat, dass eine Hypothese niemals bewiesen, aber gegebenenfalls widerlegt werden kann, ist für Karl R. Popper die Grundlage allen wissenschaftlichen Handelns. Hypothesen werden also entweder widerlegt oder sie bewähren sich im Rahmen von Falsifikationsversuchen. Diesbezüglich besteht kein grundsätzlicher Unterschied zwischen den Natur- und den Geisteswissenschaften.
Synthese von Erklären und Verstehen: Am Beispiel der Neurobiologie führt Gerhard Roth aus: «Je komplexer die zu begreifenden Phänomene sind, desto weniger gelingt das ‹Erklären› im traditionellen Sinne einer naturwissenschaftlichen Reduktion auf akzeptierte Gesetzmäßigkeiten, und desto mehr nähert sich das Begreifen dem hermeneutischen Verstehen der Geisteswissenschaften an. (...) Das gängige Verfahren läuft (...) so ab, dass die Daten ‹gereinigt›, statistisch aufgearbeitet und in einem ersten Schritt vorinterpretiert werden, und mit dieser ersten Vorinterpretation gehe ich wieder an die Daten heran und stelle eventuell fest, dass meine Interpretation unzulänglich oder gar falsch war, und ich mache einen zweiten und dritten Versuch, bis mir eine mehr oder weniger schlüssige Deutung gelingt.»[22]

Bei instruktionalen Erklärungen geht es stets darum, einen Sachverhalt bzw. eine Sache – häufig in Verbindung mit einem geeigneten Beispiel – zu erläutern. Meist wird der zu erklärende Sachverhalt dabei mit geeigneten Regeln, Prinzipien oder Leitlinien in Verbindung gebracht und hinsichtlich deren spezifischer Anwendbarkeit beleuchtet. **Vorbereitete Erklärungen** bestehen aus einzelnen Erklärelementen, die insbesondere dazu dienen, umfangreiche und anspruchsvolle Sachverhalte auf das Wesentliche zu konzentrieren. Oft handelt es sich dabei um ausgewählte Grundlagen des jeweiligen Fachs – unabhängig davon, ob es dabei eher um Faktenwissen, verfahrensorientiertes oder konzeptionelles Wissen (→ Abb. 2) geht. Meist werden Sachverhalte dann noch geeignet veranschaulicht und zum Abschluss der Erklärung gesichert. Im Vergleich zu den vorbereiteten instruktionalen Erklärungen sind **unterrichtliche Ad-hoc-Erklärungen** meist kurz und prägnant und dienen vorrangig dem Schließen von Verstehenslücken. Sie fließen dabei in den Lehr-/Lernprozess ein und erfüllen einen punktuellen unterrichtlichen Zweck. Eine weitere Unterscheidung betrifft mündlich gegebene und schriftlich vorliegende Erklärungen.

Erklärtyp	**Wissensdimension**	**Beispiel**
Erklären: WAS (beschreibend)	(eher) faktenorientiert: Details, Terminologien, Klassifikationen	• Was ist ein Enzym? • Was versteht man unter Osmose? • Was bezeichnet der Begriff «Sozialisation»?
Erklären: WIE (beschreibend)	(eher) verfahrensorientiert: Techniken, Methoden, Vorgehensmodelle	• Wie löst man eine quadratische Gleichung? • Wir funktioniert Demokratie? • Wie wird das Perfekt in der englischen Sprache verwendet?
Erklären: WARUM (begründend)	(eher) konzeptionell: Prinzipien, Theorien, Modelle, Strukturen, Gesetze	• Warum finden im Projektmanagement sogenannte Meilensteine Verwendung? • Warum hat sich die Argumentation der Evolutionstheorie weitgehend durchgesetzt? • Warum gibt es nicht «die» beste didaktische Methode?

Abbildung 2: Erklärtyp und Wissensdimension[23]

Verschiedene Arten des Erklärens lassen sich mithilfe einer Heuristik differenzieren, die die Erklärtypen **Erklären-Was, Erklären-Wie und Erklären-Warum** unterscheidet. Die ersten beiden sind eher beschreibend, letzterer eher begründend. Allerdings sind die Fragewort-Kategorien nur begrenzt trennscharf, wie sich etwa an den beiden Fragen «Was versteht man unter dem Satz des Pythagoras?» bzw. «Wie lautet der Satz des Pythagoras?» nachvollziehen lässt. Gleiches gilt für die Antwortformate; hier kann man beispielsweise auf die Frage «Warum?» in zweierlei Weise antworten: Eine Antwort, die mit «weil» beginnt, bezeichnet eine sogenannte Kausal- oder Wirkursache, während eine Antwort, die mit «damit» beginnt, eine Zweckursache bezeichnet. Ein Beispiel: «Auf die Frage ‹Warum regnet es?› kann man antworten: ‹Weil sich durch den Zusammenstoß von Luftmassen Feuchtigkeit in den Wolken angesammelt hat.› (kausale Erklärung); oder: ‹Damit Äcker und Wiesen genügend Feuchtigkeit erhalten.› (Zweckerklärung).»[24]

Das **Erfordernis einer Erklärung** entsteht in unterschiedlichen unterrichtlichen Situationen. In manchen Fällen entwickelt sich ein Erklärungsbedarf aus dem mehr oder weniger gelungenen Verlauf der Lernprozesse heraus, in anderen Fällen aus eher zeitökonomischen Überlegungen. Es lassen sich unterscheiden:

- **Anspruchsvolle Sachverhalte:** Das Anforderungsniveau ist hoch und die Inhalte sind entweder komplex (hoher Vernetzungsgrad) oder für die Zielgruppe sehr kompliziert. Für den Verstehensprozess fehlt es an – meist kognitiven – Voraussetzungen, um den Sachverhalt selbstständig oder unter Anleitung zu erarbeiten. Zudem ist das verfügbare Zeitbudget eher gering.
- **Fokussierung der Inhalte:** In manchen Fällen ist es angeraten, die Inhalte zusammenzufassen, gebündelt aufzubereiten oder einfach klar und gut strukturiert darzustellen. Dies kann etwa dann der Fall sein, wenn sich die Lernenden über einen gewissen Zeitraum hinweg mit anspruchsvollen Inhalten auseinandergesetzt haben und es einer inhaltlich-strukturellen Grundlage für die nachfolgenden Lernphasen bedarf.
- **Schwierigkeiten beim Verstehen:** Sofern eine vorangegangene Erklärung oder ein anderer unterrichtlicher Impuls, z. B. eine Aufgabenstellung, nicht verstanden wurde, bedarf es einer zusätzlichen, häufig alternativen Erklärung. Insbesondere gilt dies, wenn bereits mehrere Versuche des Verstehens bzw. Nachvollziehens mit nur geringem Erfolg stattgefunden haben.
- **Wenig präzise Erklärungen der Lernenden:** Sollte sich im Zuge von Präsentationen oder anderen Beiträgen der Lernenden herausstellen, dass der inhaltliche Kern nicht oder nur oberflächlich erfasst wurde, können weitere Erklärungen erforderlich werden, um die Verständnislücken zu schließen.
- **Inhaltliche Bezüge:** Gelegentlich gilt es, einen Sachverhalt in einen anderen – meist größeren – Kontext einzuordnen (→ Kap. 5.5). So entstehen neue Zusammenhänge, werden Strukturen aufgezeigt oder aber zentrale Ideen bzw. Prinzipien sichtbar gemacht. Auch ein inhaltlicher Exkurs zählt hierzu.

So wie der Zweck einer Erklärung sehr unterschiedlich sein kann, kann auch die **didaktische Lesart von «Verstehen»,** das Begreifen und Erfassen einer Sache bzw. eines Sachverhalts, auf durchaus unterschiedliche Weise vonstattengehen (→ Kap. 5). Der Prozess des Verstehens, der immer auch ein Deutungsvorgang ist, respektive sein Ergebnis spiegeln sich dann darin wider, dass die Lernenden etwas wissen bzw. können. Dies beschreibt den engen Zusammenhang zwischen Verstehen und Erklären: Erklärt wird in der Regel, damit jemand etwas (besser) versteht.

1.2 Verständlich und lernförderlich «vermitteln» – Aspekte guten Erklärens

Der Zweck instruktionaler Erklärungen besteht darin, Verstehensprozesse bei den Lernenden anzuregen und inhaltlich zu stützen. Erklären ist keineswegs ein Selbstzweck, sondern immer auf die Entwicklung, Förderung und Stabilisierung kognitiver Strukturen bei den Lernenden bezogen. Von daher überrascht es nicht, dass im Rahmen empirischer Studien wiederholt darauf verwiesen wird, dass das alleinige Vorhandensein einer Erklärung noch nicht notwendig zu den gewünschten Lernergebnissen führt.[25] Vielmehr geht es darum, Inhalte verstehens- und lernförderlich, d. h. auf die Bedürfnisse der Lernenden abgestimmt und gleichsam kognitiv anregend, zu erklären. Dafür lassen sich in Anlehnung an Pauli einige Merkmale guten Erklärens fixieren:

- **An vorhandenes Wissen und Verständnis «andocken»:** Gute Erklärungen sind adaptiv und knüpfen am Vorwissen, dem jeweils aktuellen Verständnis und den vorhandenen Fähigkeiten bzw. Kompetenzen der Lernenden an. Auf diese Weise entstehen kohärente, also zusammenhängende und gleichsam stimmige Verknüpfungen zwischen den neuen Lerninhalten und dem im Langzeitgedächtnis gespeicherten Wissen. Es lässt sich also begründet von einer assoziativ ausgerichteten Erklärung sprechen.
- **Eine wichtige Frage beantworten bzw. ein relevantes Problem lösen:** Sofern möglich, ist es sinnvoll und hilfreich, eine Erklärung in einen größeren Bedeutungskontext zu stellen. Auf diese Weise können ein inhaltliches Interesse bedient oder aber vorbereitende Arbeiten für weitere Lernprozesse begonnen werden. Erklärungen werden in besonderer Weise als nützlich erfahren, wenn sie eine mögliche Hilfe bei einer aktuellen Verständnisschwierigkeit bzw. einem aufgetretenen Fehler offerieren.[26] In der Regel bieten gute Erklärungen einen solch wahrnehmbaren Nutzen.
- **Schrittweise und im Zusammenhang erklären, dabei auf Verstehen ausrichten:** Gute Erklärungen offerieren die für das Verstehen notwendigen Teile, zeigen Beziehungen zwischen diesen auf und orientieren in Bezug auf einen größeren Zusammenhang. Die gewählte Erklärung wird dabei von der Idee des Verstehens und der Bestimmung der einzelnen Verstehenselemente geleitet. Ein «deep understanding» fokussiert in der Regel weniger auf isoliertes Faktenwissen denn auf Konzepte, Prinzipien und Strukturen.
- **Inhalte über Repräsentationen gleichsam gut erinnerbar und verstehbar machen:** Erklärungen bedienen sich einzelner inhaltlicher Repräsentationen, um den jeweiligen Inhalt für die Zielgruppe fasslicher werden zu las-

sen. Im Kontinuum zwischen Abstraktion und Konkretion gibt es Strukturschemata, Metaphern, Geschichten, Bilder und (exemplarische) Beispiele. Repräsentationen fördern die Ausbildung von inhaltlichen Verknüpfungen und bieten oft neben der (eher üblichen) textuellen Kodierung auch eine visuelle Kodierung.

- **Kognitive Aktivitäten der Lernenden anregen:** Der Zweck von Erklärungen besteht darin, gleichsam das inhaltliche Verstehen und feststellbare Lernergebnisse zu befördern. Dies geschieht, indem die Lernenden zur konstruktiven Auseinandersetzung mit dem jeweiligen Inhalt angeregt werden. Eine Spezialform stellen Erklärungen dar, die von den Lernenden selbst generiert werden.

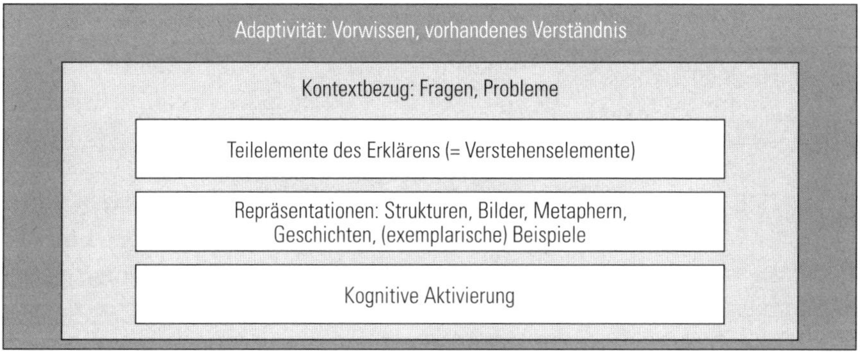

Abbildung 3: Verständliches und lernförderliches Erklären (Modell)

Das Modell verständlichen und lernförderlichen Erklärens (→ Abb. 3) bündelt einige der zentralen Aspekte. Im Zentrum stehen die komplementären Handlungen des Erklärens und Verstehens, befördert durch eine diesbezügliche kognitive Aktivierung, und transportiert über entsprechende Repräsentationen. Dies geschieht vor dem Hintergrund eines fachlichen Kontexts und subjektiver Lernvoraussetzungen. Das alternative Modell von LEINHARDT (→ Infotafel 2) fokussiert noch in besonderer Weise auf zentrale inhaltliche Prinzipien, den Anwendungskontext sowie auf typische inhaltliche Fehler.

Infotafel 2: «Model of Instructional Explanation» (Leinhardt)

«The model is comprised of a system of the goals that, when met, produce an explanation. Those goals include the following:

- (a) establishing a significant query or problem,
- (b) having a useful set of examples available,
- (c) having appropriate representations available,
- (d) attaching the new information that is generated to prior knowledge of the same sort,
- (e) completing the explanation by identifying core principles,
- (f) identifying the conditions of use, and
- (g) resolving the nature of errors.»[27]

Für alle Aspekte des obigen Modells gilt, dass **Verstehensorientierung** ein querliegendes Prinzip ist, an dem sich das Erklärhandeln in allen Bereichen orientieren kann. Im Einzelnen bedeutet dies: Eine Erklärung kann nur dann adaptiv sein, wenn sie am Vorverständnis der Lernenden anschließt. Beweggründe für die Notwendigkeit einer Erklärung werden dann nachvollziehbar, wenn Verständnis für die zur Erklärung führenden Fragen, Probleme und Motive entsteht. Die einzelnen Schritte einer Erklärung, also die Teilelemente einer Erklärung, sind zweckmäßig auf ein schrittweises Verstehen der Lernenden ausgerichtet. Gleiches gilt für die Repräsentationen, die nicht nur auf bessere Abrufbarkeit und duale Kodierung zielen, sondern auch so angelegt sein sollen, dass sie echtes Verstehen befördern. Nicht zuletzt sollte auch die kognitive Aktivierung so ausgerichtet sein, dass sie zu einer gleichsam verständlichen und lernförderlichen Vermittlung beiträgt.

In Anlehnung an Varelija ist bei Erklärungen stets nach den **Bedingungen für die Möglichkeit des Verstehens** zu fragen[28]. Es geht also darum, verstehensförderliche Voraussetzungen zu konzipieren und in ein entsprechendes Lernarrangement zu transformieren. Der Begriff der Möglichkeit verweist darauf, dass die Konstruktionen des Individuums dem direkten Zugriff entzogen sind, auch wenn sie natürlich nicht beliebig vonstattengehen. Wie schwierig es ist, Möglichkeiten des Verstehens zu fassen, darauf verweisen auch Reusser/Pauli: «So unumstritten Verständnisorientierung als pädagogisch und psychologisch begründetes Qualitätsmerkmal guten Unterrichts erscheint, so schwierig ist sie als Qualität des methodisch-didaktischen Anleitungs- und Unterstützungshandelns empirisch zu fassen.»[29]

Bei der Konzeption und Durchführung verstehensorientierter und lernförderlicher Erklärungen spielt das vorhandene fachliche Wissen eine große Rolle, und zwar in zweierlei Hinsicht:

- **Vorwissen und Vorverständnis der Lernenden:** Grundsätzlich gilt, dass anspruchsvolle Denkprozesse wie Analysieren oder Problemlösungen suchen und finden umso leichter fallen, je mehr bereichsspezifisches Vorwissen bereits verfügbar ist.[30]
- **Vorwissen und Vorverständnis der Lehrpersonen:** Bei einer hohen fachlichen Expertise besteht die Gefahr, das Vorwissen auf Seiten der Lernenden falsch einzuschätzen.

Ein großes **bereichsspezifisches Vorwissen auf Seiten der Lernenden** kann dazu beitragen, dass die entsprechenden Kompetenzen bereits prozeduralisiert sind. Zusätzlich greift der Effekt, dass ein – aufgrund seiner wiederholten kognitiven Nutzung – leicht abrufbares Vorwissen das Arbeitsgedächtnis entlastet, sodass im Ergebnis mehr Kapazität für die Bearbeitung einer komplexen Aufgabe verfügbar ist.[31] Die Wirkung bereichsspezifischen Vorwissens lässt sich auch im Umgang mit Lerninhalten unterschiedlicher Schwierigkeitsgrade nachvollziehen. In Experimenten, in denen unterrichtliche Texte Lernenden mit einem relativ hohen Vorwissen angeboten wurden, profitierte diese Gruppe besonders von den anspruchsvollen und zunächst schwieriger zu verstehenden Texten.

Es lässt sich begründet vermuten, dass dieser höhere Level die Lernenden zu einer stärker aktiven Auseinandersetzung und Verarbeitung anregt und in entsprechende Verknüpfungen vorhandener und neuer Inhalte mündet. Im Gegensatz hierzu greift bei den einfacheren Texten der **«Redundanz-Effekt»:** Das Vorwissen der Lernenden und die neuen Informationen sind weitgehend gleich, sodass motivational nur eine geringe Herausforderung für die Lernenden besteht und diese weitgehend passiv verbleiben. Zudem werden die kognitiven Ressourcen für «Selbstverständlichkeiten» herangezogen, anstatt sie für tiefergehende Lernprozesse mit entsprechender Verständnisorientierung bereitzuhalten.[32]

Ein großes **bereichsspezifisches Vorwissen auf Seiten der Lehrenden** kann bei fehlender didaktischer Qualifikation dazu führen, dass beispielsweise das Vorwissen auf Seiten der Lernenden falsch eingeschätzt, in der Regel eher überschätzt, wird. In diesem Fall gibt es nur wenige Überschneidungen zwischen dem Vorwissen der handelnden Personen, sodass von Verständnisorientierung kaum die Rede sein kann. Bei lehrunerfahrenen Fachleuten lässt sich die Tendenz ausmachen, das eigene Vorwissen als Maßstab für das bei den Lernenden vorhandene Vorwissen zu nehmen. Grundsätzlich führt aber sowohl eine Überschätzung als auch eine Unterschätzung des jeweiligen Vorwissens zu nachteiligen Effekten in Bezug auf die erwünschten Lernprozesse.[33]

Lehrende mit hoher fachlicher Expertise haben zudem eine im Vergleich zu fachlichen Laien **andere Wissensorganisation**. Diese ist in der Regel vielfältig assoziiert und «verdichtet» bzw. «gebündelt», d. h. zu schnell abrufbaren größeren Einheiten zusammengefasst.[34] Des Weiteren sprechen Experten ihre «eigene Sprache», verwenden dabei Fachbegriffe mit einem oftmals hohen Abstraktionsgrad und liefern häufig mehr oder weniger umfangreiche Kataloge von Fakten, Begriffen, Methoden und Prinzipien. In der Konsequenz bedeutet dies, dass die Aussagen von Experten einen erfolgreichen Vermittlungsprozess nicht automatisch unterstützen.[35] Erst wenn neben die fachliche Expertise auch eine Expertise in der Lehre tritt, ändert sich dieser Effekt. Erklärungen von didaktisch trainierten Experten sind deutlich besser auf das Vorwissen der Lernenden abgestimmt als jene von Novizen in der Lehre, nutzen die Fehler der Lernenden für die Adaptierung von Erklärungen und tragen so zu verarbeitungsintensiven Lernprozessen bei.[36]

So wie Erklären und Verstehen aufeinander bezogen sind, sind auch Handlungen des Erklärens und des Lernens aufeinander bezogen. Dabei ist sicherzustellen, **dass das Vorhandensein einer Erklärung nicht die intendierten Lernaktivitäten verringert.** Es gibt einzelne Untersuchungen, die darauf hinweisen, dass instruktionale Erklärungen von den Lernenden deshalb geschätzt werden, weil sie das passive Rezipieren des «Stoffes» als ausreichend für den eigenen Lernprozess ansehen und demzufolge von weiteren kognitiven Aktivitäten absehen. Dieser Effekt tritt auch bei schriftlich gegebenen Erklärungen auf.

Insbesondere für Lernende mit einem hohen Vorwissen darf gefragt werden, ob Erklärungen grundsätzlich noch eine Berechtigung haben oder aber durch geeignete kognitive Aktivitäten, beispielsweise Selbsterklärungen, ersetzt werden können. Wiewohl es einzelne Befunde gibt, die diese Annahme stützen, geht die Forschung doch insgesamt von **deutlich lernförderlichen Effekten** aus. Erklärungen tragen dazu bei, das konzeptionelle Wissen zu verbreitern, währenddessen einzelne Aktivitäten der Lernenden dies nicht unbedingt sicherstellen. Häufig ist es die Kombination aus Selbstlernaktivitäten und instruktionalen Erklärungen, die zur Erreichung von Lernergebnissen beiträgt.[37] Wittwer/Renkl subsumieren: «Overall, the findings demonstrate that instructional explanations can promote learners active construction of knowledge in several ways. For example, they might provide learners with a framework that helps them to extend their already existing knowledge to new situations (…), they can present additional information that fills gaps in their understanding, and they may help to overcome comprehension impasses that learners cannot resolve on their own.»[38]

1.3 Die Sache und die Lernenden

So wie Erklären und Verstehen aufeinander bezogen sind, sind auch die **Sachen und die Subjekte,** sprich: die Lernenden, aufeinander bezogen; sie stehen in einem wechselseitigen Verhältnis. Wenn Gesellschaften festlegen, was sie an kulturellen Gütern in Hinblick auf die nachfolgende Generation für tradierenswert halten, dann fixieren sie den - im Rahmen von Schule und Unterricht zu vermittelnden - gesellschaftlichen Wissenskodex in Lehr- und Bildungsplänen. Im didaktischen Transformationsprozess, der Vermittlung, spielen dann vielfältige Faktoren eine Rolle: die Rezeption der Inhalte durch die Lehrenden, die komplexen Bedingungen der «Weitergabe», die sprachliche Umsetzung und die Frage, wie es schließlich bei denen, die es aufnehmen wollen, «ankommt». Auch die Aneignung eines gesellschaftlich oder individuell relevanten Problems unterliegt diesen Bedingungen. Damit ein Verhältnis entstehen kann, muss es – auf welche Weise auch immer – vermittelt werden. Dies ist ein im Kern inhaltliches Problem.

Diese Überlegungen beziehen sich nicht nur auf das «(mehr oder weniger curricularisierte) Wissen» der Bildungsinhalte, sondern auch auf das «alltägliche (mehr oder weniger wissenschaftlich infiltrierte) berufs- und lebenspraktische Wissen»[39]. Auch hier gibt es **Sachansprüche,** die sich nicht radikal-konstruktivistisch auflösen lassen, sondern der nicht-beliebigen, nicht-subjektivistischen inhaltlichen Auseinandersetzung bedürfen. Nur so wird Verstehen möglich, denn dies setzt voraus, dass sich die Wahrnehmung eines Sachverhalts auf eine Weise vollzieht, bei der sich das Neue stimmig mit dem vorhandenen Wissen verbindet. Dieser aktive Konstruktionsprozess schafft Verknüpfungen zwischen Bekanntem und Neuem und erweitert damit die individuellen Deutungsmuster der betreffenden Person. Gelingt Verstehen, dann lassen sich Sachverhalte «aus eigener Kraft» nachvollziehen und rekonstruieren. Zudem bewähren sich derlei Deutungsmuster auch im Umgang mit den Deutungsversuchen anderer Menschen, d. h., sie entwickeln sich zumindest in Richtung **intersubjektiv nachvollziehbarer, also auch belastbarer Interpretationen.**[40]

Lehrende stehen vor der doppelten Herausforderung, sowohl dem Anspruch der Sachen gerecht zu werden, als auch den Anspruch der Lernenden zu bedienen (→ Zitat 3). Sie sind also zugleich **Sachwalter der Lernenden und der Sache,** d. h., sie vertreten

- einerseits **die Lernenden** mit ihren individuellen Bedürfnissen, Grenzen und Kompetenzen gegenüber den Sachen, also gegenüber den Problemen, Phänomenen, Gesetzmäßigkeiten und Texten. Dies bedeutet auch, die Sachen mit Blick auf diese Lernenden auszuwählen und aufzubereiten;
- andererseits und gleichzeitig **die Sachen** gegenüber den ihnen anvertrauten Lernenden – und zwar mit deren Sachanspruch, ernst genommen und als Herausforderung angenommen zu werden.[41]

Diese **doppelte Sachwalterschaft** ist anspruchsvoll, denn im Prozess der Auswahl und Anordnung von Unterrichtsinhalten, des didaktischen Vereinfachens und der Festlegung methodischer Maßnahmen wird stets reduziert, d. h. ausgewählt, konzentriert und häufig auch weggelassen. Eine Reduktion im Sinne einer inhaltlichen Auswahl oder Konzentration vorzunehmen bedeutet, von jenen «Aspekten der Sache abzusehen, die sich dem Lernen vorläufig versperren. Das ist keine Verfälschung der Sache, wohl aber eine Rückführung der Sachansicht auf eine Ebene, die dem Stand des Lernens entspricht. (…) Die didaktische Reduktion einer Sache auf die Ansicht, die vom Standpunkt des Lernenden aus eingesehen werden kann, bildet die Voraussetzung dafür, dass Lernen gelingen kann.»[42]

Zitat 3: Lothar Klingberg (1974) – Die doppelte Verbindlichkeit

«Hieraus ergibt sich (…) die doppelte Verbindlichkeit der didaktischen Fragestellung: einmal gegenüber der ‹Sache›, dem zu vermittelnden Gegenstand, Inhalt oder Lehrstoff – das ist der logische Aspekt des Didaktischen – und zum anderen gegenüber dem heranwachsenden Menschen, seinen Entwicklungsbedingungen, seiner Individualität – das ist der psychologische und ethische Aspekt der didaktischen Fragestellung.»[43]

Inhalte sollen durch eine didaktische Aufbereitung für die Lernenden fasslich und verarbeitbar werden, zugleich sollte im Sinne einer kritischen Herangehensweise erkennbar sein, bei welchen Bereichen ein Begrenzen, Weglassen oder Ausklammern von einzelnen Aspekten stattgefunden hat. Hier geht es also auch um die **hinreichende Identität von Objekt und Lerngegenstand,** «um zu prüfen, ob von der vermittelnden Person ein Gegenstand präsentiert wird, der gegenüber dem Erkenntnisobjekt angemessen strukturiert ist.»[44] An dieser Überlegung wird auch klar, dass für das lernende Subjekt im Rahmen von Vermittlungsprozessen eine teilweise Abgabe an Autonomie verbunden ist. «Vertraut sich ein Subjekt der Vermittlung an, ersetzt der vom Vermittelnden präsentierte Gegenstand zumindest in Teilen die Auseinandersetzung mit dem Objekt.»[45]

Wenn gleichsam von den Ansprüchen der Lernenden und der Sache die Rede ist, die es in ein Verhältnis zu setzen gilt, dann passt dies zur Feststellung, dass **Verstehen subjekt- und kontextabhängig** geschieht, dabei **aber nicht beliebig** ist (→ Zitat 4). Verstehensprozesse geschehen einerseits individuell, d. h., ein jeder Mensch versteht in seiner ganz eigenen Weise, andererseits finden die Konstruktionen im Wesentlichen unbewusst oder vorbewusst statt, sodass das denkende Subjekt dabei eher Produkt denn Konstrukteur ist (→ Kap. 5.1). Dadurch ist auch plausibel, dass sich Aneignungs- und Verstehensprozesse zwar in unterschiedlicher Weise vollziehen können, dass sie trotz allem aber eine gewisse – auch durch subjektadäquates Erklären induzierte – Gerichtetheit aufweisen können.

Zitat 4: Ewald Terhart (1999) – Wider den Sach-Relativismus

«Wird dieser Sachanspruch für alle Inhaltsbereiche und Schulstufen radikal-konstruktivistisch aufgelöst bzw. ‹virtualisiert›, dann wird schulisches Lernen gleichsam entmaterialisiert, im schlechten Sinne formal und am Ende beliebig; eine nicht-subjektivistische Form der Auseinandersetzung mit Sachansprüchen ist dann nicht mehr möglich. Statt Begründungen kann es nur noch Begegnungen geben; Substanz wird Prozess.»[46]

Einige konstruktivistische Konzeptionen sehen hier eine deutliche Trennung zwischen Lehren und Lernen sowie zwischen Erklären und Verstehen. So ist die konstruktivistisch ausgerichtete Ermöglichungsdidaktik in der Lesart Arnolds ohne ihre «didaktische Antithese», die Vermittlungsdidaktik, nicht zu denken. Gegenüber den angenommenen «didaktischen Vermittlungsillusionen»[47] wird von einer prinzipiellen Wirkungsoffenheit und Nichterzwingbarkeit des Lehr-Lern-Prozesses ausgegangen. Dies führt dann auch zum Entschluss, «das Vermittlungsproblem (…) begründet nicht zu lösen»[48]. Die rhetorische Polarität von «alter» Vermittlungskultur und «neuer» Selbstlernkultur führt in eine künstlich anmutende Problematik, wenn Arnold anmerkt, es sei «weitgehend ungeklärt, wie der Sachverhalt zu erklären ist, dass Menschen trotzdem in der Lage sind, ‹erwartete› bzw. ‹angeeignete› Wissensbestände in einer erwarteten

Form wiederzugeben, wenn sie diese doch letztlich nur selbst – ihrer eigenen Systemdynamik folgend – konstruieren können»[49]. Diese Problematik entsteht nur aus der radikalen Ablehnung jeder Möglichkeit, Wirklichkeit als solche zu erkennen.[50] Demgegenüber stellt PONGRATZ – auch mit Bezug auf die Lerninhalte – fest: «Alle Objektivität erweist sich als subjektiv vermittelt und diesem Vermittlungsprozess gehen die unterschiedlichsten Erkenntnistheoretiker der Moderne nach.»[51]

Im Zuge einiger konstruktivistischer Überlegungen wurde der Fokus auf die subjektiv unterschiedliche Rezeption von Inhalten gelegt. Da Lehre unmöglich sei, so hieß es, entstünde über individuelle Konstruktionsprozesse jeweils höchst subjektives Wissen. So berechtigt der **Hinweis auf die Unterschiedlichkeit von Lernhandlungen und -ergebnissen** sein mag, ist er doch durch eine gewisse Einseitigkeit geprägt. Zum Blick auf die Differenzen beim Lernen könnte sich der **Blick auf die Gemeinsamkeiten,** das Verbindende, gesellen. Lehrende machen nicht nur die Erfahrung, dass sich Lernprozesse sehr individuell vollziehen, sondern auch, dass sie – etwa bei unterschiedlichen Gruppen – durchaus parallel ablaufen können: Es liegen vergleichbare Erfahrungen vor, Schwierigkeiten im Lernprozess oder spontane Einsichten tauchen an ähnlichen Stellen auf usw. Somit könnte eine Didaktik, die auch inhaltsorientierte Aspekte und damit die Sache berücksichtigt, die Spezifika von Vermittlungs- bzw. Transformationsprozessen beleuchten: Lernprozesse vollziehen sich das eine Mal sehr individuell, ein anderes Mal aber eben weniger individuell.

Bereits HOLZKAMP hat auf diese **Transformationsprozesse** verwiesen, die sich immer dann vollziehen, wenn Lerninhalte von den Lernenden erschlossen werden; gelegentlich geschieht dies auch in Form von Verkürzungen, deren einzelne Stufen nicht immer transparent und begründet sind: «Lerngegenstände sind (…) etwas, das dem Individuum auf der Weltseite gegenüber steht, dessen Aufschließung sich das Lernsubjekt zum Ziel machen kann, die aber nicht mit dem Ziel zusammenfallen.»[52] Derlei Transformationsprozesse, die auch als In-Beziehung-Setzen, als Vermittlung von Ich und Welt, als Verhältnis der Lernenden und der Sache aufgefasst werden können, lassen sich durch Lehrhandlungen anstoßen und unterstützen. Aus didaktischer Sicht ist dies insofern bemerkenswert, als dass die verschiedenen Spielarten des Subjektivismus eher zu einer **Ausblendung des subjektiv geprägten Vermittlungs- bzw. Aneignungsprozesses** geführt haben denn zu einer Beschäftigung mit den diversen Aspekten der subjektiven Konstitution bzw. Transformation von Inhalten.

Darüber hinaus ist es nicht trivial, dass sich über die Sache – respektive das In-Beziehung-Setzen von Sache und Subjekt – auch ein Zugang zur Diversität der Welt auftun kann; Inhalte repräsentieren in einer gewissen Weise biografische und kulturelle Eigenheiten und ermöglichen den individuellen Zugang zu denselben. Dazu NIDA-RÜMELIN: «In einer sich globalisierenden Wirtschaft wird es erforderlich sein, die kulturellen Besonderheiten und Unterschiede wertzuschätzen, dazu gehört auch die Anerkennung der verschiedenen Bildungsinhalte und Bildungsinstitutionen.»[53] In diesem Sinne kann dann auch kategoriale Bildung nach KLAFKI entstehen, nämlich «das gegenseitige Aufeinanderbezogen-Sein von Welt bzw. Gegenstand einerseits und sich bildendem Subjekt andererseits.»[54]

1.4 Inhalte vermitteln – eine didaktische Aufgabe

So wie die Sache und die Lernenden aufeinander bezogen sind, so sind auch Erklären und Verstehen in ein Verhältnis gesetzt. Der Begriff der Vermittlung mag dieses Verhältnis – wenn auch eher unscharf – bezeichnen, und die Feststellung, der zufolge jeder Form des Erklärens eine Form des Verstehens entspricht, kann dies stützen. Wenn TERHART erklärt, dass «Lehren und Lernen nie an sich, sondern immer in Verbindung mit einer bestimmten Inhaltlichkeit»[55] stattfinden, so gilt diese Überlegung natürlich auch für das Erklären und Verstehen. Die **Vermittlung von Inhalten** ist somit eine zentrale didaktische Aufgabe und Herausforderung, und zwar in zweierlei Hinsicht:

- **Didaktischer Kompetenzaufbau:** Lehrpersonen bedürfen einer Kompetenz, die sicherzustellen vermag, dass das Vermitteln von Inhalten weitestgehend gelingen kann. Diese didaktische Herausforderung wird beispielhaft in einem Studienseminar formuliert: «Die Referendarinnen und Referendare verfügen über Strategien des Erklärens fachlicher Zusammenhänge im Spannungsfeld zwischen formaler fachlicher Korrektheit und schülergemäßer Vereinfachung.»[56]
- **Didaktische Theoriebildung:** Die Lehr- bzw. Lernhandlungen des Erklärens und Verstehens, insbesondere aber ihr in einem didaktischen Kontext befindliches Verhältnis, sind – jedenfalls nach der hier vorgetragenen Auffassung – ein wichtiger Gegenstand der didaktischen Theoriebildung. Demzufolge wäre es notwendig, diesen Gegenstand neben den derzeitigen Schwerpunkten der didaktischen Theoriebildung wie Methoden, Medien, Outcome-Orientierung usw. stärker zu fokussieren.

Das Verhältnis von Erklären und Verstehen, das im Allgemeinen auch dem Verhältnis von Sache und Subjekt nahekommt, ist auf Seiten der Lehrpersonen durch die **Dualität von fachlich-inhaltlicher und didaktischer Kompetenz** abgebildet. Lehrende wissen einerseits um den (eher traditionellen) Anspruch der Sachen, der lernendenseitig noch durch den «normative(n) Ruf nach dem Richtigen»[57] und den Wunsch zu verstehen unterstützt wird. Sie wissen andererseits aber auch um die höchst subjektiven, nicht direkt steuerbaren Konstruktionsleistungen der Lernenden. Von daher geht es im Prozess des Erklärens darum, in welcher Weise eine Sache im Unterricht präsentiert wird und wie die Lernenden die dargebotene Sache wahrnehmen und sich mit ihr auseinandersetzen. Somit geht es auch um die «Unterstützung von Aneignungen»[58].

Die **Kompetenz, Sachverhalte gut zu erklären,** verweist auf ein solides fachliches Wissen in Verbindung mit einer diesbezüglichen (fach-)didaktischen Kompetenz. In besonderer Weise ist hier eine **«kognitive Empathie»**[59] gefordert, also die Fähigkeit, sich in die Lernenden kognitiv einzufühlen bzw. hineinzudenken, um dann die «richtigen» Phänomene auszuwählen und die «geeigneten» Fragen zu stellen (→ Zitat 5). Lehrpersonen mit einer ausgeprägten Erklärkompetenz wissen darüber hinaus, «welche möglichen Zugänge und Erklärungen zu ein und demselben spezifischen (…) Inhalt existieren und wie sie diesen in unterschiedlicher Art und Weise ihren Schülerinnen und Schülern nahebringen können.»[60] Zudem gilt es, Begriffe und Aussagen, die von Fachleuten ganz selbstverständlich benutzt werden, so in ihre zentralen Elemente und Beziehungen aufzufalten, dass sie für die Lernenden nachvollziehbar und verständlich werden.

Zitat 5: Andreas Gold (2015) – Antizipation der «Fehler»

«Lehrer müssen viel Fantasie und Einfühlungsvermögen haben, um zu wissen, was man alles falsch machen kann.»[61]

Lehrpersonen sind in besondere Weise darauf angewiesen, sich die **Vielzahl der möglichen Erklärungen** in Bezug auf eine Sache bzw. einen Unterrichtsgegenstand zu vergegenwärtigen – und zwar sowohl hinsichtlich der Erklärungen, die von Lehrpersonen (üblicherweise) selbst gegeben werden, als auch hinsichtlich jener Erklärungen, die von den Lernenden angeboten werden. Darüber hinaus ist eine **diagnostische Kompetenz** erforderlich, die feine Unterschiede im Verstehen wahrnimmt und «kognitiv feinfühlig» darauf reagiert. Lernende verarbeiten Erklärangebote in unterschiedlicher Weise, und bei diesem Verarbeitungsprozess stellt die logische Struktur der Erklärung nur einen möglicherweise relevanten Aspekt dar. Für die Lernenden gibt es unter Umständen weitere Kriterien für die Akzeptanz einer Erklärung, etwa ihre Zugänglichkeit und Vertrautheit.

Auch wenn es trivial erscheinen mag: Lehrpersonen müssen **fachkompetent** sein, um die Sachen didaktisch stimmig aufzubereiten und zu vermitteln. Fachkompetente Lehrpersonen «können eher Schwerpunkte setzen, elementarisieren, ohne zu verfälschen und Übertragungsleistung erbringen. Sie sind auch eher bereit, offenen Frage- und Problemstellungen nachzugehen, weil sie mit hoher Erfolgswahrscheinlichkeit vorläufige Antworten oder Lösungen finden werden.»[62] Die fachliche Kompetenz der Lehrpersonen ist zudem eine wichtige Voraussetzung, um fachwissenschaftliche Fehler in den Sachquellen (z. B. Internet, Schulbücher) zu entdecken. Es ist allerdings keineswegs selbstverständlich, dass jeder Lehrinhalt bei den Lehrenden aktuell verfügbar ist: «Wer für und mit den Schülerinnen und Schülern eine Sache klären will, muss sich zunächst selbst auf die Sache einlassen und mit der Sache klarkommen. Oft müssen die künftigen Lehrerinnen und Lehrer erkennen, dass sie nicht selbstverständlich über die Sache verfügen.»[63] Obendrein sind Lehrveranstaltungen und Lehrpläne dem Wandel unterworfen, und die fachliche Aus- bzw. Weiterbildung kann niemals allumfassend sein. Von daher müssen sich Lehrpersonen Inhalte auch immer wieder selbst erschließen und als Sache zu eigen machen.

Eine hohe Fachkompetenz trägt auch zu einem guten Unterricht bei. Die von den Lernenden **wahrgenommene Instruktionsqualität,** die sich u. a. in inhaltlicher Klarheit und Verständlichkeit niederschlägt, fördert ebenso die Lernmotivation wie das wahrgenommene inhaltliche Interesse bei der Lehrperson und die vermittelte inhaltliche Relevanz des jeweiligen Lernstoffes.[64] Dies gilt auch für handlungsorientierte Lernformen, bei denen ein «deep understanding» durch die Konstruktion bzw. Auswahl guter Probleme und Aufgabenstellungen unterstützt werden kann. Zudem stärken gute Fachkenntnisse das Selbstvertrauen der Lehrenden und erhöhen deren Fähigkeit, abweichende und fehlerhafte Schülervorstellungen zu integrieren und unkonventionelle Lösungen der Schüler zuzulassen.[65]

Die Vermittlung von Inhalten ist nicht nur hinsichtlich des didaktischen Kompetenzaufbaus von Lehrpersonen von großer Bedeutung, sondern auch hinsichtlich der **didaktischen Theoriebildung.** Didaktik hat als handlungsorientierte Wissenschaft vom Lehren und Lernen die Aufgabe, festzustellen, wie Lernsituationen beschaffen sind, Entwürfe für deren Verbesserung zu liefern und gewonnene Einsichten umsetzen zu helfen. Damit geht es vor allem darum, die Praxis des Lernens aufzuklären und zu fördern. So wäre dann auch der Blick auf eine aus dem didaktischen Diskurs nahezu verschwundene Kernaufgabe didaktischen Handelns zu lenken: die Vermittlung zwischen Inhalt und Lernenden. Indem Fragen der Bestimmung, Aufbereitung und Darbietung von Bildungsinhalten von der didaktischen Forschung sowohl kategorial als auch empirisch kaum bearbeitet werden, bleibt eine der Kernaufgaben didaktischen Handelns, die Vermittlung zwischen Thema und Lernenden, weitgehend unbegriffen (→ Zitat 6).

Zitat 6: Erik Haberzeth (2011) – Inhaltlichkeit von Lehre

«Die Inhaltlichkeit von Lehre ist der kritischen Reflexion und gemeinsamen Diskussion von Wissenschaft und Praxis weitestgehend entzogen.»[66]

Eine über das Verhältnis von Erklären und Verstehen angestoßene stärker inhaltliche Orientierung böte hingegen auch die Möglichkeit, an didaktische Traditionen und Schwerpunkte, z. B. die Einsicht in die Konstruiertheit von Wissen, den Umgang mit unsicherem und fragmentiertem Wissen und die Auseinandersetzung mit unterschiedlichen Wissensformen, anzuschließen.[67] Insofern wäre das **didaktische Spannungsverhältnis von subjektiver Wissenskonstruktion zu intersubjektiv nachvollziehbarer Sachstruktur** ein denkbares Arbeits- und Forschungsgebiet der Allgemeinen Didaktik und der Fachdidaktiken. Dies gilt sowohl für theoretisch-konzeptionelle Überlegungen als auch für die empirische Unterrichtsforschung. Indem auch das Verhältnis von subjektiver Wissenskonstruktion zu intersubjektiv nachvollziehbarer Sachstruktur in den Blick genommen wird, kann es gelingen, die subjektiv geprägten Vermittlungs- bzw. Aneignungsprozesse mit ihren Proponenten «Erklären» und «Verstehen» zu fokussieren. Insbesondere könnte es in einer stärker inhaltsorientierten Lehre auch gelingen, «sensibel gegenüber den Verstehensbemühungen der Lernenden zu sein.»[68]

Vermittlungs- und Aneignungsprozesse sind nicht nur dadurch charakterisiert, dass sie einen starken inhaltlichen Bezug aufweisen, sondern auch dadurch, dass sie in hohem Maße **durch qualitative Aspekte gekennzeichnet** sind. Ein erster Hinweis hierfür ergibt sich aus dem Umstand, dass die didaktischen Hinweise, Handreichungen und Rezepte für hilfreiche Erklärungen häufig von einem hohen Grad an Allgemeinheit geprägt sind. Wenn also etwa darauf hingewiesen wird, beim Erklären mit Beispielen zu arbeiten, der Erklärung eine Struktur zu geben und das Vorwissen der Lernenden zu berücksichtigen, dann sind diese Hinweise natürlich nicht falsch, aber doch eher unterbestimmt. So mag es zwar richtig sein, immer wieder auch Beispiele in die gegebenen Erklärungen einzuflechten, doch das Entscheidende besteht nicht darin, *ein* Beispiel zu geben, sondern vielmehr darin, ein *gutes* Beispiel zu geben. Gut wäre das Beispiel vermutlich dann, wenn es in besonderer Weise die Eigenheiten des jeweiligen Inhalts abbildet, dies könnten sowohl besonders wichtige Verstehenselemente als auch bestimmte Strukturmerkmale sein.

Diese Konzeption von unterrichtlicher Qualität findet sich im Übrigen in vielen didaktischen Feldern: **Nicht X machen, sondern X «gut» machen.** Oder anders formuliert: Nicht die Tatsache, dass Lehrpersonen eine bestimmte Lehrhandlung, etwa eine Technik, ein Instrument oder eine Haltung, einsetzen, trägt wesentlich zur Qualität von Lehre bei, sondern viel stärker der Umstand, dass diese Lehrhandlung mit einer besonderen Passung zu Inhalt und Lernsituation, also **mit hoher didaktischer Güte,** ausgeführt wird. Ein weiteres Beispiel: Vermutlich ist es weniger bedeutsam, dass in einer Bildungsinstitution Lernergebnisse formuliert werden, sondern vielmehr, dass «gute» Lernergebnisse ausgearbeitet werden. Einen Lerngegenstand und ein aktives Verb in einer Zielformulierung zusammenzuführen, ist nicht besonders schwierig, dies aber mit einer angemessenen Granularität zu tun, durchaus sehr.

Falls es nun so ist, dass sich Aussagen über die Güte einer Erklärung oder eines Vermittlungsprozesses besser machen lassen, wenn sie einen inhaltlichen Bezug aufweisen, dann folgt daraus für die didaktische Theoriebildung, dass eine **stärkere Einbindung inhaltlicher Aspekte** angeraten ist. Weder das Erklären noch das Verstehen erfolgen in abstrakter Manier, sondern immer im Verhältnis zu bestimmten Inhalten bzw. Lerngegenständen. Dies ist eine theoretische Überlegung, die sowohl die präskriptiven Empfehlungen, die eine handlungsorientierte Didaktik immer enthält, als auch die empirischen Untersuchungen, die dann im besten Fall zu evidenzbasierten Schlussfolgerungen führen, leiten kann.

2 Historische Rückschau

Inhalt

Zusammenfassung

Erklären und Verstehen werden als explizite Themenstellungen in der Allgemeinen Didaktik bzw. den Fachdidaktiken eher selten bearbeitet (2.1). Historisch betrachtet sind es insbesondere die bildungstheoretisch geprägten Positionen (Klafki, Wagenschein usw.), die über die Inhalte und deren Vermittlung einen Zugang zum Erklären und Verstehen eröffnen. Wagenschein (2.2) legt im Rahmen seines didaktischen Ansatzes einen Schwerpunkt auf das Verstehen-Lehren und fordert einen unmittelbaren inhaltlichen Zugang über die Phänomene des jeweiligen Lerngegenstandes ein. Aebli (2.3) betont die Konstruktionsleistung der Lernenden und begreift Verstehen als den Aufbau beweglicher kognitiver Strukturen. Kiel (2.4) fasst Erklären als didaktisches Handeln auf und entwickelt ein Phasenschema des Erklärens. Drollinger-Vetter (2.5) setzt sich empirisch mit der Frage auseinander, wie es gelingen kann, Verstehen wirksam anzuleiten. Dabei entwickelt sie den Begriff der Verstehenselemente; dies sind jene Teilelemente eines Konzepts, die man verstanden haben muss, um das Konzept als Ganzes verstehen zu können.

2.1 Im Überblick: Erklären und Verstehen

Erklären und Verstehen als Aspekte der Vermittlung von Inhalten werden **als explizite Themenstellungen** in den zahlreichen Handreichungen der Allgemeinen Didaktik bzw. der Fachdidaktiken **eher selten bearbeitet.** Zu den wenigen Protagonisten, die diese zentrale didaktische Aufgabe konzeptionell angehen, zählen – in der historischen Abfolge – der durch die bildungstheoretischen Einflüsse der 1950er- und 1960er-Jahre geprägte Martin Wagenschein, Hans

Aebli mit einer lernpsychologisch ausgerichteten Didaktikkonzeption in der Tradition Jean Piagets, Ewald Kiel mit dem Versuch, den Erklärensbegriff aus didaktischer Perspektive zu beleuchten, und schlussendlich Barbara Drollinger-Vetter mit einem empirischen Zugang zur Frage, wie sich das Verstehen eines konkreten Konzepts wirksam anleiten lässt.

Auch wenn Erklären und Verstehen nicht explizit als Gesichtspunkte bei der Vermittlung von Inhalten aufscheinen, geschieht dies doch häufig implizit bei allen didaktischen Diskursen, die dem **Umgang mit den Bildungsinhalten** Aufmerksamkeit zuteilwerden lassen, wobei die Rolle und die Gewichtung der inhaltlichen Komponente dabei allerdings beträchtlich variieren. Im Rahmen der **bildungstheoretischen Didaktik** hat sich Wolfgang Klafki (1925–2016) intensiv mit der Bedeutung und der Rolle von Inhalten für Bildungsprozesse auseinandergesetzt. Ohne explizit auf das Erklären bzw. Verstehen einzugehen, beschreibt Klafki im Aufsatz «Didaktische Analyse als Kern der Unterrichtsvorbereitung» die unterrichtspraktische Vor- bzw. Aufbereitung von Inhalten. Die «didaktische Analyse» fordert die Lehrenden auf, die Inhalte daraufhin zu prüfen,

- welchen größeren Sachzusammenhang sie erschließen helfen (exemplarische Bedeutung),
- welche Bedeutung die Inhalte bereits im Leben der Kinder haben bzw. in deren Zukunft haben werden (Gegenwarts- und Zukunftsbedeutung),
- welches inhaltliche Gefüge (Struktur) erschlossen (→ Infotafel 3) und den Kindern auf welche Weise begreiflich (Zugänglichkeit) gemacht werden kann[69].

An der Art der Fragen lässt sich nachvollziehen, dass Klafki hier von der **Idee der «kategorialen Bildung»** aus argumentiert. Es geht sowohl um die Erschlossenheit der Welt mit ihren Sachen für das Subjekt als auch vice versa. Die Inhalte vermitteln bzw. ermöglichen den Lernenden einerseits grundlegende Erfahrungen und Einsichten, andererseits stellen sie ihnen «welterschließende» Kategorien bereit.

Infotafel 3: Detaillierte Fragen nach der Struktur des Inhalts (Klafki)

- Unter welchen **Perspektiven** soll das Thema bearbeitet werden?
- Welches ist die **immanent-methodische Struktur** der jeweils perspektivisch gefassten Thematik?

- Welche **Momente** konstituieren die Thematik unter welchen jeweils verschiedenen Perspektiven?
- In welchem **Zusammenhang** stehen die ermittelten Momente (Strukturfaktoren)?
- Weist die Thematik eine **Schichtung** auf, etwa im Sinne von Oberflächen- und Tiefenstrukturen?
- In welchem **größeren Zusammenhang** bzw. in welchen Zusammenhängen steht – je nach den gewählten Perspektiven – die Thematik?
- Welches sind die notwendigen **begrifflichen, kategorialen Voraussetzungen** für die Auseinandersetzung mit dem Thema und welche Verfahren für die Bewältigung des Themas müssen die Schülerinnen und Schüler entweder mitbringen oder im Zusammenhang der Auseinandersetzung erwerben?[70]

Wiewohl bei KLAFKI eine (auch) inhaltliche Ausrichtung zu konstatieren ist, geraten die didaktischen Korrelate «Erklären» und «Verstehen» doch erst bei Martin WAGENSCHEIN in das Zentrum der Aufmerksamkeit. WAGENSCHEIN (1896–1988) steht für einen (physik-)didaktischen Ansatz, in dessen Zentrum die **Vermittlung zwischen Erfahrung und Wissen** steht. «Verstehen lehren» – so der Titel eines seiner bekanntesten Bücher (Erstveröffentlichung 1968) – ist die primäre Aufgabe der Lehrperson. Die «Lust am Klarmachen»[71] geht vom **Begreifen der Phänomene** aus und versucht, über ein solchermaßen ursprüngliches Verstehen zu einem fachlichen Denken zu gelangen. Eines der zentralen Hindernisse auf dem Weg zu einem ursprünglichen Verstehen sieht WAGENSCHEIN in der «Zwangshandlung des Stoffhäufens»[72] (→ Kap. 2.2).

Abseits der bildungstheoretischen Linie gibt es einige weitere Ansätze, die das Erklären und Verstehen in den Blick nehmen – oft mit einem mehr oder minder starken Einbezug von Lernpsychologie und Unterrichtsforschung. Hans AEBLI (1923–90) reflektiert «Zwölf Grundformen des Lehrens» (1983), zu denen auch das Aufbauen und Durcharbeiten von Begriffen bzw. Operationen zählen. Dabei fasst er **«Verstehen» als Aufbau von beweglichen und transparenten kognitiven Strukturen** auf, die in Begriffen der Sache beschrieben werden müssen. Diese Strukturen entstehen wesentlich durch Prozesse des Verknüpfens und Verdichtens und zeichnen sich im besten Fall durch die Qualitätsmerkmale der inhaltlichen Klarheit und Kohärenz aus (→ Kap. 2.3).

Ewald KIEL fasst «Erklären als didaktisches Handeln» (1999) auf und untersucht in vergleichender Manier die jeweilige Auffassung und den Gebrauch von

Erklärungen in Theoretiker- und Praktikerdidaktiken. Dabei erweitert er das erkenntnistheoretische Grundmodell um psychologische, pädagogische und wissenssoziologische Aspekte und weist darauf hin, dass bestimmte didaktisch motivierte Kategorien – beispielsweise Lebensweltbezug, Förderung von Aneignungsprozessen oder Lernzielorientierung – aus Gründen der Anschlussfähigkeit und der motivationalen Grundstimmung bei der **Konstruktion und Legitimation von Erklärungen** notwendig zu berücksichtigen sind (→ Kap. 2.4).

Barbara Drollinger-Vetter analysiert in ihrem Buch «Verstehenselemente und strukturelle Klarheit» (2011) die **fachdidaktische Qualität der Anleitung von mathematischen Verstehensprozessen im Unterricht.** Hierzu betrachtet sie bestimmte Strukturmerkmale des Verstehens, wie etwa den Konstruktions- oder den Problemlöseaspekt, und postuliert, dass sich ein verstehensorientierter Unterricht respektive eine «gut erklärende» Lehrperson ganz wesentlich durch eine inhaltliche Klarheit – Drollinger-Vetter spricht von «struktureller Klarheit» – in Bezug auf die verwendeten Verstehenselemente und Repräsentationen auszeichnet. Der Begriff «Verstehenselemente» bezeichnet hierbei jene Teilelemente eines Konzepts, die man verstanden haben muss, um das Konzept als Ganzes verstehen zu können (→ Kap. 2.5).

Mit der Reprise des Wagenscheinschen Buchtitels «Verstehen lehren» (2011) steht Andreas Gruschka in einer bildungstheoretischen Tradition, der zufolge Inhalte jene unterrichtlichen Gegenstände sind, an denen die Lernenden kompetent werden und ihr Ich-Welt-Verhältnis möglichst breit entfalten können.[73] **Verstehen zu lehren** bedeutet für Gruschka, «Voraussetzungen und Bedingungen der Möglichkeit des Verstehens»[74] zu schaffen. Im Umkehrschluss heißt dies für ihn, dass alles zu vermeiden ist, was das Verstehen behindern kann. Diese Überlegung radikalisiert er in einer Ablehnung jeder Art von didaktischer Aufbereitung: «Didaktisierung ist letztlich der Umschlag der gut gemeinten Hilfestellung in die faktische Behinderung.»[75] Wiewohl Gruschka die Möglichkeit der Reduktion fachlicher Komplexität angesichts des Voraussetzungsreichtums der Inhalte negiert und damit auch verkennt, dass Reduzieren nicht einfach Weglassen oder Simplifizieren bedeutet, werden didaktische Impulse für eine Lehre gesetzt, die das Verstehen und in der Folge auch das sach- und lernendengerechte Erklären als Teil einer gelebten pädagogischen Verantwortung deutet.

Ich selbst (2012) habe beschrieben, wie umfangreiche und komplexe Sachverhalte aufzubereiten sind, um sie für die Lernenden überschaubar und begreifbar zu machen. Dieses in den 1950er-Jahren erstmals ausformulierte und nunmehr weiterentwickelte Konzept firmiert unter dem Stichwort **«Didakti-**

sche Reduktion»[76]. Es unterscheidet die curriculare Frage der inhaltlichen Auswahl – Lehrende haben oft ein «Stoffmengenproblem» und geraten in die «Vollständigkeitsfalle» – von den vermittlungstechnischen Fragen der Konzentration und Vereinfachung, bei denen es darum geht, die elementaren und fundamentalen Aspekte einer Sache unter Berücksichtigung der jeweiligen Lernvoraussetzungen herauszuarbeiten.

Indem die Sachen und die (lernenden) Subjekte aufeinander bezogen sind und in einem wechselseitigen Verhältnis stehen, was sich auch in der Korrelation von Erklären und Verstehen abbildet, erfordern sie gleichermaßen eine didaktische Aufmerksamkeit. Während allerdings Subjekt- und Zielgruppenorientierung durchaus als didaktischer Regelfall begriffen werden dürfen, trifft dies für eine auch auf die Sachen bezogene stärker inhaltliche Orientierung weniger bzw. nicht zu. So spricht etwa Gruschka von einem «fast vollständigen Verschwinden der Eigenansprüche des Fachlichen»[77]. Im Einzelnen lassen sich in der jüngeren Vergangenheit folgende didaktische Tendenzen ausmachen:

- In der Didaktik dominieren seit den 1980er-Jahren methodische Überlegungen. Dabei sind diverse **methodisch-didaktische Konzepte** entstanden, wie beispielsweise der handlungsorientierte Unterricht, der Projektunterricht und das selbstgesteuerte bzw. problemorientierte Lernen (→ Zitat 7).
- Parallel zur Akzentuierung methodischer Aspekte findet eine zunehmende Orientierung an den **(Neuen) Medien** statt, was auch eine Folge der neuen Informations- und Kommunikationstechnologien ist. Die Ansätze E-Learning, Blended Learning bzw. Online Learning geben in einem gewissen Maße den Rahmen für Vermittlungs- und Aneignungsprozesse vor.
- Im neuen Jahrtausend sind **Output-Orientierung** und **Bildungsstandards** zu zentralen didaktischen Themen geworden. Damit geraten die Resultate von Lernprozessen in den Blick und weniger die dafür erforderlichen Inhalte: «Während sich die Theorie kategorialer Bildung der ‹Innenseite› von Bildungsprozessen zuwendet, orientieren sich Kompetenz-Modelle an deren ‹Außenseite›, an überprüfbaren Verhaltensweisen und Leistungen.»[78]
- Insbesondere in der Erwachsenenbildung sind die vergangenen Jahrzehnte durch eine zunehmende **Subjekt-, Situations- und Gesellschaftsorientierung** geprägt.[79] Probleme der Vermittlung werden vornehmlich als solche der Interaktion und Kommunikation behandelt, nicht als solche der Inhaltlichkeit: «Das Etwas, was zwischen Lernenden und Lehrenden verhandelt wird», wird nicht reflektiert und kommt daher «allzu oft in unkontrollierter Weise» zur Geltung.[80]

Zitat 7: Alfred Schirlbauer (2008) – Vom «Wie» und «Was» des Lernens (1)

«Die Methodik ‹feierte› und die Inhalte spielten nur mehr eine marginale Rolle, allenfalls noch die des ‹Aufhängers›. Das ‹Was› des Lernens wurde immer sekundärer, wenn nur das ‹Wie› einer der jeweils neuen pädagogischen ‹Orientierungen› entsprach.»[81]

In der **Didaktik der Erwachsenenbildung** wird inhaltlichen Fragen – und damit auch dem Erklären und Verstehen – ein eher geringer Stellenwert beigemessen. Nolda merkt an, dass das Wissen aus der Erwachsenenbildung insofern «verschwunden» sei, «als es kaum noch als Bildungsinhalt und didaktische Vermittlungsaufgabe thematisiert»[82] werde, und Wittpoth ergänzt: «An die Stelle einer ursprünglichen Lerninhalts- und Themen- ist also eine **Situations- und Subjektorientierung** getreten.»[83] Fragen der Inhaltlichkeit sind nicht nur im didaktischen Diskurs ein wenig beachteter Gegenstand, sondern auch in den Selbstbeschreibungen von Institutionen der Erwachsenenbildung. Oft ist dann davon die Rede, dass es nicht nur um den Erwerb von Wissen gehe, sondern um Kompetenzerwerb, Erfahrungsaustausch etc. Wissen als eine «offensichtlich zu vernachlässigende Größe, wird gewissermaßen schamhaft nebenbei erwähnt oder am liebsten verschwiegen.»[84]

Durchaus bemerkenswert ist, dass eine ähnliche Problembeschreibung bereits in den 1970er-Jahren von Tietgens vorgenommen wurde: «Was mit den Inhalten im Unterricht geschieht, ist als eine drittrangige Frage angesehen worden. Für die Veränderung des Wissens auf dem Transport über mehrere Instanzen wurde wenig Sensibilität entfaltet.»[85] Die Vernachlässigung des Zusammenhangs zwischen den Inhalten und den lernenden Erwachsenen (→ Zitat 8) trägt die Gefahr eines **Bedeutungsverlusts der Profession** in sich. Dies geschieht möglicherweise auch, «um den Lehrenden die vor eben ‹Lehrern› überlegene Rolle des Lernhelfers, Moderators, Beraters zukommen zu lassen»[86]. Ohne eine stärkere Integration inhaltlicher Aspekte bestünde dann allerdings – so Schlutz – die Gefahr, dass sich die Didaktik als Berufswissenschaft ad absurdum führe, da sie vielen Lehrenden deren «eigene Unwichtigkeit und tendenzielle Verflüchtigung»[87] nahelegen würde.

Zitat 8: Christiane Schiersmann (2007) – Vom «Wie» und «Was» des Lernens (2)

«Über die Frage nach dem ‹Wie› des Lernens und der Frage, wer lernt, ist in den vergangenen Jahren die (Frage) nach dem ‹Was› des Lernens fast in Vergessenheit geraten.»[88]

Die **Fachdidaktiken** behandeln «Erklären» und «Verstehen» in durchaus unterschiedlicher Weise. In den Fächern, die eher als «schwierig» gelten – allen voran Mathematik – gibt es Sensibilität für Verstehensprozesse, in vielen anderen Fächern hält man sich teilweise eher bedeckt. Hier eine Auswahl der entsprechenden Ansätze bzw. Überlegungen:

- In der **Physik** gibt es die Vorstellung eines «Erklärungsmusters», das aus einer Reihe von «Erklärungsgliedern» besteht; die additive Lesart wäre:

  $$\text{Erklärungsmuster} = \sum \text{Erklärungsglieder}_j$$

  Trotz der vermeintlichen Stringenz dieser Darstellung «bleiben allerdings Spielräume für verschiedenartige Elementarisierungen und alternative didaktische Rekonstruktionen.»[89]
- Das omnipräsente Erklären in der **Mathematik** – sowohl durch die Lehrperson als auch durch die Lernenden – wird als «in den jeweiligen Mikrokulturen etablierte Praktiken, die durch verschiedene soziale und soziomathematische Normen geprägt werden, konzeptualisiert.»[90] Der Fokus liegt also in den Interaktionen der Beteiligten. Wagner/Wörn legen 2011 ein Praxisbuch zum Thema vor: «Erklären lernen – Mathematik verstehen.»[91]
- Die **Didaktik des Sachunterrichts** betont den Anspruch des Faches, solche unterrichtlichen Arrangements einzurichten, die geeignet sind, Verstehen zu fördern.[92] Der Hinweis auf die individuellen Deutungsmuster, Denk- und Wahrnehmungsgewohnheiten der Schülerinnen und Schüler hilft dabei, den jeweiligen Maßstab des Verstehens zu reflektieren.
- Auch in der **Kunstdidaktik** gibt es eine Form von Verstehensorientierung: «Heute geht es für Lehrende also nicht mehr um eine grundsätzliche methodische Richtungsentscheidung zwischen einer sach- und einer subjektorientierten bzw. einer verstehens- und einer erfahrungsorientierten Kunstdidaktik, wie sie ein Jahrzehnt lang den fachdidaktischen Diskurs (…) bestimmt hat, sondern um die Anwendung des jeweils geeigneten methodischen Verfahrens bei der Förderung spezifischer Kompetenzen.»[93]
- In den **Sozialwissenschaften** werden Vermitteln und Aneignen als didaktischer Kern von Unterricht begriffen. «Handlungen in der Dimension Didaktik richten sich einerseits auf Vermittlung zwischen Sache und Subjekt,

> andererseits auf die subjektive Aneignung der Sache. Sowohl Vermittlung als auch Aneignung finden dabei immer bezogen auf eine Sache statt – das bedeutet, dass Vermittlung und Aneignung immer spezifisch entlang der verhandelten Sache verlaufen und damit grundsätzlich fachdidaktisch sind.»[94]

Wiewohl die Beschäftigung mit Fragen der Vermittlung – und hier insbesondere mit dem Erklären und Verstehen – in der allgemein-didaktischen, teilweise aber auch in der fachdidaktischen Theoriebildung und Forschung eher zurückhaltend bleibt (→ Zitat 9), gibt es doch einige Ansätze, die situierte Praxis des Erklärens und – damit verbunden – die Prozesse des Verstehens zu beleuchten, zu analysieren und weiterzuentwickeln. Einerseits gibt es im Anschluss an KLAFKI und insbesondere WAGENSCHEIN nach wie vor bildungstheoretische Elemente in den verschiedenen didaktischen Spielarten, andererseits sind die **Ansätze aus der fachdidaktischen Unterrichtsforschung** – etwa bei DROLLINGER-VETTER – durchaus perspektivenreich.

Zitat 9: Urs AESCHBACHER (2009) – Erklärungs-Tabu

«Gegen ein konstruktivistisches Erklärungs-Tabu: Viele angehende Lehrkräfte sind bei ihren Unterrichtsübungen peinlich bemüht, nichts direkt zu erklären, so als wäre das Erklären von Sachzusammenhängen der didaktische Sündenfall schlechthin. (...) Erklärungen gelten ihr (der Lehrerbildung; M.L.) tendenziell als vorfabrizierte, geschlossene Informationspakete, die den Lernenden ein passives, oberflächlich-memorisierendes Aufnehmen – und nur das! – erlauben.»[95]

2.2 Martin Wagenschein

Martin WAGENSCHEIN (1896–1988) hat einen (physik-)didaktischen Ansatz entwickelt, der sich zentral mit dem Verhältnis von Erfahrung, Verständnis und Wissen beschäftigt. «Verstehen lehren» – so der Titel eines seiner bekanntesten Bücher (Erstveröffentlichung 1968) – ist die primäre Aufgabe der Lehrperson. Das **Verstehen-Lehren** – umgangssprachlich: die «Lust am Klarmachen»[96] – geht vom Begreifen der Phänomene («Rettet die Phänomene», 1975) aus und versucht, über ein solchermaßen ursprüngliches Verstehen zu einem fachlichen Denken («Ursprüngliches Verstehen und exaktes Denken», 1965) zu gelangen.

Wenn WAGENSCHEIN die Forderung «Rettet die Phänomene» aufstellt, dann artikuliert er den seiner Auffassung nach wesentlichen «**Vorrang des Unmittel-**

baren»[97] für das Verstehen von Sachverhalten: «Es genügt nicht, Sätze zu lehren (‹Die Erde läuft um die Sonne›); es genügt auch nicht, sie zu veranschaulichen (‹So wie dieser Apfel um die Lampe›). (…) Wir müssen verstehen lehren. Das heißt nicht: es den Kindern nachweisen, so daß sie es zugeben müssen, ob sie es nun glauben oder nicht. Es heißt: sie einsehen lassen, wie die Menschheit auf den Gedanken kommen konnte (und *kann*), so etwas nachzuweisen, weil die Natur es ihr *anbot* (und weiter anbietet). Und wie es dann gelang und je neu gelingt.»[98]

WAGENSCHEIN rät davon ab, **zu früh im Lernprozess theoretisch orientierte Modelle** und Gesetze einzuführen, die dann ohne konkreten Bezug und damit auch ohne assoziative Haftung bleiben (→ Infotafel 4). Für den naturwissenschaftlichen Unterricht etwa warnt er davor, zu früh bereits «von Atomen und Elektronen zu erzählen, ehe sie sich zwingend aus Phänomenen aufdrängen. Man verfrüht Kenntnisse, also schlecht fundierte.»[99] Seine Überlegungen illustriert er an einem Beispiel aus der Lehrerbildung: «Studenten einer pädagogischen Hochschule (Wahlfach Physik) wurden damit bekannt gemacht (…), wie man einem Ei, ohne es zu zerbrechen oder zu durchleuchten, anmerken kann, ob es roh ist oder gekocht. Man lässt es über den waagrechten Tisch rollen und stoppt es kurz mit der Fingerkuppe ab, dass es haltmacht. Ist es roh, so setzt es sich nach kurzem Schreck hartnäckig wieder in Bewegung, während das Gekochte brav liegen bleibt. Wie das wohl zugehe, wurden sie gefragt. Ihre Reaktion war bemerkenswert und typisch (ich habe Entsprechendes oft erlebt): Sie fingen an von Molekülen zu reden. Der hilflose Rückgriff auf die nicht verstandene, weil nicht entstandene, abstrakte molekulare Hinterwelt verdunkelt den Blick auf den Gegenstand und zugleich das alltägliche Denkvermögen. (Das rohe Ei läuft wieder an, weil der flüssige Inhalt, nicht ganz zur Ruhe gekommen, die Schale wieder mitnimmt. Ein Zugang: 1. zur Beharrungstendenz und 2. zur ‹inneren Reibung› der Flüssigkeit.)»[100]

Infotafel 4: Rettet die Phänomene! (Beispiel: Brownsche Bewegung)

Martin WAGENSCHEIN erläutert den Zugang zu einem physikalischen Sachverhalt über die Erscheinungen und warnt vor zu früher Abstraktion: «Seit ich zum ersten Mal diese ‹Brownsche Bewegung› kleiner Rutil-Kristalle im Dunkelfeld der Mikroprojektion gesehen habe, mit Kindern, nahe vor dem Schirm, plädiere ich dafür, allen Schulkindern diesen Anblick eines torkelnden Sternhimmels in Ruhe zu eröffnen. Man muß das gesehen haben! Es ist schwer begreiflich, daß nicht alle Schulen allen Kindern dieses fundamentale Phänomen zeigen, statt ihnen voreilig von Atomen und Elektronen zu erzählen. Man setze sie vor den Schirm und sage möglichst nichts. Sie sehen hier etwas Wirkliches. Den Idealfall vorausgesetzt, daß sie noch nichts von ‹Molekülen› ‹wissen› (oder daß man ihnen diesen Glauben erst einmal sokratisch wieder ausreden kann), eröffnet sich hier ein zwingender Vorstoß zur Diskontinuität und zu der modernen Einsicht, daß die in großen Dimensionen gewonnenen Begriffe im kleinen nicht ausreichen: Wir haben ein Motivations-, ein Initiations-Phänomen ersten Ranges vor uns. Die Fragen drängen sich: Warum bewegen sich die Stäubchen? Sind sie lebendig? Nein: auch gewöhnliche Rußbröckchen, Kristallsplitter, Fetttröpfchen tun das, wenn sie nur winzig genug sind. – Sie ‹bewegen *sich*› also gar nicht, nicht ‹freiwillig›, tun selber nichts, tun nur mit! Wo aber ist der Treiber? – Das kann nur das Wasser sein. Aber das Wasser ist doch ganz still?»[101]

Eine Lehre, die an den Phänomenen ansetzt, macht dies, um Verstehen auf Seiten der Lernenden zu befördern. Im Sinne der kategorialen Bildung von Klafki ließe sich dies so deuten, dass die Welt mit ihren Sachen für das Subjekt über die Phänomene erschlossen wird und dabei eben auch das Subjekt einen Zugang zur Welt und entsprechende kategoriale Einsichten gewinnt, die an den realen Geschehnissen anschließen. Gleichsam entspricht dies der **Idee der doppelten Verbindlichkeit** bzw. Sachwalterschaft von Klingberg mit dem Anspruch der Sachen, als fachliche Herausforderung angenommen und gleichzeitig an die «Spielbedingungen» der Lernenden über die Phänomene angeglichen bzw. «angedockt» zu werden. «Rettet die Phänomene» transportiert in diesem Sinne Elemente einer im Kern bildungstheoretischen Didaktik.

Die Arbeit an den Phänomenen ist allerdings nicht voraussetzungsfrei, und so identifiziert Wagenschein insbesondere «die Kurzstunde, die Flut des Stoffes und die Menge der Schüler» als **Hindernisse für eine Lehre, die dicht an den Erscheinungen bleibt.** Diese schulischen Rahmenbedingungen verführen den Lehrer dazu, «der auf ihn zentrierten, aufgereihten Gruppe die Sache ‹darzubieten› und, wenn die Sache ein Problem ist, ihre Aufmerksamkeit auf einen vorher bedachten und gewiss soliden Weg zu drängen, der ihm erlaubt, die im eigentlichen Sinne des Wortes ‹bedenklichen› Stellen, die Wirbel des Denk-Feldes zu umgehen, um schnell – denn er hat ja keine Zeit – an das ‹Ziel der Stunde› zu gelangen. Müssen wir uns nicht meist und notgedrungen gerade diese **Umgehungs- und Überrumpelungsdidaktik** angewöhnen, die den sicheren und erprobten Weg des geringsten Denkwiderstandes führt, während es doch darauf ankäme, die verwirrenden und doch saugenden Strudel aufzusuchen, sich gemeinsam mit den Lernenden von ihnen verschlingen zu lassen, um dann verwandelt wieder aufzutauchen?»[102]

Es geht also nicht darum, einen Sachverhalt didaktisch zu inszenieren, sondern die Lernenden in die Lage zu versetzen, diesen Sachverhalt – zumindest in Teilen – **aus eigener Kraft nachzuvollziehen** oder besser noch: «nachzuentdecken» bzw. «nachzuentwickeln». In diesem Zusammenhang zitiert WAGENSCHEIN gern Ezra POUNDS Beschreibung einer guten Literatur-Lehrperson: «Ich meine, der ideale Lehrer müsste jedes Meisterwerk, das er in der Klasse durchnimmt, beinahe angehen, als ob er es noch nie gesehen hätte.»[103] Diese Haltung ist – sicherlich pointiert formuliert – am Verstehen der Lernenden interessiert und also keineswegs daran, «im Interesse schleuniger Konsumierbarkeit die widerständige Welt zum Verschwinden» zu bringen und die Nachdenklichkeit zu korrumpieren.[104]

WAGENSCHEIN kritisiert den **schematischen Unterricht,** der ohne Bezug zu den zugrundeliegenden Phänomenen und damit auf Seiten der Lernenden auch «verständnislos» bleibt: «Der Lehrer weicht (…) in Schemata aus und der Unterricht wird schemenhaft, ein sozusagen narrensicheres Verfahren. Glanz und Elend liegen hier dicht beieinander: aus der Gunst, dass jeder das Mathematische verstehen kann, wird die Kunst (der Trick), dass jeder es manipulieren könne, *ohne* es zu verstehen. (…) Die lächerliche Frage, wie oft das Halbe im Ganzen stecke, in der Form 1 : ½ als Aufgabe gestellt, wird nicht selten ohne Zögern und Besinnung vollautomatisch abgewickelt:

$$1:\tfrac{1}{2} = 1 * \frac{2}{1} = \frac{1*2}{1} = 2$$

(…) Es handelt sich hier um Aufgaben, die sich von selbst verstehen, wenn man weiß, womit man es zu tun hat. Die Bemühung der ‹Regel› ist überflüssig und deshalb blamabel.»[105]

In Hinblick auf das rein schematische Reproduzieren, das ohne wirkliches Verstehen bleibt, schlägt WAGENSCHEIN vor, den Begriff «Bildung» in «Formatio» umzutaufen. «Dieses Wort hilft uns nämlich, **Bildung (oder Formatio)** abzugrenzen gegen das, was sie nicht ist: weder Informatio noch Deformatio.

- *Informatio* bewirkt das reine ‹zur Kenntnis genommen haben› von Fakten, Tatbeständen. Karl KRAUS nannte das die ‹Bescheidwissenschaft›.
- *Deformatio* (die Franzosen sprechen von der ‹Deformation professionelle›) bedeutet jene Geistesverfassung, die man bei manchen Spezialisten beobachtet: ihre fachliche Pupille kann sich nicht mehr weiten.
- *Formatio* (oder Bildung) ist etwas anderes als diese beiden. Zur Deformatio verhält sie sich feindlich, zur Informatio freundlich. Sie ist mit ihr verbün-

det, sie stützt sich auf sie. Aber auch umgekehrt wird sich zeigen: Formatio ermöglicht erst Informatio.»[106]

Lernen, das Verstehen im Blick behält, setzt vielfach an den Phänomenen an und fördert dadurch eigenständiges Finden und Bearbeiten von Fragestellungen und damit dann auch die eigenen Überlegungen der Schüler und Schülerinnen. Dieser auf das Selbstentdecken der Lernenden gerichtete Unterricht wird als genetisch bzw. als **genetisches Lehren** bezeichnet. Er gleicht nicht einer «Führung durch eine geordnete Ausstellung der Funde einer abgeschlossenen Expedition»[107], in der «fertiges» Wissen übernommen wird, sondern eher einer – mehr oder minder stark – geleiteten Erkundung. Das genetische Lernen kennt unterschiedliche Zugänge:

- eher individuell über die Erfahrungen, Vorkenntnisse und Überlegungen der Lernenden;
- eher sachlogisch über das Nachentdecken der Struktur des Lerngegenstandes;
- eher historisch über die Fragestellungen und Vorgehensweisen bedeutender Forscher und Entdecker.

Wagenschein ist sich durchaus bewusst, dass ein durchgängig phänomenorientiertes genetisches Lernen und damit ein ursprüngliches Verstehen an den vorhandenen Zeitbudgets – häufig verbunden mit der «Zwangshandlung des Stoffhäufens»[108] – scheitern muss. Demzufolge spricht er sich einerseits für **«Orte der ‹Verdichtung›»** und **«Nester der Gründlichkeit»** aus, die es erlauben, fachliche Schwerpunkte zu bilden, andererseits aber auch für eher informative Überblicks- und Zusammenhangspassagen. So kann es gelingen, gleichermaßen «das wirkliche Verstehen-Lehren und das vorwiegende Informieren» zu bedienen. Er plädiert «für eine Zweiteilung des Unterrichts in:

- diese **epochalen Tiefenbohrungen,** die exemplarisch, genetisch mit dem Unterrichtsgespräch als vorherrschender Unterrichtsform, unter einer unautoritären Führung des Lehrers vor sich gehen; macht-freie Räume radikalen Verstehens (ohne Noten) mit höchstens 20 Teilnehmern; und
- getrennt davon, darauf sich aber stützend, wie die Bögen einer Brücke auf Pfeilern ruhen: **straffe, dozierende und demonstrierende Kurse,** die stofflich schnell fortschreiten und informieren: Dauer: 45 Minuten. Teilnehmerzahl: 100 und mehr; mit allen Mitteln technisierter Information.»[109]

2.3 Hans Aebli

Hans Aebli (1923–90) reflektiert «Zwölf Grundformen des Lehrens» (1983), zu denen einerseits der Aufbau von Handlungsschemata, Operationen und Begriffen (Dimension der Inhalte) zählt und andererseits das Aufbauen und Durcharbeiten eben dieser Handlungen, Operationen und Begriffe (Dimension der Funktionen im Lernprozess). Aebli begreift in diesem Zusammenhang **«Verstehen» als den Aufbau beweglicher und transparenter kognitiver Strukturen,** die in Elementen und Relationen der jeweiligen Sache beschrieben werden. Diese Strukturen entstehen wesentlich durch Prozesse des Verknüpfens und Verdichtens.

Grundsätzlich findet sich bei Aebli der Gedanke, «dass alle neuen Inhalte des geistigen Lebens durch **Konstruktion aus einfacheren Elementen** hervorgehen»[110]. Diese einfachen Elemente konstituieren sich zunächst über das konkrete Handeln, dann über die Operationen, die als abstrakte Handlungen verstanden werden dürfen, und letztlich über die Begriffe, die derartige Netzwerke von Elementen und Beziehungen bezeichnen. Mit seinen Überlegungen orientiert sich Aebli teilweise am mathematischen Denken und nimmt an, dass das mathematische und – allgemeiner – das begriffliche Denken «aus dem praktischen Tun und aus der Herstellung konkreter Beziehungen innerhalb der Wirklichkeit hervorgegangen»[111] ist – eine Überlegung, die dann zur Anwendung des genetischen Prinzips im Unterricht anhält. Mit der Annahme, dass der Mensch zwischen seinen Begriffen und Vorstellungen einsichtige strukturelle Beziehungen herstellt, befindet sich Aebli durchaus in der psychologischen Tradition Jean Piagets[112].

Am Ende eines Lernprozesses steht ein Netzwerk aus Elementen und Beziehungen, sodass die Lernvorgänge offensichtlich struktureller Art sind. Nach Aebli vollzieht sich der Lernprozess zweischrittig: Zunächst wird die intendierte Verknüpfung hergestellt, und zwar mit Elementen bzw. Wissensbausteinen, über die die Lernenden bereits verfügen. Mit anderen Worten: «Jede Teiloperation ist dem Schüler bekannt, neu aber ist die Art, wie wir sie zusammenfügen.»[113] Anschließend betrachten die Lernenden die **«Verknüpfungsstruktur»**[114] und machen daran «eine neue Beobachtung». Die Verknüpfungsstruktur liefert in der Regel eine bestimmte **Einsicht** – meist verbunden mit einem Wert oder einer singulären Erkenntnis –, die die jeweilige Verknüpfungsstruktur kennzeichnet.[115]

Bei der einfachen Addition (→ Infotafel 5) gibt es an einer bestimmten Stelle die Erkenntnis, dass die Verknüpfungsstruktur dadurch entsteht, dass die zweite Objektreihe in der Fortsetzung der ersten angeordnet wird und somit eine «zählende Verarbeitung» ermöglicht. An anderer Stelle führt Aebli an, wie der Begriff «Schutzfarbe» über die Verknüpfung elementarer Begriffe bzw. die Verknüpfung der dahinterliegenden Konzepte entwickelt wird: «Aus der Ente wird eine brütende Ente, aus dem Nest ein Nest ‹auf dem Land, zu ebener Erde›. Dann wird das Tier zum brütenden Tier, zum bedrohten, zum sich tarnenden Tier usw.»[116] Bei diesen Verknüpfungen, die dann zum Verstehen beitragen sollen, sind Anordnung und Art der Verknüpfung zwar nicht beliebig, aber in der Regel doch auf mehrere Weisen gestaltbar.

Infotafel 5: Aufbau einer Verknüpfungsstruktur nach Aebli (Beispiel: Addition)

«Die Erstklässler sollen lernen, dass 4 + 3 = 7 ist. Sie können zählen; in ihrem Repertoire haben sie also die Operation der eineindeutigen Zuordnung der Glieder der Zahlenreihe zu den zu zählenden Objekten. Sie verfügen auch über die Operation der Mengenvereinigung. Jetzt will der Lehrer wissen, wie viele Objekte man habe, wenn man vier und drei Objekte zusammenlegt. Später wird man das als ‹die Aufgabe› bezeichnen und so schreiben:

4 + 3 = ?

Um die Aufgabe zum echten Problem zu machen, müssen dem Schüler eine größere Anzahl von Zählobjekten zur Verfügung stehen, z. B. etwa 20 Kartonscheiben, die Murmeln oder Brötchen darstellen. Nun zählt er als erstes vier Scheiben aus und legt sie vor sich hin:

Teil 1: ● ● ● ●

Es handelt sich für den Schüler also sicher um eine bekannte Operation. Er tut dasselbe mit drei weiteren Scheiben:

Teil 2: ○ ○ ○

Nun folgt ein wichtiger Schritt. Er muss die beiden Gegebenheiten verknüpfen. Wenn er sie als bloße Mengen betrachtet, wird er einfach die Vereinigungsmenge bilden:

Teil 3 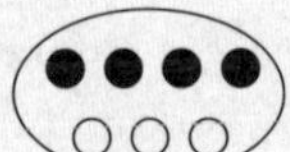

Jetzt muss er aber lernen, eine Verknüpfungsstruktur zu bilden, die sich für die weitere zählende Verarbeitung eignet. Sie entsteht dadurch, dass die zweite Objektreihe in der Fortsetzung der ersten angeordnet wird:

Teil 4 ●●●●○○○

Das ist die Verknüpfungsstruktur, die durch die Aufgabe 4 + 3 gefordert ist. Der Schüler kann sie leicht erzeugen, denn es handelt sich ja um die gleiche Objektfolge, wie er sie schon mit den vier und den drei Scheiben hergestellt hat. Das ist die erste Leistung beim Aufbau einer neuen Operation: die Herstellung der neuen Verknüpfungsstruktur. Die zweite Aufgabe ist für den Schüler leicht zu lösen, denn sie ist durch die bisherigen Handlungen schon vorbereitet. Die Frage lautet nun: ‹Wie viele Scheiben sind es im ganzen?› Wieder ruft der Schüler aus seinem Repertoire eine vertraute Operation ab. Sie heißt ‹Durchzählen›. Der Schüler zählt die Verknüpfungsstruktur durch und kommt auf das Ergebnis sieben. Dabei geschieht etwas Wichtiges: die Scheibe, die beim Auszählen der zweiten (weißen) Gruppe die erste war, wird nun zur 5., die 2. von den weißen wird zur 6. und die 3. zur 7. Der Schüler, der dies verstanden hat, hat einen tiefen Begriff der Addition gewonnen.»[117]

Um sich einen Sachverhalt bzw. einen Lerngegenstand anzueignen, ist es nicht hinreichend, sich einmalig – meist beispielhaft – mit diesem Gegenstand auseinanderzusetzen. Aebli spricht hier vom **«Durcharbeiten einer Operation»** und meint damit, dass Verstehen nicht als «plötzliches Aufleuchten» bzw. als «plötzliche Umstrukturierung» in gestaltpsychologischer Manier zu begreifen ist, sondern aus der **wiederholten variierten Auseinandersetzung mit dem Lerngegenstand** entsteht, die dann auch unterschiedliche Kontexte berücksichtigt (→ Infotafel 6): «So wird eine Figur nur in einer bestimmten Lage erkannt (gleichschenklige Dreiecke), kann ein Beweis nur bei einer bestimmten Anordnung der Teile geführt werden. Es ist, wie wenn den Operationen noch Schlacken anhafteten, welche ihren Ablauf in allen möglichen Lagen hinderten.»[118]

Infotafel 6: «Durcharbeiten» nach Aebli (Beispiel: Schutzfarbe)

«Durcharbeiten bedeutet nämlich, dass sich das Denken auf verschiedenen Wegen durch ein Netz bewegt. Im Falle der Schutzfarbe (...) haben wir z. B. bei der ersten Erarbeitung beim Tier begonnen, sind von da zu seinem Feind gelangt und sodann zur Ähnlichkeit von Tier und Umwelt fortgeschritten. Jetzt rollen wir das Problem, sei es am ursprünglichen Beispiel des Entenweibchens, sei es an einem neuen Beispiel (Laubfrosch, Jungvogel usw.), von der Umwelt her auf, notieren die Ähnlichkeit der Farbe des Tieres mit derselben und fragen uns, wozu sie dient. In einem dritten Falle beginnen wir beim Raubtier und seiner Nahrungssuche, gelangen von dort zur Notwendigkeit der Unterscheidung der Beute von ihrem Hintergrund usw. Wenn wir daran denken, dass ein Raubvogel etwa ein auf einer Wiese angelegtes Lerchennest erspähen muss, wenn er es ausrauben will, erscheint das braungesprenkelte Gefieder der Lerche als äußerst nützlich.»[119]

Das Netzwerk aus Elementen und Beziehungen erschließt sich den Lernenden in der Regel erst nach mehrmaligem Durcharbeiten. Dabei ist es eine besondere Herausforderung für die Lehrperson, dass das Ergebnis des Lernprozesses in Form eines Netzwerkes vorliegt, während doch der Lernprozess in gewisser Weise linear vonstattengeht. Daraus folgert Aebli: «Der Erklärende muss das Netz der Beziehungen wie eine Spinne aus einem einzigen Faden weben. Dabei ist es dem Schüler nicht möglich, in jedem Moment das ganze bisher gewobene Netz in seinem Geiste präsent zu haben. Unmittelbar gegenwärtig sind ihm nur die Beziehungen, die er zuletzt aufgebaut hat. Die Erklärung muss daher immer wieder zu den Punkten zurückkehren, an denen sie ein Element stehengelassen hat, es erneut aufnehmen und von hier aus weiterspinnen. Dies aber setzt voraus, dass das stehengelassene Element noch vorhanden und in tunlicher Frist wieder vergegenwärtigt werden kann. Dies erfordert, dass es in einem gewissen Masse schon konsolidiert worden ist.»[120]

Die hier angesprochene Konsolidierung einzelner Elemente – auch in verknüpfter Form – erfolgt über **Begriffe.** Sie fungieren als «Werkzeuge des Denkens und Erkennens» und leisten ein «Ordnen des Tuns»: «Jedes Beziehungsgefüge, das man schrittweise aus einfacheren Teilen aufbaut, auf eine gedankliche Spitze ausrichtet und benennt, liefert einen Begriff.»[121] Begriffe bilden netzwerkartige Strukturen ab und tragen dazu bei, dass **bestimmte kognitive Prozesse in einer «verdichteten», gelegentlich auch automatisierten Weise geschehen.** Insofern sind Begriffe nicht einfach Inhalte des geistigen Lebens, sondern seine Instrumente, und es ist gleichsam sicherzustellen, dass die Lernenden in jedem Moment die Möglichkeit haben, zu der eigentlichen Bedeutung der Begriffe zurückzukehren.[122]

Aebli weist nachdrücklich darauf hin, dass der Aufbau verständnisorientierter Strukturen eine **Konstruktionsleistung des Subjekts** ist, die von vielfältigen Faktoren – etwa der allgemeinen kognitiven Leistungsfähigkeit oder den Vorkenntnissen – abhängig ist. Verstehen bzw. die entsprechende «Einsicht ist ein Geschenk, das zu erwirken nur teilweise in unserer Macht steht. In einem gewissen Augenblick leuchtet das Verständnis auf, während die Räder des äußeren Lektionsbetriebes ihr Programm abrollen. Vorausnahmen der entscheidenden Einsicht durch begabte Schüler, Verzögerungen bei andern: sie alle beweisen, dass der Prozess des Verstehens nicht die mechanische Folge des Erklärens ist, sondern von diesem nur angestoßen und angeregt wird.»[123]

Der **kognitiv-konstruktivistische Ansatz** AEBLIS konzipiert «Verstehen» als den Aufbau beweglicher kognitiver Strukturen, die – ausgehend von singulären Verstehenselementen – eine Sache als Komplex aus ebensolchen Elementen – teilweise in verdichteter Form – und diesbezüglichen Relationen darstellen. Ähnlich wie bei KLAFKI wird hier «zwischen dem Stoff und den ihm innewohnenden praktischen und theoretischen Schemata unterschieden»[124]. Aufgabe der Lehrperson ist es dementsprechend, eine Sache auf die ihr innewohnenden Begriffe und Operationen bzw. auch Verstehenselemente und Verknüpfungen zu befragen und gleichsam zu einer gegebenen Struktur aus Elementen und Relationen eine passende Sache aufzutun (→ Zitat 10).

Zitat 10: Hans AEBLI (1983) – Struktur lehren

«So ist der Lehrer der Anwalt des klaren Aufbaus, der Bewusstwerdung der Beziehungen innerhalb der Operationen.»[125]

Bemerkenswert ist es, wie AEBLI die «didaktische Analyse» KLAFKIS kommentiert. Sein **vergleichsweise stärker analytischer Zugang,** der sich auch in der Auflösung von Verstehen in einzelne Verstehenselemente abbildet, lässt sich exemplarisch an einer Fragestellung der «didaktischen Analyse» nachvollziehen: «Unter psychologischen Gesichtspunkten sind die Fragen, die KLAFKI an einen gegebenen Unterrichtsstoff richtet, sehr vielfähig und komplex, vielfältiger und komplexer wahrscheinlich, als sie sein müssten. Wenn KLAFKI nämlich nach ‹allgemeinen Sinn- und Sachzusammenhängen› fragt, die in einem gegebenen Stoff enthalten sind (Frage 1), so meint er nichts anderes als ihren begrifflichen Gehalt. Auch die Frage nach dem Ort, wo das zu Gewinnende sich fruchtbar machen lasse, ist ganz einfach die Frage nach den Anwendungsmöglichkeiten der zu gewinnenden Begriffe.»[126]

Es wird deutlich, dass AEBLI nichts so fern liegt wie etwa eine «Mystifikation des mathematischen Verstehens»[127] bzw. des Verstehens im Allgemeinen, die sich dann möglichweise noch in einer entsprechenden «Genietheorie» abbildet. Sein Anliegen ist eher die **Transparenz der kognitiven Strukturen** und der entsprechenden Verarbeitungsprozesse, was auch gut zu seinem wissenschaftlichen Gesamtansatz passt: «Die Quelle der Wissenschaften ist immer diese doppelte: das konkrete, praktische Interesse und das Bedürfnis nach Klarheit und nach Verstehen.»[128]

2.4 Ewald Kiel

In seiner 1999 publizierten Habilitationsschrift «Erklären als didaktisches Handeln» setzt sich Ewald KIEL mit dem **Erklärensbegriff aus didaktischer Perspektive** auseinander. In Abgrenzung von psychologischen, wissenschaftstheoretischen und sprechakttheoretischen Darstellungen charakterisiert er Erklären als «genuin didaktisches Phänomen» und zeigt, welche Vorstellungen über die «Analyse, Gestaltung und Evaluation von Erklärungen in Theoretiker- und Praktikerdidaktiken» vorliegen. Zumindest im deutschsprachigen Bereich handelt es sich hierbei um die bislang umfangreichste Arbeit zum Thema Erklären, dem – wie KIEL in der Einleitung feststellt – zwar von Seiten der Praxis ein hohes Maß an Bedeutung zugeschrieben wird, das aber in der (wissenschaftlichen) Didaktik nur am Rande Aufmerksamkeit erfährt.

KIEL vergleicht verschiedene wissenschaftstheoretische Konzepte in Hinblick auf den **Prozess des Erklärens** miteinander (→ Abb. 4). Der kategoriale Rahmen ist dabei durchaus am klassischen HEMPEL-OPPENHEIMER-Schema orientiert, wird allerdings anhand der unterschiedlichen konzeptionellen Ansätze erweitert, wie sich am Beispiel von Explanandum, Explanans und der Struktur einer Erklärung ablesen lässt. In KIELS Synthese kann ein Explanandum jedes Objekt sein,

- «auf das sich ein Erkenntnisinteresse richtet,
- das entweder deklaratives Wissen und/oder prozedurales Wissen repräsentiert,
- das durch Begriffe erfasst und sprachlich formuliert werden kann,
- dessen Auswahl als ‹erklärenswürdig› oder ‹erklärbar› einem explizit formulierten oder implizit als geltend angenommenen Standard genügt,
- der Standard kann eine intersubjektive Übereinkunft sein oder eine Konvention innerhalb einer Theorie, einer Disziplin oder Profession.»[129]

In der Fortführung dieser Überlegungen kann das Explanans dann jede Bedingung oder Kombination von Bedingungen sein, die aus dem kausalen Feld des Erkenntnisinteresses stammt und den bereits genannten Bedingungen genügt, d.h. insbesondere einem explizit formulierten oder implizit als geltend angenommenen Erklärensstandard genügt. Aus der Verknüpfung von Explanandum und Explanans ergibt sich demzufolge die **Struktur einer Erklärung,** wobei diese Verknüpfung ebenfalls den angenommenen Erklärensstandards genügen muss, die einer intersubjektiven Übereinkunft bzw. einer Konvention innerhalb einer Theorie, Disziplin oder Profession entstammen.[130]

Autoren/Theorie	**Klassische Kinderpsychologie**	**Kognitions-psychologie**	**Hempel/Oppenheim**
Ausgangssituation	Staunen, Warum-Frage	kognitives Ungleichgewicht: Wissensdefizit, Inkonsistenz zwischen Kognitionen	Warum-Fragen in empirischen Wissenschaften
Explanandumtypen	jedes Phänomen	jedes Phänomen	wissenschaftliche empirische Tatsachen
Explananstypen	alles, was Kinder als bewirkend denken	deklaratives Wissen und/oder prozedurales Wissen	Antecedensbedingungen: Randbedingungen, allgemeine oder probabilistische Gesetze, Sätze mit empirischem Gehalt
Strukturangaben	Ursache-Wirkung, Grund-Folge, Zweck-Mittel-Beziehungen	von Zweck-Mittel-Beziehungen zu formalen, hypothetisch, deduktiven Beziehungen	deduktiv-nomologisch, deduktiv-statistisch, induktiv-statistisch
Funktionen	Weiterdenken über das unmittelbar Erfahrbare hinaus, abhängig von Vorkenntnissen	einfache, dialektische oder integrative Äquilibration, Befähigung zum Handeln	Verstehen ohne Rückgriff auf Erfahrung, sondern durch Rückführung auf allgemeine Prinzipien oder Gesetze, Voraussagen
Kosmologien	Welt erscheint animistisch. Welt ist der unmittelbare Erfahrungs-/Handlungsraum des Kindes	Veränderungen in der Welt sind das Ergebnis von Interaktionen	Welt ist deterministisch oder probabilistisch geordnet. Entsprechende Gesetze können entdeckt werden.
Wege zu Erklärungen	Andere fragen oder Erklärungen selbst entdecken	Hypothese aufstellen, überprüfen, Vertrauen auf Wahrnehmung	Induktion, Deduktion, Wahrscheinlichkeitstheorie

Abbildung 4: Ausgewählte Konzepte des Erklärens (nach Kiel)[131]

Kiel leistet eine **Reflexion und Bestimmung didaktischer Handlungskategorien,** in denen sich Erklären ereignen kann und die dazu beitragen können, eine bestimmte Art von Wissen entstehen zu lassen. Er unterscheidet hier:

- «Wissen, das übertragen wird,
- Wissen, welches in einem Kontext entwickelt wird,
- Wissen, welches in einem Kontext zwischen Experten und Laien oder gleichberechtigten Partnern ausgehandelt wird.»[132]

In der Analyse von ausgewählten **Theoretikerdidaktiken** (Erklären als «Übertragen von Wissen»: Ansätze von Comenius, Otto Willmann, «Teacher-Effectiveness-Forschung»; Erklären als «Entwickeln von Wissen»: Arbeitsunterricht, Tätigkeitstheorie, «Cognitive Apprenticeship»; Erklären als «Aushandeln von Wissen»: neosokratischer Dialog, Metakommunikation) bestimmt er die jeweils angenommene Funktion von «Erklären». Im Rahmen der Aufbereitung der Ergebnisse aus der «Teacher-Effectiveness-Forschung» identifiziert Kiel die folgenden Kriterien effektiven Erklärens:

- Vorbereitet sein
- Klarheit der Ziele gewährleisten
- Strukturiert vortragen
- Orientierung zu Beginn der Erklärung
- Bedeutungshinweise geben
- Erklärende Bindeglieder verwenden
- Verständnishilfen geben
- Sprachliche Komplexität beschränken
- Vagheit vermeiden
- Dynamik und Enthusiasmus zeigen
- Wiederholung von Erklärungen nach Elaborationen.[133]

Am Beispiel der Prinzipien des Erklärens als «Übertragen von Wissen» lässt sich nachvollziehen, in welcher Weise Kiel das **Erklären als «didaktisches Handeln»** konzipiert. Am Beginn steht der Hinweis, «daß eine Erklärung nur als Aussage über eine Explanandum-Explanansstruktur mit möglichen Legitimationen dieser Struktur sehr leicht *nicht* verstanden und/oder behalten wird.»[134] Des Weiteren führt er aus, dass aus der Vielzahl möglicher Legitimationen nur der «logische Schluß unter Bezugnahme auf ein allgemeines oder statistisches Gesetz» als mögliche wissenschaftliche Legitimation gelten kann, es jedoch noch eine Vielzahl anderer Legitimationen im Sinne einer stärker didaktischen Ausrichtung der Erklärung gibt. Dies sind beispielsweise:

- «die Kompatibilität zum Vorwissen,
- der Vergleich von Vorstellungen und Begriffen aus gleichen und unterschiedlichen Wissensdomänen (...),
- der Nachweis eines Beispiels oder die Möglichkeit, eine Erklärung auf ein Beispiel anzuwenden,
- die Stimmigkeit einer Erklärung innerhalb eines organisch-genetischen Ganzen (...).»[135]

Kiel führt verschiedene Gründe für den «Einbruch psychologischer, pädagogischer und wissenssoziologischer Überlegungen in das erkenntnistheoretische Grundmodell» an. Hierzu zählt der Verweis auf die «mangelnde(n) kognitiven Möglichkeiten von Lernern» genauso wie die Deutung einer Erklärung als «Mittel zum Zweck», beispielsweise zum Zweck der Persönlichkeitsbildung oder aber auch zum Zweck der Gewährleistung einer kognitiven Ökonomie. Nicht zuletzt kann ein didaktisch motivierter Lebensweltbezug aus Gründen der Anschlussfähigkeit und der motivationalen Grundstimmung für die Einbeziehung didaktischer Überlegungen bei der Konstruktion und Legitimation von Erklärungen sinnvoll sein.

Die Ergebnisse der Untersuchung ausgewählter «Theoretikerdidaktiken» führt Kiel in einem **Phasenschema des Erklärens** als «Übertragen von Wissen» zusammen (→ Abb. 5). Im Rahmen der Vorbereitung einer Erklärung hat die Lehrperson nicht nur eine rein inhaltliche Auswahl – mit Blick auf die Lernenden – zu treffen, sondern auch die Standards einer Erklärung – beispielsweise mit Blick auf akzeptierte Legitimationen einer Erklärung – zu fixieren. Besonders ausführlich gerät die Bestimmung der Gestaltung des Erklärungsprozesses, insbesondere die mit Blick auf die Lernenden zu bestimmenden **«flankierenden Aktivitäten zur Verständnissicherung»:**

- «Auswahl von Elaborationen, z. B. Beispiele, Illustrationen, Schaubilder, Analogien.
- Entwicklung von Elaborationen in möglichst unterschiedlichen Repräsentationsformen (symbolisch, ikonisch, enaktiv). (...)
- Wiederholung, Paraphrasierung oder Rephrasierung des Erklärungsprinzips.
- Zusammenfassen der Hauptpunkte.
- Formulierung der Einführung in die Erklärung, welche die Lerner auf wichtige Aspekte aufmerksam macht (Ziele, individueller Nutzen, individuelle und allgemeine Anwendungsbereiche, Anknüpfung an Interesse des Lerners, Strukturierung der Gesamterklärung und der mit ihr zusammenhängenden Aktivitäten).

- Besondere Verarbeitungszeit einräumen: Unterbrechungen, an denen Lerner Zeit haben zum Nachdenken; Einschnitte, an denen Lerner ihr Verstehen oder ihre Denkprozesse artikulieren sollen.»[136]

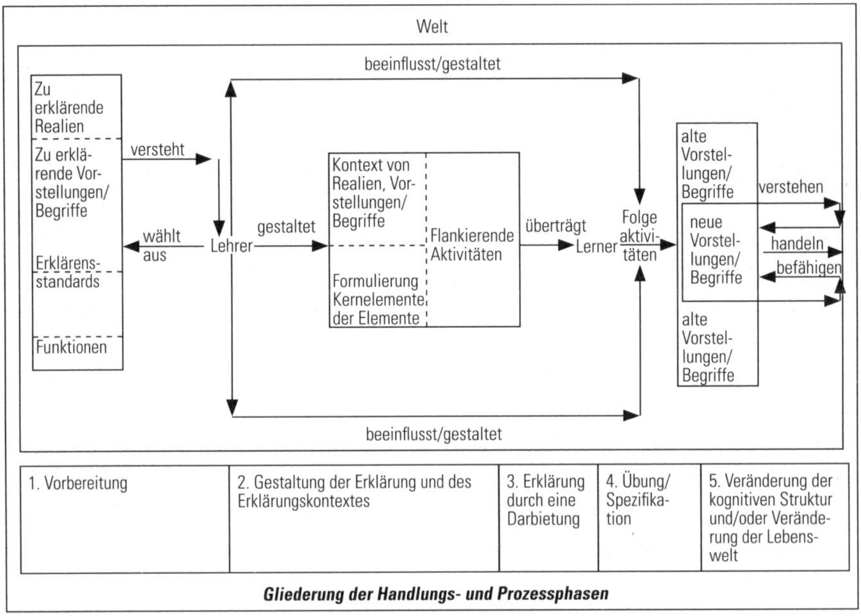

Abbildung 5: Handlungen und Prozesse beim Erklären als Übertragung von Wissen (nach Kiel)

Wiewohl bereits die flankierenden Maßnahmen auf Verständnissicherung bzw. Verstehensorientierung ausgerichtet sind, betont Kiel zudem die Gestaltung von Folgeaktivitäten, die der Übung und Spezifikation des Gelernten dienen sollen. Dazu zählen sowohl Aufgaben zur Anwendung des Erklärungswissens als auch Fragen, die von den Lernenden ausgehen. In einer späteren Arbeit wird die Verstehensdimension (Adressatenorientierung) explizit neben die anderen Dimensionen des Erklärens – strukturell, inhaltlich und sprachlich – gestellt und auf diese Weise die Korrelation zwischen Erklären und Verstehen betont.[137]

2.5 Barbara Drollinger-Vetter

In ihrer 2011 erschienenen Dissertationsschrift «Verstehenselemente und strukturelle Klarheit» setzt sich Barbara DROLLINGER-VETTER mit fachdidaktischen Unterrichtsmerkmalen auseinander, die geeignet sind, **das Verstehen eines konkreten Konzepts wirksam anzuleiten** und zu unterstützen. Ihre Arbeit ist im Rahmen der schweizerisch-deutschen Videostudie «Unterrichtsqualität, Lernverhalten und mathematisches Verständnis» entstanden und fokussiert angeleitete Verstehensprozesse in einer sowohl konzeptionellen als auch empirischen Perspektive. Wiewohl die Untersuchung im Bereich der Mathematikdidaktik angesiedelt ist, ist sie aufgrund ihrer breiten Anlage geeignet, sowohl weitere fachdidaktische als auch allgemeindidaktische Impulse zu generieren.

Wie DROLLINGER-VETTER feststellt, gibt es **verschiedene Unterrichtsqualitätsmerkmale aus der empirischen Unterrichtsforschung,** die sich auf einen verstehensorientierten Unterricht beziehen. Für den Mathematikunterricht sind dies etwa Verknüpfungen als Merkmal von Aufgabenqualität, kognitive Aktivierung und Klarheit bzw. Strukturiertheit. Allerdings weist DROLLINGER-VETTER darauf hin, dass bei all diesen Qualitätsmerkmalen der konkrete zu verstehende Inhalt zu wenig beachtet wird. «Die (…) erwähnten Qualitätsmerkmale sind zwar nicht völlig inhaltsfrei, so wird beispielsweise bei der Klarheit oft untersucht, ob Zusammenfassungen vorkommen, und bei der kognitiven Aktivierung, ob herausfordernde Aufgaben bearbeitet werden. Beides ist ohne gewisse inhaltliche Betrachtungen kaum einschätzbar. Für das Verstehen eines neuen Konzepts sind aber die *Qualität* der Zusammenfassungen und die *Eignung* der Aufgabe *im Hinblick auf das Verstehen des Konzepts* zentral.»[138]

Der «forschungspolitische» Hintergrund der empirischen Unterrichtsforschung spielt hierbei durchaus eine gewichtige Rolle. DROLLINGER-VETTER verweist am Beispiel der videobasierten Forschung auf anders gerichtete Forschungsinteressen wie etwa die internationale Vergleichbarkeit (→ Zitat 11). Dies führt dazu, dass die **Merkmale der unterrichtlichen Qualität nur konzeptunabhängig** bzw. konzeptübergreifend formuliert werden können; als Beispiel nennt sie das Vorhandensein von mathematischen Verknüpfungen: «Welche inhaltsspezifischen Verknüpfungen dies sind, auf welcher Ebene sie sich befinden und ob sie in Bezug auf die Verstehensprozesse an der entsprechenden Stelle produktiv sind, kann kaum beurteilt werden. Dies wäre aber für Strukturaufbauprozesse wesentlich.»

Zitat 11: Julian Nida-Rümelin (2015) – Internationale Vergleichbarkeit

«Man löst das Beurteilungsverfahren über den Bildungserfolg von fünfzehnjährigen Schülerinnen und Schülern international von konkreten Bildungsinhalten ab. Schon deswegen, weil sich mit konkreten Bildungsinhalten keine internationalen Vergleiche anstellen lassen.»[139]

Einleitend entwickelt Drollinger-Vetter eine Vorstellung davon, wie Mathematikverstehen konzeptionell gefasst werden kann. Ihre Überlegungen basieren auf einem (sozial-)konstruktivistischen Lernverständnis in Anlehnung an Hiebert/Carpenter: «(...) understanding in mathematics is making connections between ideas, facts or procedures»[140], wobei sie allerdings betont, dass die **fachunabhängigen Definitionen von Verstehen** viele Freiräume lassen und **in gewisser Weise formal bleiben.** Bestimmte fachspezifische Fragen lassen sich ohne inhaltlichen Bezug nicht oder nur schwer beantworten: «Sind alle Arten von Verknüpfungen hilfreich? Gibt es verschiedene Qualitäten von Verknüpfungen? Auf welcher Ebene wird verknüpft? Welche Einheiten werden verknüpft?»

In Anlehnung an die Vorarbeiten von Reusser/Reusser-Weyeneth aus den 1990er-Jahren skizziert Drollinger-Vetter einige Strukturmerkmale des Verstehens in der Mathematik:

- **Verstehen als kognitive Konstruktion:** Verstehen ist eine soziale Konstruktionsleistung, bei der diverse Verknüpfungen, Beziehungen und Zusammenhänge zwischen mathematischen Ideen, Prozeduren und Konzepten hergestellt werden. Drollinger-Vetter betont allerdings, dass fachliches Verstehen nicht nur aus einem subjektiven Sinnherstellen besteht, sondern immer eine doppelte Verbindlichkeit – im Sinne Klingbergs – aufweist: «Die individuellen, singulären Vorstellungen der Lernenden sollen sich den fachlichen, regulären Vorstellungen nähern.»[141]
- **Verstehen als Problemlösen:** Verstehen bedeutet auch, Bedeutung und Sinn zu erkennen, und in dieser Hinsicht können die Brüche im «Sinnfluss» dann als Problemlösesituationen aufgefasst werden. Drollinger-Vetter weist auf die Ähnlichkeit von Verstehensprozessen mit dem (plötzlichen) Sehen und Wahrnehmen von Zusammenhängen hin.
- **Verstehen als mehrperspektivischer, mehrdeutiger, unabschließbarer Prozess, der auf Sinnhaftigkeit, Strukturgüte und Funktionalität bezogen ist:** Verstehen ist über das Kriterium Strukturgüte auf Wahrheit und Richtigkeit, über das Kriterium Funktionalität auf die situative Angemessenheit bezogen. Verstehensprozesse sind prinzipiell vorläufig und niemals

abgeschlossen, zudem gibt es stets mehrere Zugänge zum Verstehen eines Sachverhalts.

- **Verstehen als kontextuell eingebetteter Vorgang:** Neben der «Logik der Dinge» gibt es auch die «Logik der Situation». Für den erfolgreichen Verstehensprozess sind sowohl die Person des Verstehenden, die unterschiedliche Natur von Verstehensgegenständen als auch der Kontext, in dem sich Verstehensvorgänge abspielen, von Bedeutung.

Um Verstehensprozesse anzuleiten, bedarf es nach DROLLINGER-VETTER **dreier fachdidaktischer Unterrichtsqualitäten:** das Vorhandensein der für das jeweilige inhaltliche Konzept relevanten Verstehenselemente, qualitativ hochwertige Repräsentationen und eine strukturelle Klarheit, die nicht (nur) organisatorisch oder ablaufbezogen, sondern vor allem inhaltlich gedacht ist. «Die These ist, dass sich ein verständnisorientierter Unterricht beziehungsweise eine ‹gut erklärende› Lehrperson – nebst anderen Kriterien – zentral durch strukturelle Klarheit in Bezug auf Verstehenselemente und Repräsentationen auszeichnet.»[142]

Verstehenselemente sind jene Teilelemente eines Konzepts, die man verstanden haben muss, um das Konzept als Ganzes verstehen zu können. In Anlehnung an AEBLI geht DROLLINGER-VETTER davon aus, «dass alle neuen Inhalte eines geistigen Lebens durch Konstruktion aus einfacheren Elementen hervorgehen.»[143] Verstehenselemente «sind zum einen fachlich bestimmt, der Auflösungsgrad und die Art der Formulierung sind aber aus der Sicht des Verstehensprozesses der Schülerinnen und Schüler gedacht.»[144] Demzufolge ist es auch so, dass «verschiedene Sets von Verstehenselementen zu ein und demselben Thema denkbar»[145] sind.

Bei der Einführung eines neuen Konzepts sind Verstehenselemente ganz zentral. Sie sollten demzufolge im Unterricht mehrmals vorkommen und im besten Fall von allen Schülerinnen und Schülern nachvollzogen und verstanden werden (→ Infotafel 7). Dieses Vorkommen kann allerdings auf ganz unterschiedliche Weise erfolgen. DROLLINGER-VETTER benennt verschiedene Situationen, in denen beispielsweise die Bedeutung des rechten Winkels im Satz des Pythagoras explizit werden kann:

- «beim einführenden Lehrervortrag;
- als zentrale Erkenntnis bei der Besprechung eines Einstiegsproblems;
- im Theoriehefteintrag;
- als Kernpunkt des Beweisprozesses;
- beim Aufgabenlösen: beispielsweise kommt eine Aufgabe vor, in der gar kein rechtwinkliges Dreieck gegeben ist;

- während einer Klassendiskussion oder im individuellen Lehrer-Schüler-Gespräch.»[146]

Um sich einen Sachverhalt vergegenwärtigen zu können, insbesondere um über ihn nachdenken bzw. reden zu können, bedarf es einer **Repräsentation** bzw. mehrerer Repräsentationen desselben. Eine Repräsentation oder auch Darstellung eines Sachverhalts besteht einerseits aus einer Struktur, die wiederum aus Elementen und Relationen besteht, und andererseits aus dem Medium der Repräsentation; hier werden üblicherweise Handlung, Bild und Symbol (Sprache und Formel) voneinander unterschieden. Repräsentationen können als Verdichtungen von Verstehenselementen aufgefasst werden, und somit ist die Qualität einer Repräsentation – nebst anderen Faktoren – maßgeblich durch die Güte der repräsentierten Verstehenselemente bestimmt.[148]

Infotafel 7: Heuristiken zum Auffinden von Verstehenselementen (Beispiel: Mathematik)

Mithilfe der aufgeführten Leitfragen lässt sich ein Zugang zu inhaltlich relevanten Verstehenselementen herstellen. Wiewohl diese Heuristiken das Fach Mathematik betreffen, lassen sich doch viele Anregungen für andere Disziplinen gewinnen:

- «Was sind mathematisch produktive und für Schülerinnen und Schüler verständliche Darstellungen des Konzepts?
- Wie kann man das Konzept umgangssprachlich (also ohne Verwendung der prototypischen Darstellungen und Fachbegriffe, welche die Schülerinnen und Schüler noch nicht kennen), aber fachlich korrekt beschreiben und darstellen?
- Welches Vorwissen, insbesondere welche Begriffe, braucht man beim Verstehen des Konzepts? Welche davon sind bei den Schülerinnen und Schülern vorhanden?
- Welches sind typische Alltagsvorstellungen, Schülerfehler, Verstehenshürden und Fehlvorstellungen zum Konzept? Was sind also die typischen Schwierigkeiten beim Verstehen dieses Konzepts?
- Welche für die Schülerinnen und Schüler relevanten verschiedenen Grundvorstellungen gibt es zum Konzept? (...)
- Wo gibt es allenfalls fachliche Brüche beim Lernen dieses Konzepts (...), welche auch für die Schülerinnen und Schüler zum Problem werden könnten? Wie kann man sie deutlich machen?
- Welche vermeintlichen Details zum Konzept müssen deutlich werden, weil man sie leicht übersehen kann? (Beim Satz des Pythagoras wären dies zum Beispiel die zwei Typen von Seiten.)

- Gibt es innerhalb der Formulierung des Konzepts bestimmte Reihenfolgen, die zentral sind (z. B. Voraussetzung und Behauptung)?
- Worauf kommt es nicht an, obwohl Schülerinnen und Schüler dies annehmen könnten (Gegenbeispiele gegen falsche Verallgemeinerungen)?
- Welche Schrittgrößen, welchen Auflösungsgrad verstehen die Schülerinnen und Schüler der entsprechenden Schulstufe und des entsprechenden Niveaus bei der Erklärung des Konzepts?
- In welchen Situationen wendet man das Konzept in der Schule typischerweise an?
- Welche Tragweite und Bedeutung nimmt das Konzept in der ganzen Schulausbildung ein?»[147]

Die dritte fachdidaktische Unterrichtsqualität ist das Vorhandensein von **struktureller Klarheit.** Empirisch gut abgesichert ist, dass Kohärenz, Klarheit und Strukturiertheit allgemeine, d. h. nicht konzeptspezifische, Qualitätsmerkmale von Unterricht sind. Dazu zählen etwa die Plausibilität des thematischen Ganges, die Verbindung von Neuem mit bereits Bekanntem und die Vermeidung von unnötigen Brüchen im Unterrichtsfluss. Drollinger-Vetter geht hier weiter und postuliert, dass die «inhaltliche Klarheit im Unterricht im Verlauf durch die Kohärenz der Verstehenselemente und Relationen bestimmt ist.»[149] Hierfür wählt sie die Bezeichnung «strukturelle Klarheit», um den **Unterschied zu einer inhaltsfreien Definition von Klarheit** zu betonen. Strukturelle Klarheit ist beispielsweise durch die folgenden Aspekte bestimmt:

- «Vorkommen und Deutlichkeit der Verstehenselemente und Repräsentationen im Verlauf. Das einmalige sorgfältige Präsentieren der Verstehenselemente und der Repräsentationen genügt in der Regel nicht. Diese Beziehungen müssen immer wieder vorkommen und im Sinne Aeblis durchgearbeitet werden.
- Verständliche und sachlogisch richtige Reihenfolge und Widerspruchsfreiheit der vorkommenden konzeptspezifischen Verknüpfungen.
- Der inhaltliche rote Faden ist in Bezug auf die Verstehenselemente und Repräsentationen gegeben. Die Zeitdauer spielt auch eine Rolle: Wenn es zu lange dauert, bis das Konzept erkennbar wird, so besteht die Gefahr, dass der rote Faden nicht mehr sichtbar ist und die Verstehenselemente zu wenig deutlich werden. (…)
- Kohärenz der Verstehenselemente über längere Zeiträume hinweg, besonders bei Repräsentationsformenwechsel.

- Vernetzung der Verstehenselemente und Repräsentationen mit- und untereinander, wobei die Verknüpfungen der Repräsentationen effektiv auf der Ebene der Verstehenselemente stattfinden. Die typischen Repräsentationen müssen untereinander verknüpft werden: Eine korrekte bildliche Darstellung, bei welcher der Bezug zur Formel nie hergestellt wird, trägt wenig zum Verständnis bei. (…)»[150]

Drollinger-Vetter entwickelt einen Ansatz, der die fachdidaktischen Qualitäten der Anleitung von Verstehensprozessen konzeptionell in den Blick nimmt und empirisch hinterfragt. Wiewohl die Überlegungen hier für das Fach Mathematik angestellt werden, ist es durchaus denkbar, diesen Ansatz auch auf andere Disziplinen zu transferieren. Insbesondere das zentrale Konstrukt «Verstehenselement» in Verbindung mit einer inhaltsbezogenen strukturellen Klarheit scheint geeignet zu sein, das Verstehen eines konkreten Konzepts wirksam anzuleiten und zu unterstützen.

3 Inhalte erklären

Inhalt

Zusammenfassung

Die Bausteine einer guten Erklärung werden bestimmt. Zunächst geht es um die Auswahl der wesentlichen Verstehenselemente anhand eines Perspektivmodells (3.1). Anschließend gilt es, diese Verstehenselemente sachlogisch bzw. didaktischlogisch anzuordnen (3.2) und auf die Zielgruppe und die intendierten Lernergebnisse auszurichten (3.3). Ein wesentliches Hilfsmittel einer Erklärung sind Repräsentationen, die in verschiedenen Formen vorliegen: Beispiele, Fälle und Situationen (3.4), Strukturen (3.5) und analoge Formen wie Bilder, Metaphern, Geschichten und Analogien (3.6). Zwei beispielhafte Umsetzungen illustrieren die Gestaltung einer für die jeweilige Zielgruppe hilfreichen Erklärung (3.7). Abschließend wird die Bedeutung einer möglichst gebündelten Aufmerksamkeit in Verbindung mit dem «Split Attention-Effekt» herausgestellt (3.8).

Erklären bezeichnet eine didaktische Option, um Verstehen und damit den Aufbau von kognitiven Strukturen zu unterstützen und zu befördern. Die **Hinweise für gute Erklärungen sind mannigfaltig** und abhängig vom jeweiligen Kontext auch sinnvoll. Dazu zählt der Hinweis auf die Nennung eines Lernziels bzw. Lernergebnisses genauso wie die Bereitstellung einer Übersicht, die Verwendung von Fallbeispielen und der Hinweis auf die Effekte der Visualisierung. Inhalte sollen auf Wesentliches beschränkt und Lernende über Rückfragen und angeleitete Wiederholungen eingebunden werden. Zudem erweist es sich oft als sinnvoll, «Lerninhalte textlich-bildhaft kohärent» zu präsentieren, «vorstrukturierende Hinweisreize zu verwenden, nicht zu viele Informationen zur gleichen Zeit zu präsentieren sowie möglichst klar und verständlich vorzutragen.»[151]

Im Folgenden dient das «Modell verständlichen und lernförderlichen Erklärens» (→ Abb. 3, S. 17) als Grundlage für die einzelnen Bausteine einer Erklärung. Soll verständlich und lernförderlich «vermittelt» werden, so gilt es, diesen **Prinzipien guten Erklärens** zu folgen:

- An vorhandenes Wissen und Verständnis «andocken».
- Eine wichtige Frage beantworten bzw. ein relevantes Problem lösen.
- Klar, dabei schrittweise und im Zusammenhang erklären und auf Verstehen ausrichten.
- Inhalte über Repräsentationen gleichsam gut erinnerbar und verstehbar machen.
- Kognitive Aktivitäten der Lernenden anregen.

Diese Prinzipien decken sich weitgehend auch mit den von Reusser/Pauli für den Mathematikunterricht vorgeschlagenen Qualitätsmerkmalen eines verständnisorientierten Wissensaufbaus: «(1) die explizite Thematisierung der Verstehenselemente, (2) die Qualität der Repräsentationen (…) und (3) die strukturelle Klarheit des Unterrichts, welche eine Verlaufsqualität beschreibt.»[152] In Abgrenzung zu den eher übergreifenden Prinzipien guten Erklärens werden die einzelnen **Bausteine einer Erklärung** wie folgt bestimmt:

- Verstehenselemente 1: Wesentliches bestimmen (→ Kap. 3.1)
- Verstehenselemente 2: Anordnen (→ Kap. 3.2)
- Verstehenselemente 3: Ausrichten (→ Kap. 3.3)
- Repräsentationen 1: (Exemplarische) Beispiele, Fälle, Situationen (→ Kap. 3.4)
- Repräsentationen 2: Strukturen (→ Kap. 3.5)
- Repräsentationen 3: Bilder, Metaphern, Geschichten, Analogien (→ Kap. 3.6)
- Inhalte aneignen (lassen) (→ Kap. 4).

Es geht dabei um die **Bestimmung einzelner Verstehenselemente,** die **Auswahl geeigneter Repräsentationen** und die **Anregung verstehensförderlicher Aktivitäten.** Die zuvor bezeichneten Prinzipien guten Erklärens finden sich teilweise in mehreren Bausteinen einer Erklärung wieder. Beispielsweise gilt das Prinzip «An vorhandenes Wissen und Verständnis ‹andocken›» sowohl bei der Bestimmung der für die Lernenden wesentlichen Inhalte und deren Anordnung als auch bei der Festlegung geeigneter Repräsentationen. Gleiches gilt etwa auch hinsichtlich des Prinzips «Kognitive Aktivitäten der Lernenden anregen». Selbstverständlich ist dies evident, wenn Inhalte direkt von den Lernenden erschlossen werden, doch gilt es eben auch bereits bei der Auswahl und Anordnung geeigneter Verstehenselemente.

3.1 Verstehenselemente 1: Wesentliches bestimmen

Verstehenselemente sind - in Anlehnung an DROLLINGER-VETTER - jene Teilelemente eines Konzepts, die die Lernenden verstanden haben müssen, um das Konzept als Ganzes verstehen zu können. Die zu lernende fachliche Struktur ist so in einzelne Elemente aufzufalten, dass jedes dieser fachlichen Elemente aus der Sicht der Lernenden deutlich erkennbar wird; Verstehenselemente «docken» also an das Vorwissen der Lernenden «an». Sie sind zum einen fachlich bestimmt (→ Zitat 12), zum anderen sind aber der Auflösungsgrad und die Art der Formulierung aus der Sicht des Verstehensprozesses der Lernenden gedacht.[153]

Zitat 12: Barbara DROLLINGER-VETTER (2011) – Notwendigkeit fachlicher Elemente

«Das Endprodukt eines in fachlicher Hinsicht erfolgreichen Verstehensprozesses, also das ‹fertige Begriffsnetz›, (muss) bei jedem Lernenden mindestens in der folgenden Hinsicht ähnlich sein: Gewisse fachliche Elemente und gewisse Verknüpfungen zwischen diesen Elementen müssen vorkommen – wie auch immer diese im Gesamten ‹aussehen› und vernetzt sind.»[154]

Soll beispielsweise der **Satz des Pythagoras** in einer 8. Jahrgangsstufe in einer dreistündigen Einführung vermittelt werden, so sind dies mögliche Verstehenselemente:

- Die zentrale Figur des Satzes ist das Dreieck.
- Es muss ein rechtwinkliges Dreieck ($\gamma = 90°$) sein.
- Es geht um zwei Typen von Seiten (Katheten, Hypotenuse) im rechtwinkligen Dreieck, die es zu identifizieren gilt.
- Formulierung des Satzes mittels Seitenlängen: Das Quadrat der Länge der einen Kathete plus das Quadrat der Länge der anderen Kathete ergibt das Quadrat der Länge der Hypotenuse.
- Formulierung des Satzes mittels Flächeninhalten: Zwei Quadrate können

zusammen den gleichen Flächeninhalt haben wie ein drittes Quadrat, falls diese in einer besonderen Weise (rechtwinkliges Dreieck) angeordnet sind.

- Verknüpfung von Flächen- und Seitenaspekt (visuelle Kodierung): Im Pythagorasbild sind die Seiten und/oder die Flächen beschriftet, der rechte Winkel ist gekennzeichnet.
- Es wird explizit zwischen der Voraussetzung und der Behauptung unterschieden: Für die Seiten a, b, und c eines rechtwinkligen Dreiecks gilt, dass $a^2 + b^2 = c^2$.[155]

Bei der Betrachtung dieser Verstehenselemente lässt sich leicht feststellen, dass sie hinsichtlich ihrer Erscheinungsform, aber auch hinsichtlich ihrer Granularität, unterschiedlich aufgestellt sind. Die Hinweise zuerst auf ein «Dreieck», dann auf ein «rechtwinkliges Dreieck» mit «zwei Typen von Seiten» bezeichnen einzelne Voraussetzungen, die alternativ auch in einem einzigen Verstehenselement gebündelt werden könnten. Die Formulierung über «Seitenlängen» bzw. «Flächeninhalte» bringen wiederum einzelne Aspekte des Satzes von Pythagoras, die sich visualisieren, damit auch dual (textuell und visuell) kodieren lassen. Das Verstehenselement mit den Hinweisen auf die «Kennzeichnung des rechten Winkels» und die «Beschriftung der Seiten» bezeichnet einzelne Aspekte, die ein erfolgreiches Verstehen des gesamten Sachverhalts nahelegen. Das letzte Verstehenselement bezeichnet die «Formel» in einem größeren Zusammenhang. Verstehenselemente gibt es demzufolge in **unterschiedlichen Erscheinungsformen** (→ Infotafel 8).

Infotafel 8: Erscheinungsformen von Verstehenselementen (Beispiel: Chemie)

In der Chemie können Verstehenselemente in vielerlei Gestalt auftreten, beispielsweise als

- grundlegende Einsicht (z. B. die chemischen Elemente lassen sich aufgrund ihrer Eigenschaften in eine systematische Ordnung bringen.),
- formuliertes Gesetz (z. B. Massenwirkungsgesetz),
- gültige Regel (z. B. Oktettregel),
- prinzipielle Erkenntnis (z. B. Doppelbindungen sind weniger stabil als Einfachbindungen.),
- Zusammenhang, Nachwirkung (z. B. Wirkung von Katalysatoren) oder Bedeutung (z. B. Bedeutung von Katalysatoren in der industriellen Synthese) oder auch
- ganz einfache Erfahrung (z. B. das Herausspritzen von Substanzen beim Erhitzen im Reagenzglas ist durch Schütteln vermeidbar.).[156]

Analog zu den Verstehenselementen gibt es die Vorstellung von **«Erklärungsgliedern»**, die in ihrem Zusammenspiel dann eine «Erklärfigur» bzw. ein «Erklärungsmuster» bilden. Die einzelnen Erklärungsglieder sollen jeweils in sich schlüssig und vollständig sein und in ihrer Gesamtheit das Erklärungsmuster ergeben. KIRCHER verweist für die Physikdidaktik darauf, dass ein Erklärungsmuster eine didaktische Rekonstruktion ist, von der zu fordern sei, «dass sie fachgerecht, schülergerecht und zielgerecht» ist.

Am Beispiel des **Elektromotors** zeigt er, dass Spielräume für verschiedenartige Erklärungsmuster bzw. alternative didaktische Rekonstruktionen verbleiben. Die (wesentlichen) Erklärungsglieder sind möglicherweise:

- «Magnete sind Dipole (Magnete haben immer einen Nordpol und einen Südpol; magnetische Monopole gibt es nicht).
- Gleiche Pole stoßen sich ab, verschiedene Pole ziehen sich an.
- Ein magnetischer Rotor bewegt sich nur dann ständig im Kreis, wenn ein zweiter Magnet den Rotor zum richtigen Zeitpunkt abstößt bzw. anzieht.
- Bei einem Elektromagneten lassen sich Nord- und Südpol dadurch ändern, dass man (bei Gleichspannung) die elektrischen Anschlüsse (Pluspol und Minuspol) vertauscht.
- Die Änderung von Nord- und Südpol am Elektromagneten wird durch den mit dem Rotor verbundenen Polwender gesteuert.»[157]

Ein Blick in verschiedene Schulphysikbücher zeigt, dass sowohl die **Erklärungsglieder an sich** als auch deren **Detailtiefe und Anordnung durchaus zur Disposition stehen:** «Die Art der Erklärungsglieder und deren Reihenfolge erscheint aus Sicht der Physikdidaktik zwar plausibel, aber nicht notwendig.»[158] Mögliche Varianten des vorgestellten Sets an Erklärungsgliedern bzw. Verstehenselementen berücksichtigen die Vorkenntnisse der Lernenden («Sind die Begriffe bekannt?»), die Verdichtung der einzelnen Elemente («Sind die Voraussetzungen nachvollziehbar?») und deren Anordnung.

Allgemein folgt die **Bestimmung von Verstehenselementen** keinem fest umrissenen Schema, sondern setzt auf einige Perspektiven, die im besten Falle dazu beitragen, einen Zugang zu inhaltlich relevanten Verstehenselementen herzustellen (→ Abb. 6; Beispiel → Infotafel 9). Es lassen sich in heuristischer Manier drei Perspektiven unterscheiden:

- Perspektive 1 beleuchtet das relevante **Vorwissen** (vorhanden bzw. nicht vorhanden) und die **Alltagsvorstellungen** der Lernenden;
- Perspektive 2 fragt nach weitgehend **umgangssprachlichen,** aber fachlich korrekten **Verstehenselementen,** macht den **Selbstverständlichkeits-**

Check und reflektiert mögliche **Verstehensschwierigkeiten;**

- Perspektive 3 bedenkt bestimmte Notwendigkeiten bei der **Reihenfolge** der Verstehenselemente und fokussiert mögliche **Situationen,** die die Anwendung des Erklärgegenstandes betreffen.

Perspektive 1	Perspektive 2	Perspektive 3
• relevantes Vorwissen? • typische Alltagsvorstellungen (die evtl. das Verstehen behindern)?	• umgangsprachliche, aber fachlich korrekte Erklärung? • vermeintlich unwichtige Details («Selbstverständlichkeits-Check»)? • mögliche Verstehensschwierigkeiten?	• Situationen mit Anwendungsbezug? • Reihenfolgen, die wesentlich sind?
generell: verständliche Darstellungen?		

Abbildung 6: Perspektivmodell zur Bestimmung von Verstehenselementen

Infotafel 9: Bestimmung von Verstehenselementen (Beispiel: Geschichte)

Die Bestimmung von Verstehenselementen gestaltet sich in den weniger strukturierten Disziplinen ähnlich. Hier ein Beispiel aus dem Fach Geschichte: Wenn es darum geht, die deutsche Revolution von 1848 mit ihren zentralen Ereignissen und wesentlichen Aspekten des historischen Zustandekommens zu beleuchten, dann sind möglicherweise die folgenden Verstehenselemente von Bedeutung:

- Die «Deutsche Revolution» ist Teil eines europäischen Umbruchs (Beginn durch die Franzosen im Februar 1848: Der «Vierte Stand» stürzt das Regime des Bürgerkönigs Louis Philippe).
- Erstmals tagt am 18. März 1848 ein gesamtdeutsches Parlament mit dem Auftrag, eine freiheitliche Verfassung für das ganze Reich zu schaffen – und dadurch die deutsche Einheit vorzubereiten.
- Die Nationalversammlung in der Paulskirche zu Frankfurt am Main wurde als weltfremdes «Professorenkolloquium» (550 von 830 Abgeordneten sind Akademiker) gescholten.
- In den 38 Einzelstaaten des Deutschen Bundes haben viele demokratisch und liberal Gesinnte das Sagen; Volksvertretungen und Verfassungen werden vielerorts etabliert.
- Das Streben nach nationaler Einheit verbindet sich teilweise mit einer Haltung, die anderen Nationen das Recht auf staatliche Selbstständigkeit abspricht.
- Am 28. Dezember 1848 publiziert die Nationalversammlung den von ihr beschlossenen Grundrechtekatalog zunächst als Reichsgesetz, und am 27. März

1849 verkündet das Paulskirchenparlament die neue Reichsverfassung einschließlich des allgemeinen und gleichen Wahlrechts.
- Gegenrevolutionäre Kräfte: Im November 1848 marschiert General von Wrangel mit 12000 Soldaten in Berlin ein; König Friedrich Wilhelm IV. von Preußen lehnt die ihm angetragene Kaiserwürde ab; die Reichsverfassung wird nur von wenigen deutschen Staaten anerkannt.
- Ende Juni 1849 wird das nach Stuttgart vertriebene «Rumpfparlament» wenig würdevoll «auseinandergetrieben».
- Exemplarisch: der rheinisch-sächsische Demokrat Robert Blum, der im November 1848 standrechtlich in Wien erschossen wird.[159]
- ...

Diese Verstehenselemente bilden in ihrer Gesamtheit ein mögliches Set für eine Erklärfigur. Dabei sind einige Fragen noch offen:
- An welches **Vorwissen** und welche **Alltagsvorstellungen** der Lernenden kann hier angeschlossen werden? Stichworte: Restauration und Wiener Kongress 1814/15; Kundgebung von 20000 Menschen auf dem Hambacher Schloss 1832: Forderung nach Demokratie und nationaler Selbstbestimmung usw.
- Was wird als selbstverständlich vorausgesetzt **(«Selbstverständlichkeits-Check»)?** Deutscher Bund, Kräfteverhältnisse in Europa usw.
- An welchen konkreten **Situationen** kann sich das Erklären orientieren? Was haben die Abgeordneten in der Nationalversammlung getan? Warum wurde dem König die Kaiserwürde angetragen und warum hat er sie abgelehnt? Usw.
- Welche **Reihenfolge** ist sinnvoll? Erst der Advance Organizer (Vom Wiener Kongress zur Deutschen Revolution), dann die einzelnen historischen Ereignisse; erst die Entwicklung in Europa, dann in den deutschen Landen usw.
- ...

Erklären wird dann als hilfreich und unterstützend wahrgenommen, wenn es gelingt, eine Orientierung in der inhaltlichen Komplexität zu ermöglichen, indem wesentliche Verstehenselemente herausgestellt werden, die in besonderer Weise geeignet sind, das Verstehen zu unterstützen. Der Begriff «wesentlich» bezeichnet dabei grundlegende bzw. substanzielle Einsichten mit einer bestimmten «Richtung»: «Wesentlich» ist immer auch **«wesentlich für eine bestimmte Zielgruppe»** (3Z-Formel → Kap. 3.3). Bei der Bestimmung der wesentlichen Verstehenselemente findet häufig eine «Konzentration» bzw. «Verdichtung» statt, sodass im Sinne der **didaktischen Reduktion**[160] agiert wird.

Um die für die Lernenden **wesentlichen Verstehenselemente** zu ermitteln, bietet sich eine Technik an, die ich an anderer Stelle für die Auswahl von Lerninhalten vorgeschlagen habe: die **Siebe der Reduktion**[161]. Im Unterschied zu der Vorgehensweise bei der inhaltlichen Auswahl («Stoff») handelt es sich bei den zu ermittelnden Verstehenselementen bzw. Erklärungsgliedern um inhaltliche Konstrukte wie Aussagen oder Strukturen. Das Bild der Siebe lässt sich auch hier gut verwenden, weil es darum geht, mit unterschiedlich feinen Sieben Sand verschiedenster Körnung (= die Verstehenselemente) zu trennen. Durch ein grobes Sieb fällt fast alles hindurch, übrig bleiben nur wenige Sandkörner. Ein feines Sieb hingegen hält den Großteil des Sandes zurück. Dementsprechend kann man beispielsweise bei einem zu erklärenden Sachverhalt fragen, bei dem es um ca. zehn Verstehenselemente geht:

- **Grobes Sieb (R1):** Angenommen, die Lernenden erinnern sich nach Abschluss des Unterrichts nur noch an ein zentrales Verstehenselement – welches sollte dies sein? Und warum?
- **Mittleres Sieb (R2):** Angenommen, es würden vier Verstehenselemente aus dem Unterricht «mitgenommen» – welche sollten dies sein?
- **Feines Sieb (R3):** Angenommen, die Lernenden sind in der Lage, sich auch an zehn Verstehenselemente langfristig zu erinnern – welche sind vorgesehen? (→ Abb. 7; Beispiel → Abb. 8)

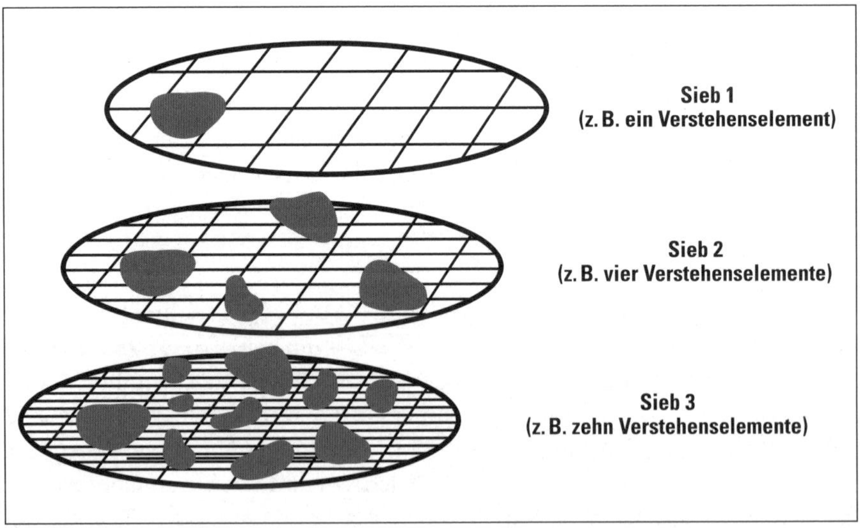

Abbildung 7: Die Siebe der Reduktion: Wesentliche Verstehenselemente bestimmen

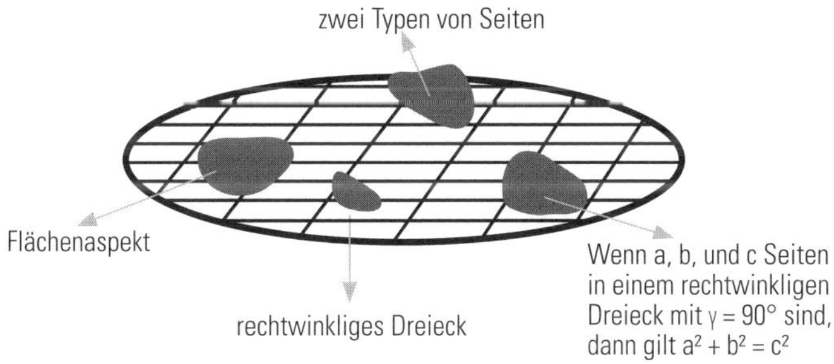

Abbildung 8: Wesentliche Verstehenselemente bestimmen – Beispiel: Satz des Pythagoras (Mathematik)

Die Siebe der Reduktion basieren auf einem **Denken in Unterschieden.** Dies bedeutet, einen Lerngegenstand so wahrzunehmen, dass nicht nur das Gemeinsame einer Menge an Verstehenselementen betrachtet wird, sondern vor allem die möglichen Unterschiede, auch in Hinblick auf die jeweilige Zielgruppe (→ Zitat 13). Wer zehn Argumente für eine gesellschaftlich relevante Entscheidung aufstellt, kann sich überlegen, welche Unterschiede sich ausmachen lassen. Sind bestimmte Argumente in Hinblick auf ein gesellschaftliches Ziel wichtiger als andere? Worauf lassen sich die ausgemachten Differenzen gründen? Und wer fünf taktische Hinweise für einen Tennisspieler parat hat, darf sich überlegen, welche davon angesichts eines bestimmten Gegners möglicherweise besonders wertvoll sind.

Zitat 13: Philip Hübl (2012) – Wichtigkeit

«Wer sagt: ‹Alles ist wichtig›, könnte auch sagen: ‹Nichts ist wichtig.›»[162]

Lehrende haben also die Aufgabe, **die wesentlichen Verstehenselemente festzulegen.** Bei diesem Prozess gilt es bereits an dieser Stelle (→ Kap. 3.3),

- das **erwartete Lernergebnis** bzw. Lernziel sowie das **verfügbare Zeitbudget** im Auge zu behalten,
- das **Vorwissen der Lernenden** zu bedenken, um das Erklären so auszurichten, dass das Vorwissen der Lernenden adäquat aktiviert und eingebunden wird sowie
- **eigene Annahmen bzw. Konzepte** (subjektive Theorien) – vor allem hinsichtlich des Lerngegenstandes – zu reflektieren, um aufgrund eines Routinehandelns entstandene fachliche «Selbstverständlichkeiten» im Blick zu behalten (→ Infotafel 10).

Infotafel 10: Selbstverständlichkeits-Check (Beispiele)

Prüfen Sie stets, welche «Selbstverständlichkeiten» Sie den Lernenden unabsichtlich vorenthalten. Was gehört für Sie so selbstverständlich zum Thema, dass es für Sie keiner Erwähnung mehr wert ist? Drei Beispiele:

- **Physiotherapie:** In einer Physiotherapie-Behandlung erläutert die Therapeutin den Aufbau der Wirbelsäule. Nach kurzer Zeit richtet sie ihren Blick auf ein anatomisches Modell der Wirbelsäule und führt aus: «Hier sind also die Wirbelkörper, dort die Bandscheiben...» Der Patient sieht die Therapeutin etwas irritiert an und fragt: «Wo ist denn da hinten und vorne?» Offensichtlich ist der Patient bei diesem – jedenfalls für die Therapeutin – scheinbar einfachen Sachverhalt überfordert. Die S-förmige Wirbelsäule erschwert eine Orientierung, anders als dies etwa bei der alltagsweltlichen Vorstellung eines «Rundrückens» der Fall gewesen wäre.
- **Informatik:** Die fünfzehnjährige Gymnasiastin Constanze nimmt an einem Sommerprogramm einer Hochschule teil, das Schülerinnen und Schüler an Technik heranführen soll. Es werden fußballspielende und tanzende Roboter konzipiert, gebaut und programmiert. Nach dem ersten Tag, der von Studierenden des Studiengangs Informatik gestaltet wird, kommt die Schülerin nach Hause und sagt: «Das war alles sehr interessant. Aber was ist denn ‹C›? Die reden den ganzen Tag von ‹C›.» Für die Studierenden offensichtlich vollkommen klar, aber eben nicht für eine fünfzehnjährige Gymnasiastin: C ist (auch) eine häufig verwendete Programmiersprache.
- **Energiesysteme:** Bei der Beschreibung der Funktionsweise einer Wärmepumpe beginnt der Vortragende mit der Flüssigkeit, die im Erdreich Erdwärme aufnimmt und verdampft. Das nun entstandene Gas wird dann komprimiert, durch Wärmeabgabe an die Heizung des Hauses wieder verflüssigt und anschließend über das Expansionsventil entspannt. Abgesehen davon, dass es hier Fachtermini gibt, die es zu erklären gilt (z. B. Expansionsventil), wird gelegentlich auch vergessen, darauf hinzuweisen, dass es sich bei der Flüssigkeit um eine Art Kältemittel handelt, also um eine Flüssigkeit, die bereits bei sehr niedriger Temperatur siedet.

Verschiedene Lehrpersonen werden bei der Bestimmung der Verstehenselemente vermutlich **zu ähnlichen, aber in der Regel nicht identischen Ergebnissen hinsichtlich der Gesamtheit der Verstehenselemente** sowie hinsichtlich der als wesentlich ausgewiesenen Verstehenselemente kommen. Dies ist auch darauf zurückzuführen, dass sowohl die fachwissenschaftlichen als auch die erklär-didaktischen Deutungsmuster der betreffenden Lehrpersonen variieren. Gleichsam wird es so sein, dass gewisse fachliche Elemente und gewisse Verknüpfungen zwischen diesen Elementen in einer bestimmten Repräsentationsform notwendig vorhanden sein müssen (→ Zitat 12), um erfolgreiches Verstehen zu befördern.

3.2 Verstehenselemente 2: Anordnen

Bei der **Anordnung von Verstehenselementen,** also bei der Konstruktion von Erklärungen, gibt es eine Vielzahl von Aspekten zu bedenken: Dazu zählen die grundständigen Rahmenbedingungen (Zielgruppe, Zeitbudget) genauso wie das angestrebte Lernergebnis, die vorhandene bzw. intendierte Motivationslage, der jeweilige Erkläranlass in Verbindung mit dem Einstieg in die Erklärung sowie die Anordnung der Verstehenselemente unter besonderer Berücksichtigung sachlogischer und didaktisch-logischer Überlegungen. Grundsätzlich ist davon auszugehen, dass es mehrere sinnvolle Varianten gibt, die abhängig von den Situationsgegebenheiten mehr oder weniger angemessen sind (→ Zitat 14).

Zitat 14: Ernst Kircher (2004) – Veränderliche Erklärungsmuster

«Eine Elementarmethode mit einer natürlichen lückenlosen Reihenfolge, das bedeutet ein unveränderliches Erklärungsmuster für jedes Thema, gibt es nicht. Unterschiedliche Lernvoraussetzungen, Interessen und Motive der Schüler, aber auch die kognitive Unerschöpflichkeit der Realität, führen dazu, dass eine solche Elementarmethode – Pestalozzis Traum – eine Fiktion bleibt.»[163]

Am Beispiel des Satzes des Pythagoras (→ Kap. 3.1) mit seinen zentralen Verstehenselementen (rechtwinkliges Dreieck, zwei Typen von Seiten, Aussage über Seitenlängen, Aussage über Flächeninhalte von Quadraten usw.) lässt sich in Anlehnung an Drollinger-Vetter nachvollziehen, wie **verschiedene Anordnungen und Akzentuierungen plausibel** sein können:

- «Beispielsweise kann die Bedeutung des rechten Winkels während eines Einstiegsproblems thematisiert oder innerhalb des Beweises explizit herausgearbeitet werden.
- Die Voraussetzung des rechten Winkels kann in einem Theoriehefteintrag

besonders betont oder aber innerhalb einer üblichen sprachlichen Formulierung des Satzes eher versteckt erwähnt werden.
- Bei den Übungen können Beispiele zu nicht-rechtwinkligen Dreiecken vorkommen.
- Es ist weiter ein Unterricht denkbar, in dem zwar immer mit rechtwinkligen Dreiecken gearbeitet wird, in dem aber diese Voraussetzung nie explizit thematisiert wird, sodass dieses Verstehenselement für die Lernenden gar nicht deutlich wird.»[164]

Verstehenselemente – und damit auch Erklärglieder bzw. Inhalte – lassen sich auf unterschiedliche Arten anordnen. Will man die unterschiedlichen **Prinzipien der Anordnung** charakterisieren, so kann man idealtypisch davon sprechen, dass sie sich entweder auf eine Sachlogik oder auf eine didaktische Logik beziehen, wiewohl in der Praxis des Erklärens oft eine Gemengelage vorliegt. Es lassen sich also unterscheiden:
- **Sachlogische Anordnung** – Beispiel Chemie: Erst werden einzelne chemische Elemente vorgestellt, dann deren Verbindungen. Beispiel Wirtschaft: Die (prozessorientierte) Erklärung folgt dem betrieblichen Ablauf.
- **Didaktisch-logische Anordnung** – Beispiel Werkstoffkunde: Erst werden bekannte Baumaterialien besprochen, dann neue Technologien vorgestellt (Prinzip: Vom Bekannten zum Unbekannten). Beispiel Jura/Jus: Erst wird das Problem der Zuständigkeit aufgezeigt, anschließend eine stimmige Lösungsmöglichkeit argumentativ erläutert (Prinzip: dramaturgische Anordnung mit Spannungsbogen).

Eine weitere wichtige Unterscheidung bei der Anordnung der Verstehenselemente weist Parallelen zur wissenschaftlichen Methode auf: Während die **Induktion** am Einzelfall bzw. am Beispiel ansetzt, geht die **Deduktion** vom Konzept bzw. von allgemeinen Gesetzmäßigkeiten aus (→ Abb. 9). Es zeigt sich, dass die Praxis des Erklärens von Präferenzen der handelnden Personen gekennzeichnet ist. Demnach ist es so, «dass Schülerinnen und Schüler Erklärungen, in denen induktiv (…) und mit vielen Beispielen gearbeitet wird, und Erklärungen mit Analogien bevorzugen. Interessant ist jedoch, dass – entgegen der Vorliebe der Schüler – deduktive Erklärungen (…) im Unterricht am häufigsten vorkommen.»[165] Demnach erklären Schülerinnen und Schüler vor allem im Konkreten, während die Lehrpersonen sich auf Verallgemeinerungen und konzeptuelle Anteile beziehen.[166]

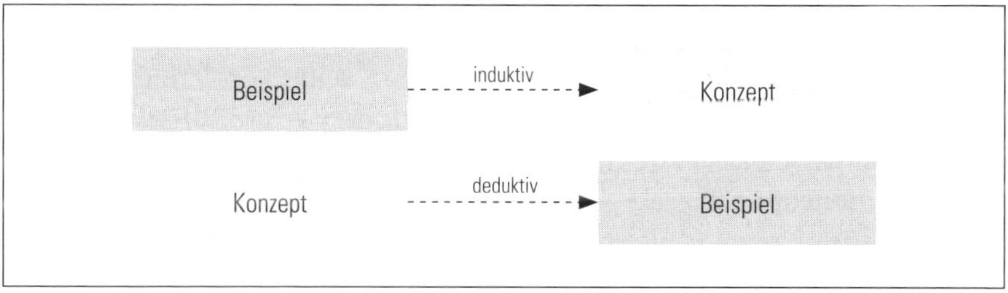

Abbildung 9: Anordnung der Erklärung – induktiv vs. deduktiv

In der Hochschullehre lässt sich punktuell beobachten, dass junge Vollzeit-Studierende ihre Präsentationen häufig mit der **Darstellung von Konzepten** beginnen und erst daran anschließend **konkrete Beispiele** vorstellen, während vergleichsweise ältere berufsbegleitend Studierende häufig ein – im besten Falle gut gewähltes – Beispiel an den Anfang ihrer Präsentation stellen. Woran dies liegt, kann nur gemutmaßt werden: Möglicherweise ist es der jeweils vorhandene bzw. nicht vorhandene Erfahrungshintergrund der Studierenden, eventuell auch die eher naive Vorstellung von einer wissenschaftlichen Pragmatik (erst die Theorie, dann die Praxis) oder auch der Umstand, dass im Internet mehr konzeptionelle Elemente denn treffende Beispiele verfügbar sind. Ein Beispiel: Will man den «Morphologischen Kasten», eine Kreativitätstechnik, erklären, so kann dies dadurch geschehen, dass man die generelle Vorgehensweise beschreibt, Vor- und Nachteile der Methode benennt usw. oder eben ein für die Zielgruppe gut nachvollziehbares Beispiel an den Anfang stellt.

Die Frage der Anordnung und Ausrichtung von Verstehenselementen hat oft auch mit dem wahrgenommenen Verhältnis von **Theorie und Praxis** zu tun. Während eine stärker theoretisch angelegte Erklärung eher etwas Allgemeines und Grundlegendes an den Anfang stellt, fokussiert die stärker praktisch angelegte Erklärung das Singuläre und Konkrete. Dabei kann durchaus auch eine produktive **Spannung zwischen Theorie und Praxis** spürbar sein und auch im Rahmen von Erklärungen genutzt werden. Theorie nimmt Praxis im besten Fall nicht einfach als gegeben hin, sondern hinterfragt die Praxis mit ihren Bildern und Erklärungen. Damit erweitert sie den Bereich des Möglichen und nimmt eine aufklärende Funktion gegenüber der Praxis ein.

Einer Lehrperson wird vermutlich genau dann ein hohes Maß an **Erklärkompetenz** zugeschrieben, wenn sie einerseits die genannten Aspekte in einer für die Lernsituation angemessenen Weise umsetzen kann, aber andererseits auch in der Lage ist, Erklärungen flexibel zu adaptieren. Pointiert formuliert: *Gute* «Erklärer» haben ein angemessenes Erklärungsmuster verfügbar, das sich gelegentlich auch an den eigenen Verstehensprozessen orientiert bzw. diese abbildet, *sehr gute* «Erklärer» können bei Bedarf weitere Erklärmuster bereitstellen. Diese Aussage ist mit dem Sachverhalt, dass es grundsätzlich immer mehrere sinnvolle Erklärvarianten gibt, gut verträglich.

Als Hilfestellung für die **Generierung alternativer Erklärmuster,** d.h. bei der Bestimmung von alternativen Verstehenselementen, eignen sich auch Techniken, die ursprünglich aus dem Bereich der Ideenfindung bzw. Kreativität stammen. Dabei scheint es angeraten, diese adaptierten Techniken wie beispielsweise die «Erklär-Hüte» (→ Infotafel 11) oder die Erklär-Checkliste (→ Infotafel 12) als ergänzende Techniken zu betrachten, die dazu beitragen können, die Menge der möglichen Verstehenselemente anzureichern und zu schärfen.

Infotafel 11: Die Erklär-Hüte

Von Edward DE BONO stammt die Methode der «Denkhüte» (Six Thinking Hats). Dabei wird ein Sachverhalt aus verschiedenen Perspektiven beleuchtet: analytisch, emotional, kritisch usw. Analog kann man verschiedene Perspektiven einnehmen bzw. «Erklär-Hüte» aufsetzen, um ein gegebenes Erklärmuster zu variieren:

- **Theorie:** Aus welcher theoretischen Perspektive kann man den Sachverhalt (noch) erklären?
- **Praxis:** Von welchem konkreten Fall oder Beispiel kann man ausgehen?
- **Perspektiven:** Aus welcher Perspektive kann (noch) erklärt werden?
- **Struktur:** Gibt es eine inhaltliche Struktur, die den Sachverhalt angemessen abbildet?
- **Vorwissen/Erfahrungen:** Worauf kann die Erklärung Bezug nehmen? Woran kann man anschließen?
- **Wesentliches:** Wie kann man das wesentliche Verstehenselement bzw. die wesentlichen Verstehenselemente in das Zentrum der Erklärung stellen?
- ...

Infotafel 12: Die Erklär-Checkliste

Von Alex OSBORN, dem Erfinder des (formalisierten) Brainstormings, stammt die Idee einer Checkliste zur Modifikation und Weiterentwicklung von Lösungsideen, die sogenannte OSBORN-Checkliste. Dabei werden Impulse zur Abwandlung bzw. Variation bestehender Ideen zusammengestellt. Für die Modifikation einer Erklärung sind folgende Anregungen denkbar:

- **Umstellen:** Kann man Verstehenselemente austauschen?
- **Ersetzen:** Kann man andere Verstehenselemente verwenden?
- **Anders verwenden:** Wie kann man diese Erklärung noch nutzen?
- **Kombinieren:** Lassen sich andere Strukturen einfügen?
- **Anpassen:** Was ist so ähnlich? Welche Parallelen lassen sich ziehen?
- ...

3.3 Verstehenselemente 3: Ausrichten

Die Bestimmung und Anordnung der Verstehenselemente sind ein zentraler Baustein bei der Vorbereitung einer Erklärung. Darüber hinaus gibt es einige Aspekte, die eine Erklärung noch genauer ausrichten und sozusagen feinjustieren. Im Einzelnen sind dies folgende Gesichtspunkte:

- **Zielgruppe, Ziel und Zeitbudget (3Z-Formel):** Obgleich diese Aspekte schon bei der Bestimmung und Anordnung der Verstehenselemente mitgedacht werden, werden diese Rahmenbedingungen einer Erklärung hier in besonderer Weise berücksichtigt.
- **Lernergebnis:** Die Frage nach dem Ergebnis unterrichtlichen Handelns, d. h. nach dem zu entwickelnden Können der Lernenden, ist eine besondere Form der Zielausrichtung und kann eine Erklärung orientieren.
- **Anlass und Einstieg:** Sowohl bestimmte Aspekte der Sache als auch die jeweils aktuelle Lernsituation leiten die didaktische Introduktion.
- **Motivation:** Aus dem Wechselspiel der Sache und der Lernenden, etwa einem «Sich-interessieren-für» oder einem «Nicht-Verstehen», entstehen wichtige Beweggründe für den Lernprozess, die die Erklärfigur mit ihren Verstehenselementen berücksichtigen kann.
- **Prinzipien der Inhaltsauswahl:** Handlungsorientierung, Situationsbezug oder Wissenschaftsorientierung können Leitlinien für inhaltlich relevante Entscheidungen sein.

Wer verstehensförderlich erklären will, der muss sich darum kümmern, das für die jeweilige Zielgruppe Wesentliche auszumachen und die für dessen Darstellung notwendigen Verstehenselemente zusammenzutragen. Dabei hilft die sogenannte **3Z-Formel,** die die zentralen Rahmenbedingungen für eine derartige Entscheidung zusammenstellt: **Zielgruppe, Ziel und Zeitbudget.** Vor diesem Hintergrund lässt sich begründet entscheiden, welche Inhalte bzw. inhaltlichen

Elemente für eine Erklärung wesentlich und welche weniger wesentlich bzw. unwesentlich sind. Eine fremdsprachige Vokabel lässt sich erst dann als wesentlich ausweisen, wenn bekannt ist, über welche Vorkenntnisse die Lernenden verfügen, um in einer bestimmten Zeit ein Lernziel bzw. Lernergebnis zu erreichen.

Gute Erklärungen berücksichtigen die Merkmale der jeweiligen Zielgruppe, insbesondere **das vorhandene Vorwissen,** und setzen hier mit der Erklärung an. Dies wird bei der Unterscheidung der beiden folgenden Erklärfiguren deutlich:

- «Erklärung A: Der Satz des Pythagoras besagt, dass in jedem rechtwinkligen Dreieck der Flächeninhalt der Summe der Kathetenquadrate gleich dem Flächeninhalt des Hypothenusenquadrats ist.
- Erklärung B: Ausgangspunkt ist ein rechtwinkliges Dreieck. Über jeder der Dreiecksseiten wird das entsprechende Quadrat eingezeichnet. Nun werden die Flächeninhalte dieser Quadrate einzeln berechnet. Eines der Quadrate liegt dem rechten Winkel des Dreiecks gegenüber. Der Flächeninhalt von diesem Quadrat ist gleich groß wie die Flächeninhalte der beiden anderen Quadrate zusammen. Diese Beziehung zwischen den Flächeninhalten der Quadrate über dem rechtwinkligen Dreieck nennt man Satz des Pythagoras.»[167]

Vermutlich ist die Erklärung A für eine Person, die den Satz des Pythagoras noch nicht kennt, aufgrund der verwendeten Fachtermini und der Dichte der Beschreibung weniger verständlich. Erklärung B hingegen setzt am Vorverständnis der Schülerinnen und Schüler an und entwickelt den Sachverhalt schrittweise. Drollinger-Vetter kommentiert hier mit einem Verweis auf Aebli, dass schlechte Erklärungen oft **an der Spitze der Begriffshierarchie ansetzen statt am Vorverständnis der Lernenden.**[168] Wiewohl diese Aussage grundsätzlich nachvollziehbar ist, ist doch zu ergänzen, dass ein sehr ausgeprägtes Vorwissen und Vorverständnis den Zugang über Begrifflichkeiten und abstrakte Konzepte sehr wohl ermöglichen und befördern kann.

Die Merkmale der Zielgruppe sind zudem in besonderer Weise relevant, wenn es um die **Vollständigkeit einer Erklärung** geht. So gibt es Hinweise darauf, dass fortgeschrittene Lernende in der Regel stärker von weitgehend vollständigen Erklärungen und breiter gehaltenen Aufgabenstellungen profitieren als fachliche Novizen, für die sich eher reduzierte Erklärungen mit sehr fokussierten Aufgabenstellungen eignen. Dieser Effekt scheint der Tatsache geschuldet zu sein, dass ein enger Lern- und Aufgabenfokus für fortgeschrittene Lernende zu Redundanzen mit ihrem Vorwissen führen kann.[169]

Lernergebnisse sind eine Möglichkeit, das Ziel einer Erklärung und der jeweiligen Anschlusshandlungen zu formulieren. Sie geben Antwort auf die Frage: Was sollen die Lernenden am Ende einer Unterrichtseinheit, Lehrveranstaltung usw. (auch: zum Abschluss eines Schuljahres oder Studiengangs) können? Damit benennen sie Wissensbestände, Fähigkeiten und Fertigkeiten sowie Einstellungen oder Haltungen, die Lernende aufgrund der Teilnahme an einem Lehr-/Lernprozess erworben haben sollten. Bei einer lernergebnisgeleiteten Planung der Lehrprozesse ist bemerkenswert, dass vom Ende des Prozesses her geplant wird (→ Abb. 10). Das heißt, die Lehrenden lassen sich nicht primär von ihren Unterlagen, Lehrbüchern usw. leiten, sondern von den beabsichtigten Lernergebnissen. Hier ein Planungsbeispiel aus der Thermodynamik:

- Am Anfang der Planung steht das **Lernergebnis:** «Nach Abschluss der Lehrveranstaltung sind die Lernenden in der Lage, den zweiten Hauptsatz der Thermodynamik auf energie-technische Systeme anzuwenden.»
- Dann wird eine mögliche **Prüfungsaufgabe** formuliert: «Erläutern Sie den zweiten Hauptsatz der Thermodynamik am Beispiel des Dieselmotors.»
- Und erst danach wird der **Modus der Lehre** festgelegt, d. h., auf welche Weise und mit welchen Beispielen erklärt wird und mit welchen Methoden welche Lernhandlungen initiiert und begleitet werden.

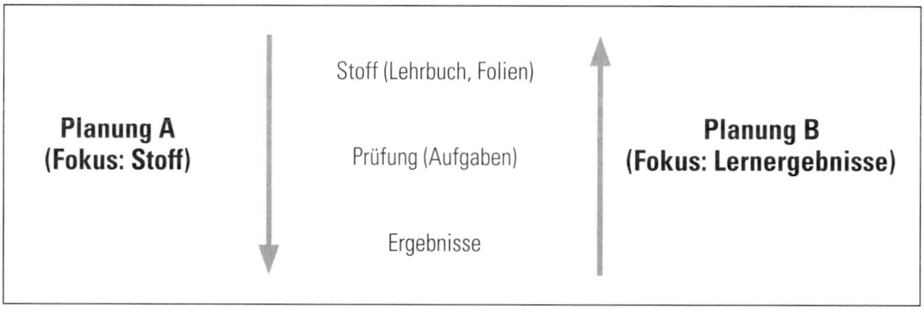

Abbildung 10: Lehrplanung mit unterschiedlichem Fokus: Stoff vs. Lernergebnisse

Lernergebnisse werden grundsätzlich nicht wesentlich anders als Lernziele formuliert. Üblich ist etwa die «Formel»: «Nach erfolgreichem Abschluss der Lehrveranstaltung (auch: Lehreinheit usw.) sind die Lernenden in der Lage …» Anschließend werden **Gegenstand** (Worauf bezieht sich das Handeln?), **aktives Verb** (beschreibt eine feststellbare Tätigkeit) und ggf. die **Art der Ausführung** (Hinweis auf Niveau, Hilfsmittel usw.) in einen Zusammenhang gebracht. Hier sind je ein Beispiel aus der Technik und der Sozialwissenschaft:

- … den Heizwärmebedarf und die Heizlast eines Gebäudes unter Zuhilfenahme der Software XYZ zu berechnen.
- … einen Leitfaden für ein Interview (standardisiert oder halbstandardisiert) zu konzipieren.

Als besondere Herausforderungen bei der Formulierung von Lernergebnissen sind zu nennen:

- **Abstraktionsgrad zu hoch.** Beispiel: «Die Studierenden sind in der Lage, ingenieurwissenschaftlich relevante Konstruktionsaufgaben zu lösen.» Diese Formulierung aus einem Studienprogramm ist zwar ein formal korrektes Lernergebnis, aber so allgemein gewählt, dass sie möglicherweise mehrere Studienjahre umfasst und Lehrende dieser Disziplin nicht genau wüssten, was denn genau zu prüfen bzw. festzustellen wäre. Konkreter wäre etwa: «Die Studierenden sind in der Lage, anhand von grundlegenden Konstruktionsmethoden (A, B und C) bestimmte Konstruktionsaufgaben (mittelschwer, Bereich X) selbstständig zu lösen.»
- **Lernergebnis nicht direkt feststellbar.** Beispiel: «Die Lernenden wissen über Mobbing Bescheid und kennen Möglichkeiten der Prävention.» «Wissen» und «Kennen» bezeichnen eher internale Vorgänge und keine feststellbaren Ergebnisse. Hilfreicher wäre etwa: «Die Lernenden sind in der Lage, Erscheinungsformen von Mobbing an konkreten Fallbeispielen zu erläutern sowie geeignete Präventionsmöglichkeiten zu beschreiben und zuzuordnen.»

Die Ausrichtung der Verstehenselemente nimmt in der Regel auch Bezug auf den jeweiligen **Anlass der Erklärung,** wie Gudjons anmerkt: «Insbesondere wenn in ein neues Sachgebiet eingeführt werden soll, wenn grundlegende Informationen nötig sind, wenn neue Perspektiven eines Themas vermittelt werden müssen, aber auch wenn bisherige Inhalte zusammengefasst, geordnet, erweitert oder vertieft werden sollen, wenn der rote Faden eines Arbeitsprozesses oder Lehrgangs gesichert werden muss, ist ein gut gemachter Lehrervortrag angezeigt.»[170] Darüber hinaus sind es Lernanlässe, die sich aus mehr oder weniger gelungenen Verstehensprozessen der Lernenden ergeben: Antworten der Lernenden, beispielsweise eine unpassende Begrifflichkeit, deuten darauf hin, dass der Sachverhalt nicht verstanden oder aber seine Tragweite und Bedeutung nicht richtig eingeschätzt wurde. Kurz: «Eine Aufgabe, eine Frage, eine Aussage etc. steht plötzlich im Raum und der Lehrer blickt in verständnislose Gesichter und muss den Sachverhalt spontan erklären.»[171]

Der jeweilige Anlass der Erklärung bestimmt dann häufig den **Einstieg** in die Erklärung. Grundsätzlich empfiehlt es sich, an das verfügbare Vorwissen anzuschließen und es in geeigneter Weise zu aktivieren. Punktuell geschieht der Einstieg mit Bezug auf mindestens einen der folgenden didaktischen Aspekte:

- Ziel/Ergebnis, Nutzen;
- Beispiel (→ Kap. 3.4);
- Big Picture, Einordnung in einen (größeren) Zusammenhang (→ Kap. 3.5);
- Frage, Problem, Hypothese (→ Kap. 4.3).

Zitat 15: Klaus-Peter Busse (2004) – Aufbereiten und in Beziehung setzen

«Wie ein Lerninhalt für Schüler aufbereitet und zu ihnen in eine Beziehung gebracht wird, entscheidet über ihre Motivation, über den Lernerfolg und letztlich über die Qualität einer Unterrichtsstunde.»[172]

Mit dem passend formulierten Lernergebnis, dem jeweiligen Anlass und dem entsprechenden Einstieg existieren bereits erste Orientierungen für die Ausrichtung der Erklärung bzw. der Verstehenselemente. Ebenfalls orientierenden Charakter hat der **motivationale Rahmen,** innerhalb dessen sich die Lehr- und Lernhandlungen ereignen (→ Zitat 15). Grundsätzlich lassen sich in heuristischer Weise drei Bereiche unterscheiden, in denen auf je unterschiedliche Weise an bestehende Motivationslagen angeschlossen werden kann bzw. neue motivationale Bereiche erschlossen werden können. Dies sind:

- **Inhaltliche Motivation:** Fachliche Ausrichtung (→ Zitat 16) sowie Sinn- und Praxisbezug der Lerngegenstände (aktuelle Ereignisse und Problemfälle, Erfahrungen der Lernenden, konkrete Verwendungssituationen) sowie sachlogischer Aufbau (Gliederung und Struktur; Schwerpunktbildung; Verbindung zu anderen Themenfeldern).
- **Didaktische Motivation:** Verständliche und anschlussfähige Erklärungen, vielfältige und interessante Lernhandlungen, methodische Flexibilität, Visualisierung und Medieneinsatz, geeignete Ein- und Ausstiege mit Orientierung und Zusammenfassung.
- **Persönliche Motivation:** Wertschätzung der Lernenden sowie persönliches Engagement und Interesse der Lehrpersonen.

Zitat 16: Konrad Paul Liessmann (2014) – Neugierde

«Neugierde bedeutet, dass sie sich immer auf etwas, einen Gegenstand richtet. Niemand ist neugierig darauf, eine Kompetenz zu entwickeln.»[173]

Nicht zuletzt sind es bestimmte **didaktische Prinzipien der Inhaltsauswahl,** die die Ausrichtung einer Erklärung mitbestimmen. Mit ihrer Hilfe lassen sich die didaktische Funktion der Inhalte und ihr Stellenwert für die jeweilige Zielgruppe näher bestimmen. Typische Prinzipien der Inhaltsauswahl sind:

- **Handlungsorientierung:** Erklärungen orientieren in Hinblick auf konkrete Handlungen. In Teilen deckt sich diese Ausrichtung mit der Kompetenzorientierung.
- **Situationsbezug:** Erklärungen sind auf konkrete gegenwärtige oder zukünftige Situationen hin angelegt; dies können sowohl interne (hoch)schulische als auch externe berufliche Situationen sein. Der Situationsbezug ist der Gegenentwurf zur fachsystematischen Orientierung.
- **Wissenschaftsorientierung:** Erklärungen orientieren sich am Kenntnisstand sowie den Inhalten und Methoden der jeweiligen Fachwissenschaft.

Zwei weitere Prinzipien der Inhaltsauswahl sind in besonderer Weise auf den Verstehensprozess ausgerichtet:

- **Exemplarische Orientierung:** Erklärungen werden so bestimmt, dass sich die typischen Merkmale der relevanten Lerngegenstände quasi stellvertretend an einem Beispiel bzw. auch an mehreren Beispielen abbilden.
- **Strukturorientierung:** Erklärungen transportieren (auch) strukturelles Wissen wie Grundbegriffe, Theorieelemente, Modelle, Erklärungsschemata usw. und unterstützen damit den Verstehensprozess.

3.4 Repräsentationen 1: (Exemplarische) Beispiele, Fälle, Situationen

Beispiele sind Einzelfälle, die (musterhaft oder typisch) im Besonderen das Allgemeine oder Teile des Allgemeinen abbilden. Für Beispiele gilt – wie für Repräsentationen aller Art –, dass sie «nicht nur **Mittel,** sondern auch **Gegenstand** von Erklärungen»[174] sind. Dieser Hinweis von Pauli macht deutlich, dass etwa ein Beispiel als häufig genutzte Repräsentation nicht nur funktional als

Rekonstruktions- bzw. Abrufhilfe dient, sondern dass sich an diesem Beispiel auch bestimmte Inhalte erschließen lassen und damit das Verstehen auf Seiten der Lernenden unterstützt werden kann.

Im Unterschied zum einfachen Beispiel ist mit einem **exemplarischen Beispiel** intendiert, einen größeren Sinn- oder Sachzusammenhang eben exemplarisch, d. h. stellvertretend, zu erschließen. Das exemplarische Beispiel muss in einem besonderen Verhältnis zum Ganzen stehen, darf also nicht nur ein beliebiges Beispiel sein, an dessen Stelle auch irgendein anderes stehen könnte. WAGENSCHEIN hat gefordert, das Exemplarische müsse ein «Spiegel des Ganzen» sein. Exemplarisch vorgehen heißt demzufolge, an wenigen konkreten Beispielen Gesetzlichkeiten, Begriffe oder Methoden von allgemeiner Bedeutung zu erschließen.

Infotafel 13: Exemplarische Beispiele

Das exemplarische Prinzip, bei dem es darum geht, ein umfassendes Etwas durch ein prägnantes Beispiel abzubilden, ist ein Stoffauswahlprinzip, das sich vor allem für Fächer mit vielen Formen und Erscheinungen eignet:

Biologie: Ökosysteme

- Das Fließgewässer Bach kann ebenso wie der subalpine Nadelwald als exemplarisches Beispiel für ein Ökosystem behandelt werden.

Geografie: Mäander

- In Geografie wird es nicht darum gehen, jede Moselkrümmung zu behandeln, sondern die Mosel als Beispiel für die mäandrierenden Flüsse zu nehmen. Ihre Sondergestalt lässt sich aus dem Vorgang der Mäanderbildung erklären, indem allgemein geographisch gefragt wird: Was veranlasst Flusskrümmungen?[175]

Jazzgeschichte: Cool Jazz

- Die musikalischen Grundideen des Cool Jazz lassen sich verdeutlichen, indem exemplarisch der Trompeter und Sänger Chet Baker mit seiner Version des Standards «My funny Valentine» vorgestellt wird – Instrumentierung, Stimmung und vielleicht sogar das Lebensgefühl dieser Zeit lassen sich an diesem einen Titel nachvollziehen.

Grundsätzlich lassen sich Beispiele finden, indem mehrere Ausprägungen bzw. Konstrukte eines Sachverhalts hinsichtlich bestimmter Merkmale verglichen werden. Bei dieser **generalisierenden Abstraktion** werden wesentliche Merkmale herausgehoben und wird von unwesentlichen Merkmalen abgesehen

(→ Abb. 11). Beispielsweise stehen Lehrpersonen im Kunstunterricht gelegentlich vor der Herausforderung, den Schülerinnen und Schülern bestimmte Richtungen der bildenden Kunst nahezubringen. Gezeigt werden dann Bilder, die in besonderer Weise das Charakteristische der jeweiligen Kunstrichtung abbilden; für den Impressionismus ließe sich etwa das Bild «Impression – Sonnenaufgang» von Claude Monet (→ Abb. 12) heranziehen.

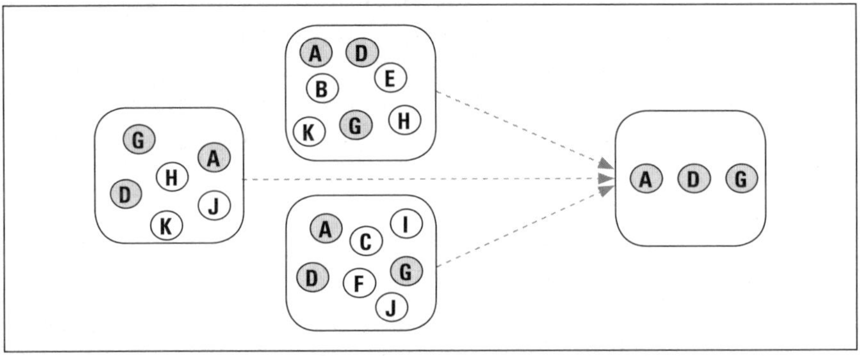

Abbildung 11: Generalisierende Abstraktion

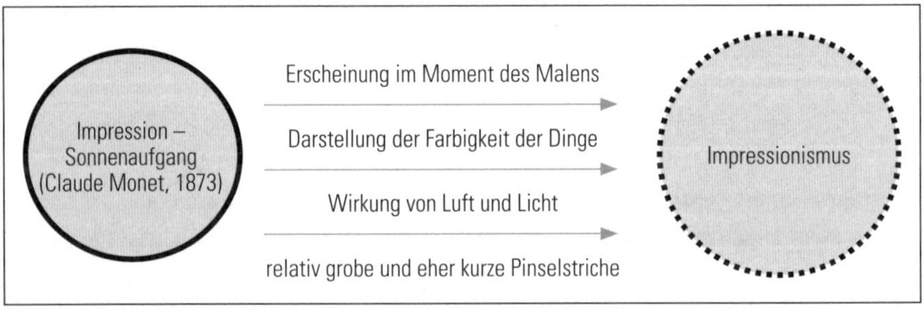

Abbildung 12: Exemplarisches Beispiel – Beispiel: Impressionismus

Beispiele als Gegenstand von Erklärungen dienen auch dazu, **einen eher abstrakten Sachverhalt in eine gut nachvollziehbare konkrete Form zu bringen.** Der Wissenschaftsjournalist Malcolm GLADWELL hat auf das erstaunliche Phänomen hingewiesen, dass die Verteilung der Geburtstage in Sportmannschaften einem bestimmten Muster folgen kann. Am Beispiel der tschechischen Nationalmannschaft im Jugendfußball, die 2007 im Endspiel der Weltmeisterschaft stand (→ Abb. 13), lässt sich diese Verteilung nachvollziehen. 15 von 21 Spielern sind in den ersten drei Monaten eines Jahres geboren. Dies liegt daran – so GLADWELL –, «dass der Stichtag zur Zulassung für eine Altersgruppe (...) der 1.

Januar ist. Ein Junge, der am 2. Januar zehn Jahre alt wird, spielt in einer Mannschaft mit Jungen, die dieses Alter erst ein gutes Jahr später erreichen – und im vorpubertären Alter machen zwölf Monate einen erheblichen körperlichen Reifeunterschied aus.»[176] Die Jugendlichen dieser Altersgruppe erfahren deshalb eine besondere Förderung, und so ergibt sich dann die gezeigte Konstellation. Dieser Sachverhalt lässt sich mithilfe eines realen Beispiels leicht erschließen.

Nr.	Name	Geburtsdatum	Position
1	Marcel Gecov	1. Jan. 1988	Mittelfeld
2	Ludek Frydrych	3. Jan. 1987	Torhüter
3	Petr Janda	5. Jan. 1987	Mittelfeld
4	Jakub Dohnalek	12. Jan. 1988	Verteidiger
5	Jakub Mares	26. Jan. 1987	Mittelfeld
6	Michael Held	27. Jan. 1987	Verteidiger
7	Marek Strestik	1. Febr. 1987	Stürmer
8	Jiri Valenta	14. Febr. 1988	Mittelfeld
9	Jan Simunek	20. Febr. 1988	Verteidiger
10	Tomas Oklestek	21. Febr. 1987	Mittelfeld
11	Lubos Kalouda	21. Febr. 1987	Mittelfeld
12	Radek Petr	24. Febr. 1987	Torhüter
13	Ondrej Mazuch	15. März 1989	Verteidiger
14	Ondrej Kudela	26. März 1987	Mittelfeld
15	Marek Suchy	29. März 1988	Verteidiger
16	Martin Fenin	16. April 1987	Stürmer
17	Tomas Pekhart	26. Mai 1989	Stürmer
18	Lukas Kuban	22. Juni 1987	Verteidiger
19	Tomas Cihlar	24. Juni 1987	Verteidiger
20	Tomas Frystak	18. Aug. 1987	Torhüter
21	Tomas Micola	16. Sept. 1988	Mittelfeld

Abbildung 13: Tschechische Nationalmannschaft im Jugendfußball 2007[177]

Auch am nächsten Beispiel lässt sich nachvollziehen, wie ein eher abstrakter Sachverhalt in eine nachvollziehbare konkrete und beispielhafte Form gebracht werden kann. Mediziner sind oft mit Fragestellungen konfrontiert, die in Wahrscheinlichkeiten ausgedrückt sind. In dem vorliegenden Fall wird gefragt, wie groß die Wahrscheinlichkeit ist, dass ein Patient (unter bestimmten Rahmenbedingungen) bei einem positiven Test die Krankheit X tatsächlich hat. In Abb. 14 sind die entsprechenden Wahrscheinlichkeiten und deren **«Übersetzung» in beispielhafte natürliche Häufigkeiten** gegenübergestellt. GIGERENZER berichtet davon, dass die Mehrzahl der Mediziner bei der in Wahrscheinlichkeiten formulierten Aufgabe zu der Antwort «9 von 10 Patienten» tendiert.[178] Nach einer «Übersetzung» in natürliche Häufigkeiten fällt das Ergebnis anders aus: Die überwiegende Zahl der befragten Mediziner votiert nun für die korrekte Antwort «1 von 10 Patienten». Anhand des Beispiels mit den 1000 Patienten lässt sich also einsichtig nachvollziehen, dass die Wahrscheinlichkeit, an der Krankheit X erkrankt zu sein, trotz des positiven Testergebnisses bei lediglich zehn Prozent liegt.

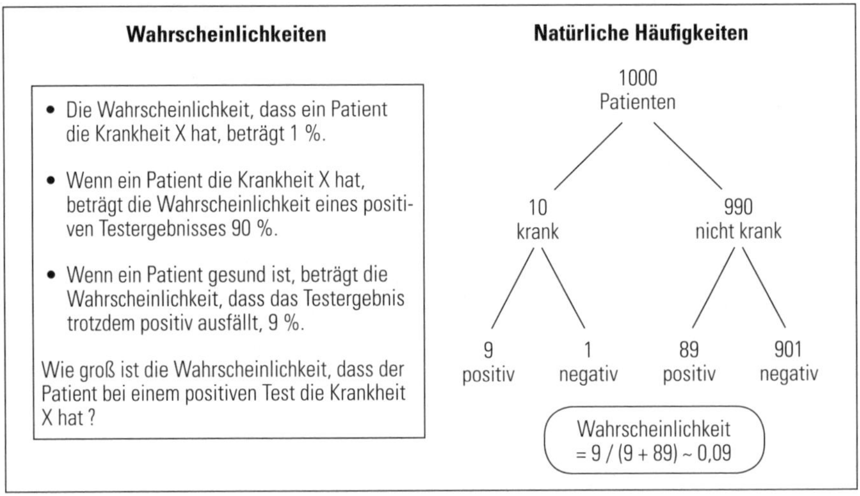

Abbildung 14: Natürliche vs. relative Häufigkeiten – Beispiel: Krankheit[179]

Beispiele sind dann besonders geeignet, wenn es mit ihrer Hilfe gelingt, die **relevanten Verstehenselemente für das Erklären eines Sachverhalts herauszustellen.** Am Beispiel der recht komplexen Tennis-Zählregeln wird deutlich, dass das Beispiel, das im Rahmen einer Erklärung verwendet wird, unterschiedliche Formen annehmen kann. Manch einer erklärt, wie man zu einem einzelnen Spiel kommt, manch eine beginnt mit einer historischen Einführung (warum 40:0 und nicht 45:0?), manch einer gibt eine Struktur vor, manch einer verstrickt sich in den Schlingen des Tiebreaks. Um eine Vorstellung von den unterschiedlichen Möglichkeiten des Erklärens zu erhalten, sind hier drei Varianten dargestellt, die jeweils den Beginn einer Erklärung skizzieren:

- Variante A: «Nehmen wir mal an, es stehen sich zwei Tennisspieler vollkommen unterschiedlichen Könnens gegenüber: Spieler A macht alle Punkte, Spieler B keinen einzigen. Dann ergibt sich der Spielstand wie folgt …»

- Variante B: «Auf der Anzeigetafel der Australian Open steht zu lesen: Kerber – Williams: 6:3, 4:6/3:1/30:15.» Anhand dieser Anzeigetafel werden dann die Regeln erklärt.
- Variante C: Hier beschränkt sich die erklärende Person auf einen Teil der Tennis-Zählregeln. Sie beschreibt detailliert, was passieren kann, bis es endlich 1:0 steht. «15:0, 30:0, 30:15, 30:30, …, Einstand, Vorteil Aufschläger, …, Spiel.»

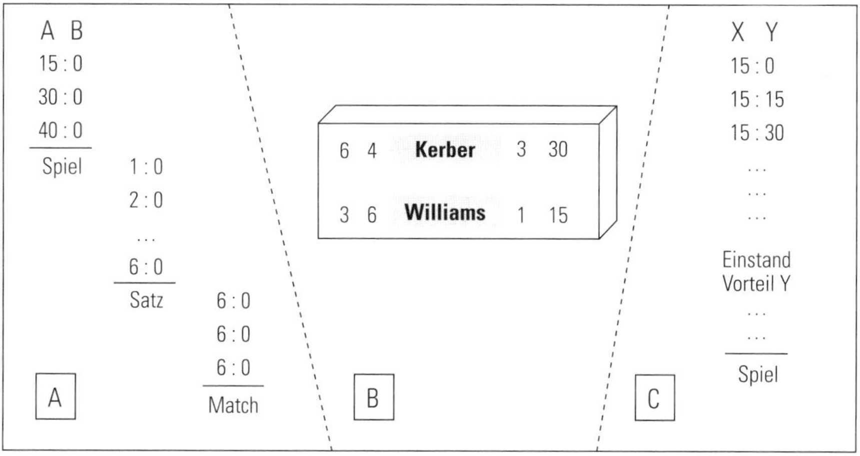

Abbildung 15: Erklären – Beispiel: Tennis

Die Mehrzahl der befragten Lehrpersonen favorisiert die Erklärvariante A. Dies wird in der Regel mit der klaren (hierarchischen) Struktur (→ Kap. 3.5) und dem Umstand, dass die vielen Ausnahmen erst einmal unbeachtet bleiben, begründet. Eine derartige Struktur trägt dann auch dazu bei, dass weitere Informationen leicht einzuordnen sind: Die Frage, warum denn 40:0 und nicht 45:0 gezählt wird, ist auf der Ebene der Spiele zu erörtern. Der Tiebreak in all seinen Facetten gehört zur Ebene der Sätze. Die Frage nach zwei oder drei Gewinnsätzen ist auf der Ebene des Matches zu diskutieren (→ Abb. 16).

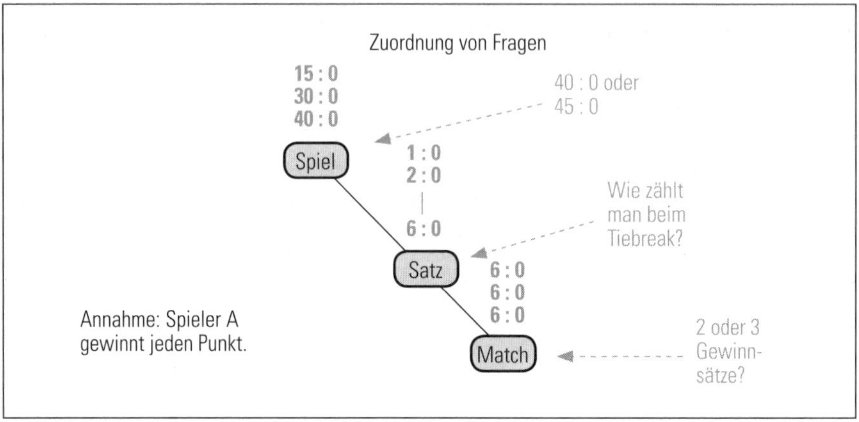

Abbildung 16: Erklären – Beispiel: Tennis

Die Erklärvariante A ist in einer gewissen Weise ungewöhnlich, da hier im Grunde genommen mit einem unrealistischen Beispiel (ein Spieler macht alle Punkte) erklärt wird. Da die Tennis-Zählregeln aber durch viele Ausnahmen gekennzeichnet sind, ist dieses Vorgehen durchaus hilfreich, weil es gelingt, die möglichen Spielstände auf **wenige zentrale Ergebnisse und eine hilfreiche Struktur** zu konzentrieren. Zwar mag es für einige Fachleute verlockend sein, detaillierte Erklärungen mit diversen Ausnahmen und Sonderfällen abzugeben, doch unterstützt das gewählte Vorgehen das Verstehen der Tennis-Zählregeln, obgleich es den didaktischen Prinzipien der Lebensnähe und Praxisorientierung zu widersprechen scheint.

Beispiele wirken – wie andere Formen der Repräsentation – als Mittel und Gegenstand von Erklärungen. Dabei ist von besonderer Bedeutung, dass nicht «irgendwelche» Beispiele eingesetzt werden, sondern solche, die in besonderer Weise den Lerngegenstand sowie das sachbezogene Vorverständnis und die lernbiografische Prägung der Lernenden aufnehmen. Beispiele tragen dazu bei, (einige) **zentrale Aspekte einer Sache** zu erhellen und fördern damit das Verstehen, im besten Fall auch das Erinnern und Abrufen der entsprechenden Informationen. Davon unabhängig bilden sie nur einen Bestandteil einer guten Erklärung, um mit WITTGENSTEIN vor einer «einseitigen Beispieldiät»[180] und falschen Verallgemeinerungen zu warnen.

3.5 Repräsentationen 2: Strukturen

Ebenso wie die Beispiele (→ Kap. 3.4) sind auch **Strukturen** nicht nur Mittel, sondern auch Gegenstand von Erklärungen. Als Gegenstand von Erklärungen wirken sie verstehensförderlich, indem sie Zusammenhänge deutlich machen, Beziehungen darstellen und Kontexte erläutern. Als Mittel fungieren sie insbesondere als Abruf- bzw. Rekonstruktionshilfen, und zwar zumeist als strukturierte Zusammenfassungen, schematische Diagramme oder Baumstrukturen.

Mit **strukturierten Abrufhilfen** können Schüler und Studierende sich häufig (im Vergleich zu Experimentalsituationen ohne Abrufhilfen) an doppelt so viele oder noch mehr Objekte erinnern (→ Infotafel 14). Die Wirkung der Abrufhilfen beruht dabei auf dem Umstand, dass die verdichteten Elemente (z. B. Kategorien) gleichsam neue, das Gedächtnis weniger belastende Objekte sind. Im Unterschied zu den rein assoziativen Abrufhilfen - beispielsweise einem Reim oder einem Merkbild - haben Abrufschemata den Vorzug, dass sie auch über eine **bedeutungsmäßige, d. h. semantische, Kodierung** erfolgen und damit die Integration des zu lernenden Stoffes in ein sich (weiter-)entwickelndes semantisches Netzwerk – kurz: das Verstehen – befördern.[181]

Infotafel 14: Wirkung von hierarchischen Abrufschemata

Gordon Bower und Mitarbeiter wiesen die beeindruckende Effektivität eines hierarchischen Abrufschemas in einem inzwischen als klassisch geltenden Experiment im Jahr 1969 nach. Studierende erhielten darin den Auftrag, sich 112 nach Zufallsprinzipien zusammengestellte Begriffe zu merken (→ Abb. 17). Die Experimentalgruppe erhielt die Begriffe in der hierarchischen Anordnung dargeboten (B), die Kontrollgruppe hingegen bunt gemischt auf vier Tafeln (A). Die Erinnerungsleistung der Experimentalgruppe fiel auf Anhieb nahezu spektakulär aus; die Probanden erinnerten sich nach der ersten Übungsphase (von etwa vier Minuten Dauer) im Mittel an 73 Wörter, die Kontrollgruppe (ungeordnete Wörter) dagegen nur an 21. Nach vier Durchgängen behielten die Versuchspersonen sogar alle 112 Begriffe, die Kontrollgruppe immerhin 70 Begriffe.[182]

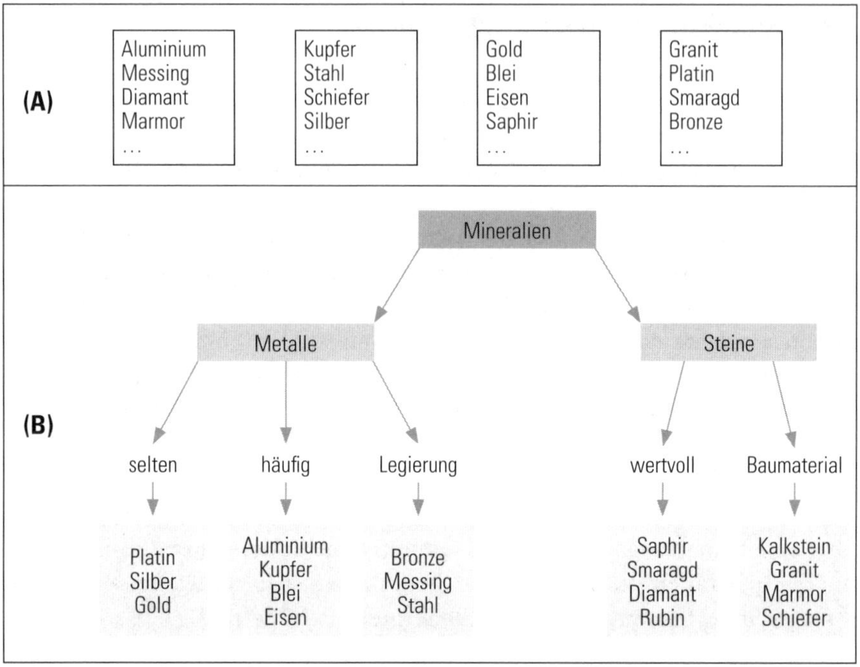

Abbildung 17: Hierarchische Organisation von Begriffen in einem klassischen Gedächtnisexperiment[183]

Indem man den Lerngegenstand strukturiert, bringt man ihn in eine fachlich stimmige und dadurch auch gut speicher- bzw. abrufbare Form (→ Zitat 17). Je klarer und eher nachvollziehbar die **Struktur** ist, desto besser der spätere Zugriff auf dieses Wissen. Dies ist auch der Grund, warum Mindmaps und ähnliche Formen der Darstellung nur begrenzt geeignet sind, den Gegenstand einer Erklärung abzubilden. Mindmaps sind allesamt ähnlich aufgebaut – die Baum-Äste-Zweige-Struktur – und entsprechen damit nur teilweise den fachlichen Gegebenheiten. Gerade aber bei komplexen Sachverhalten, die nicht nur hierarchische, sondern beispielsweise auch Kettenstrukturen aufweisen, sind die Mindmap-artigen Darstellungen häufig eher verwirrend. Lieury spricht sogar von einer «simple(n) Marketingverpackung für sehr komplizierte, informationsüberladene Diagramme»[184].

Zitat 17: Martin Schuster – Speicherformat (2001)

«Es ist so, als wolle man Christbaumkugeln in einem Regal speichern (= Lernen). Es hilft nicht, sie immer wieder vorsichtig zu stapeln: sie rollen zu Boden. Man muss sie erst in viereckige Pappschachteln tun (= umwandeln in ein lernbares, speicherbares Format). Vorher waren sie nicht zu speichern, dann ist es aber ganz leicht.»[185]

Strukturen gibt es in unterschiedlichen Erscheinungsformen, wobei die einzelnen Gestaltungselemente teilweise kombiniert aufscheinen:

- **Hierarchische Strukturen:** Hier liegt der Fokus auf den verschiedenen Ebenen, wobei sich eine untergeordnete Ebene immer auf die übergeordnete Ebene bezieht (→ Abb. 18 und 19);
- **Kategoriale Strukturen:** Hier werden einzelne Elemente zu Kategorien zusammengefasst (→ Abb. 20). Häufig treten kategoriale und hierarchische Elemente in Kombination auf (→ Abb. 19).
- **Ablaufstrukturen:** Hierbei geht es um die Abfolge von bestimmten Elementen, beispielsweise in einer chronologischen Darstellung (→ Abb. 21). Zudem können Prozesse bezeichnet werden, meist in einer linearen oder zyklischen Anordnung (→ Abb. 22).
- **Clusterstrukturen:** Hier werden Zusammenhänge zwischen einzelnen Elementen bezeichnet. Dabei kann es sich um Eigenschaften, Merkmale und Qualitäten von bestimmten Elementen handeln, aber auch um Hinweise, Evidenzen oder Belege (→ Abb. 23).

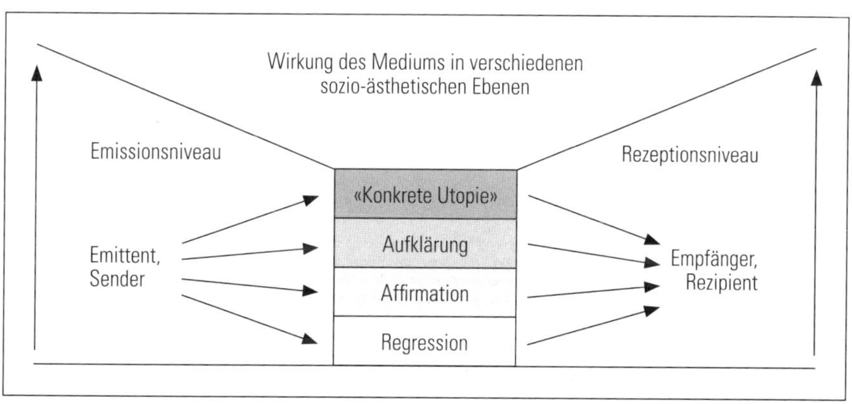

Abbildung 18: Strukturbeispiel 1 – Medienwirkung in sozio-ästhetischen Ebenen (Soziologie)[186]

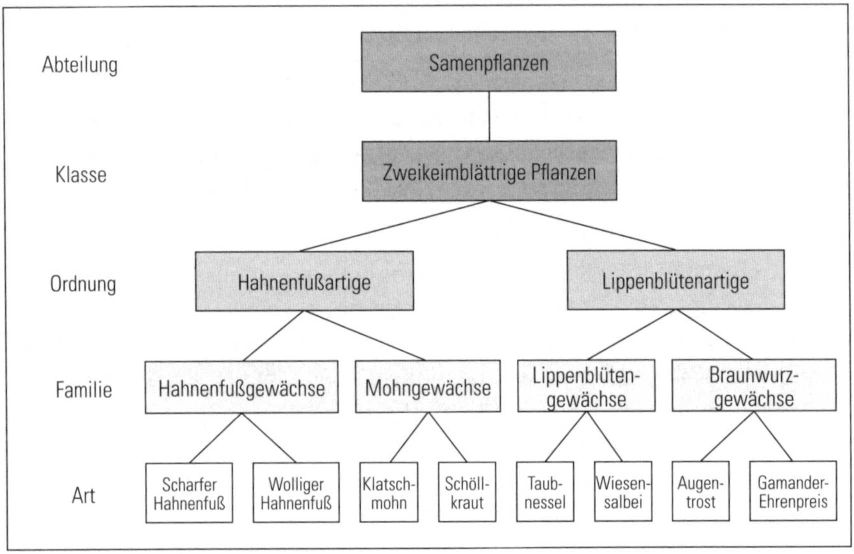

Abbildung 19: Strukturbeispiel 2 – Einordnung von Blütenpflanzen in ein phylogenetisches System (Biologie)[187]

1. Will / shall / 'll («neutrale» Zukunft):

- How many people will there be on this planet in 2050?

2. Will / shall / 'll be -ing (für fest vorgesehene Handlungen, höfliche Fragen nach jemandes Plänen und für Handlungen, die zu einem bestimmten Zukunftszeitpunkt gerade ablaufen werden):

- We'll be staying at the King's Hotel.
- What time will you be arriving?

3. Be going to (Betonung von Absicht oder Gewissheit):

- We're going to make a fresh start.
- There are going to be lots of cars on the road.

4. Be going to be -ing (bedeutungsgleich mit 2, aber umgangssprachlicher):

- We're going to be seeing lots of changes.

5. Present progressive, meist mit Zeitbestimmung der Zukunft (betont, dass etwas geplant ist):

- We're seeing a movie tonight.

6. Present simple (für «fahrplanmäßig» festgesetzte Zukunftshandlungen):

- The next train for Glasgow leaves at 8.15.

Abbildung 20: Strukturbeispiel 3 – Sechs Zukunftsformen (Englisch)[188]

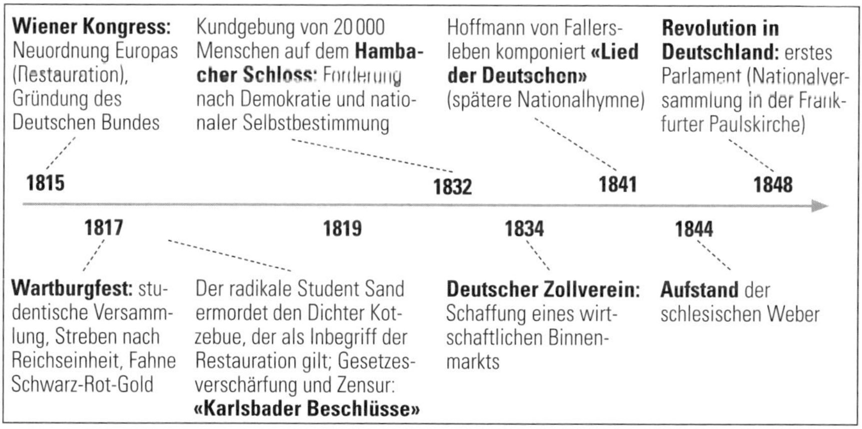

Abbildung 21: Strukturbeispiel 4 – Vom Wiener Kongress zur Deutschen Revolution (Geschichte)

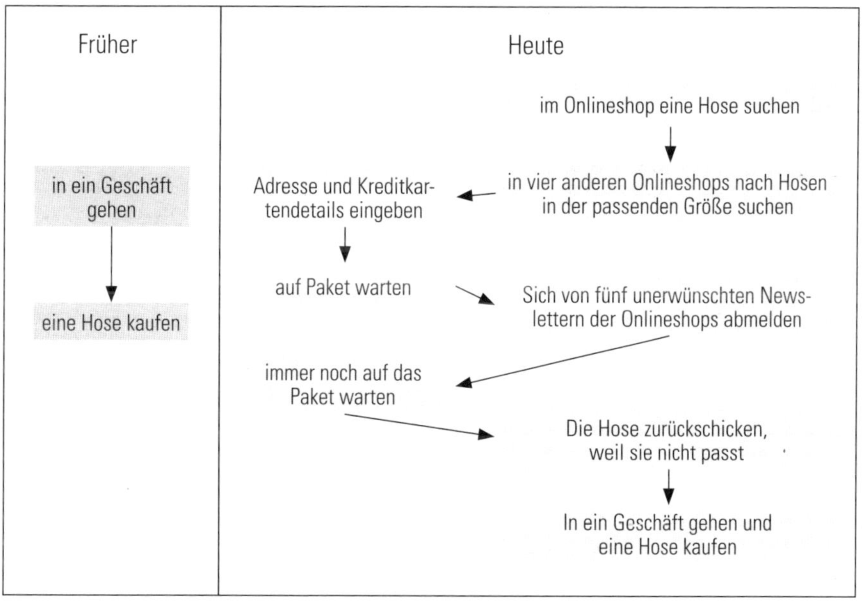

Abbildung 22: Strukturbeispiel 5 – Der Kauf einer Hose, früher und heute (Digitalisierung)[189]

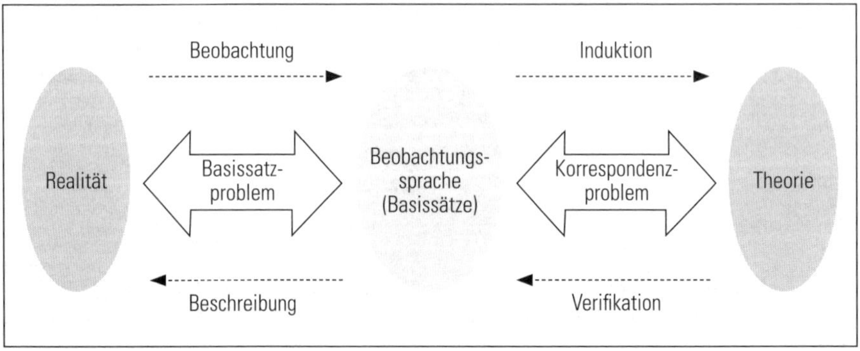

Abbildung 23: Strukturbeispiel 6 – Erkenntnismodell des Logischen Empirismus (Philosophie)[190]

Ein Spezialfall einer Struktur ist die sogenannte **Fachlandkarte.** Im Unterschied zu einer rein inhaltlichen Struktur, die bestimmte Muster des zu erklärenden Gegenstandes abbildet, steht die Fachlandkarte als Orientierungshilfe auf der Ebene des Faches bzw. der Lehrveranstaltung (→ Abb. 24). Mit ihrer Hilfe lässt sich aufzeigen, in welchem größeren Zusammenhang der zu erklärende Sachverhalt steht. Dabei enthält eine Fachlandkarte nicht nur die Inhalte, die im Unterricht behandelt werden, sondern ganz ausdrücklich auch solche Inhalte, die nicht behandelt werden, die aber für die Einordnung eines Sachverhalts durchaus von Bedeutung sein können.

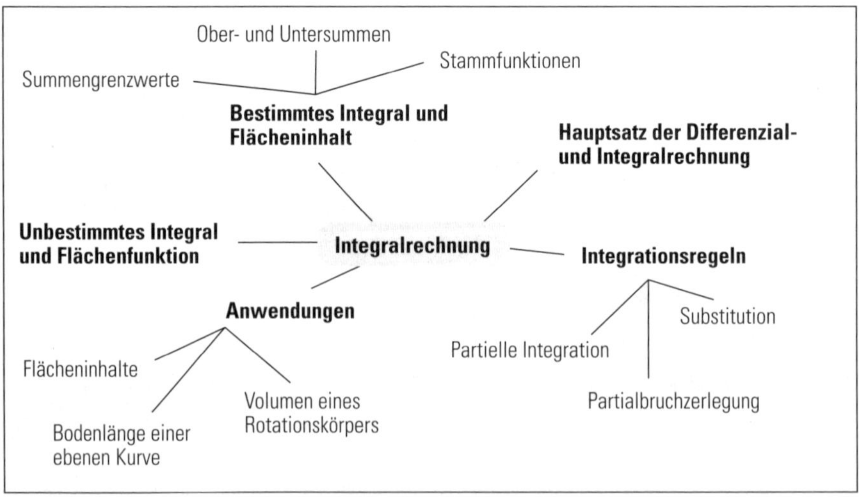

Abbildung 24: Fachlandkarte – Integralrechnung (Mathematik)

Bei der Entwicklung von Strukturen werden häufig Kategorien gebildet und diese dann in Folgeschritten «heruntergebrochen». Die entsprechenden **Reflexionsfragen** dazu lauten:

- Welche übergeordneten Kategorien gibt es (mit welchen gemeinsamen Merkmalen)?
- Welche neben- bzw. untergeordneten Kategorien gibt es (mit welchen gemeinsamen Merkmalen)?

Das **Kategorisieren** ist eine typische Tätigkeit bei jeder Strukturbildung. Kategorien tragen dazu bei, das Wissen «in kleine ‹Pakete› zu packen», und verbessern so die Erinnerungsleistung, was sich durch entsprechende Forschungsergebnisse auch gut belegen lässt.[191]

3.6 Repräsentationen 3: Bilder, Metaphern, Geschichten, Analogien

Ebenso wie die Beispiele (→ Kap. 3.4) und Strukturen (→ Kap. 3.5) sind **analoge Veranschaulichungen** wie Bilder, Metaphern, Geschichten und Analogien zugleich Mittel als auch Gegenstand von Erklärungen. Bei ihnen spielt auch die äußere Form eine mehr oder minder große Rolle. Sie dienen häufig als Ordnungsprinzip, etwa wenn Gegenstände alphabetisch (Beispiel: Namen), zeitlich (Beispiel: Kontext-K; → Abb. 27) oder der Größe nach (Beispiel: Zahlen) klassifiziert werden. Als Gegenstand von Erklärungen wirken Bilder usw. verstehensförderlich, indem sie Zusammenhänge deutlich machen, Beziehungen darstellen und Kontexte erläutern. Als Mittel fungieren sie als Abruf- bzw. Rekonstruktionshilfen, und zwar sowohl über ihre äußere Form als auch über die wahrgenommenen Strukturen.

Die Funktion und damit auch die Bedeutung analoger Darstellungsformen mag das folgende Beispiel verdeutlichen: In einer Experimentalsituation zeigt man Versuchspersonen drei Sätze (→Abb. 25) für einen Zeitraum von etwa ein bis zwei Minuten und fordert sie auf, diese Sätze zu memorieren, um sie anschließend wiedergeben zu können.

Ein Zweibein sitzt auf einem Dreibein und isst ein Einbein. Da kommt ein Vierbein und nimmt dem Zweibein das Einbein weg. Da nimmt das Zweibein das Dreibein und schlägt das Vierbein.

Abbildung 25: Merksatz[192]

Fragt man anschließend die Personen nach der gewählten **Memorierstrategie,** so erhält man in der Regel drei Klassen von Antworten:

- Zunächst einmal ist es möglich, sich die Sätze viele Male laut oder nur gedanklich vorzulesen. Wenn man dies dreißigmal getan hat, werden sich die Sätze schon eingeprägt haben.
- Manche Menschen – häufig solche mit einer Affinität zu Zahlen – merken sich Ziffernfolgen: 2–3–1, 4–2–1, 2–3–4. Dieses Vorgehen erfordert in der Regel weniger Wiederholungen.
- Das wirksamste Vorgehen besteht darin, sich eine konkrete Situation bildhaft vorzustellen: Ein Mensch (Zweibein) sitzt auf einem Stockerl bzw. Hocker (Dreibein) und isst eine Hendlkeule bzw. ein Hühnerbein (Einbein). Da kommt ein Hund (Vierbein) und nimmt dem Menschen (Zweibein) die Hendlkeule bzw. das Hühnerbein (Einbein) weg. Da nimmt der Mensch (das Zweibein) das Stockerl bzw. den Hocker (Dreibein) und schlägt den Hund (Vierbein).

Auch wenn es eher selten ist, dass sich die Versuchspersonen ein konkretes inneres Bild bzw. einen inneren Film von der Situation machen, so dient doch das Bild von der Situation als «Klammer» für die einzelnen Fakten. Mithilfe des Bildes bzw. der bildhaft vorgestellten Situation werden die einzelnen Informationen so organisiert, dass sie – eben über das Bild bzw. die bildhaft vorgestellte Situation – gut abrufbar sind.

Grundsätzlich muss man festhalten, dass Bilder (im weitesten Sinne) **Lern- bzw. Verarbeitungsprozesse anstoßen, unterstützen oder vertiefen** müssen. Illustrationen, denen lediglich eine schmückende Funktion zukommt, sind nutzlos und überflüssig. Ästhetisch ansprechende oder auch technisch perfekte Bilder, wie sie etwa über Powerpoint-Folien oder YouTube-Videos präsentiert werden, mögen auf den ersten Blick beeindruckend sein. Doch obgleich sinnliche Eindrücke wichtig sein können, gilt dies immer nur in dem Maße, als sie auch aktiv verarbeitet werden. Häufig folgen Menschen einer naiven Abbildtheorie (Sensualismus), die davon ausgeht, dass alles, was einmal wahrgenommen wurde, auch verfügbar ist. Doch die Vorstellung, dass sich Sachverhalte «einfach so» abbilden und einprägen, lässt sich nicht halten. Lernwirksam ist nur, was in irgendeiner Form verarbeitet wurde, vorzugsweise in einer (auch) sachlogischen Form mit gut rekonstruierbaren Darstellungselementen (→ Zitat 18).

Zitat 18: Verena Steiner – Bilder (2013)

«Bilder bzw. die durch sie bewirkte Veranschaulichung wirken also nicht, weil dem Lernenden etwas ‹vor Augen gestellt› wird. Einsehbar wird die Bildinformation nur in dem Maße, wie sie aktiv verarbeitet wird. Aus diesem Grund sind auch nur diejenigen Bilder didaktisch nützlich, die eine Verarbeitung auslösen oder zumindest möglich machen.»[193]

Visualisierungen können in durchaus unterschiedlicher Form das Verstehen und Einprägen unterstützen:

- Verwendung von **geometrischen Formen und Orientierungen:** Geometrische Strukturen erleichtern die Rekonstruktion eines Inhalts. Im Beispiel «Verhaltensänderung» (→ Abb. 26) weiß man sofort, dass es sich um vier Aspekte handelt, die es bei der Veränderung von Verhalten zu berücksichtigen gilt. Zusätzlich gibt es Unterstrukturen: Das «Individuelle» findet sich gegenüber dem «Sozialen» (horizontal), das «Persönliche» gegenüber dem «Situativen» (vertikal).
- Verwendung von **Ablaufstrukturen:** Die vertikale Linie im Beispiel «Kontext-K» (→ Abb. 27) ist als Zeitlinie («Timeline») zu interpretieren. Wer dies in einer Beratungssituation weiß, wird Fragen hinsichtlich der Vergangenheit («Welche Interventionen hat es schon gegeben?»), der Gegenwart («Warum kommen Sie ausgerechnet jetzt zu mir?») und der Zukunft («Wie sieht eine erste Zielnäherung aus?») in das Erstgespräch einfließen lassen. Das Beispiel «Führen in der Teamentwicklung» (→ Abb. 28) verweist auf die vier Phasen eines Teamentwicklungsprozesses (Forming, Storming, Norming, Performing) und die zugehörigen Rollen der Teamleitung.

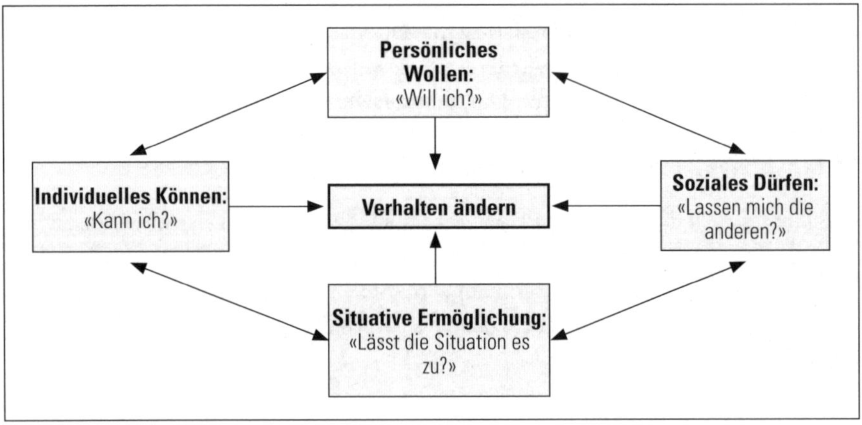

Abbildung 26: Visualisierung 1 – Verhaltensänderung (Psychologie)[194]

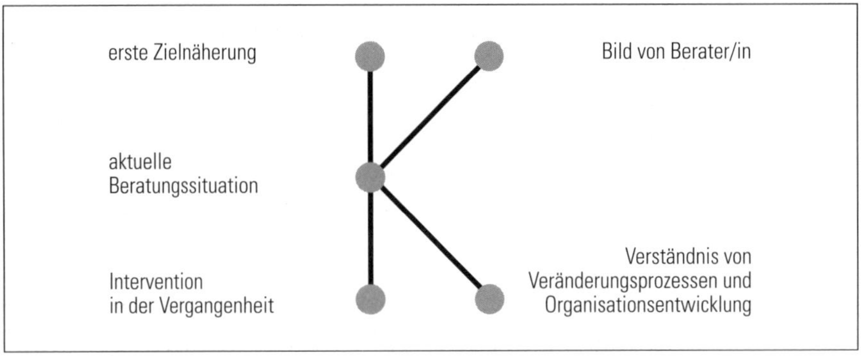

Abbildung 27: Visualisierung 2 – Das Kontext-K (Organisationsentwicklung)

Neben den bereits vorgestellten Bildern gibt es noch andere analoge Abrufhilfen, wie beispielsweise Metaphern, Geschichten, Analogien und sogar Witze:

- **Metaphern** tragen dazu bei, die Komplexität von Inhalten zu reduzieren, indem sie Sachverhalte in einem übertragenen Sinn darstellen (→ Infotafel 15). Sie stimulieren die Fantasie der Lernenden durch eine Kombination aus bildhaften und sprachlichen Elementen und haben nicht zuletzt dadurch auch einen hohen Erinnerungswert.
- **Geschichten** haben im Unterschied zu Metaphern einen realen Bezug, auch hier befördert eine Kombination aus bildhaften und sprachlichen Elementen das momentane Verstehen und das spätere Erinnern. Meyer schlägt vor, die **LPD-Regel** für das Erzählen zu nutzen: «Sachverhalte können in lebendige Handlungen übersetzt werden, wenn man sie lokalisiert (also

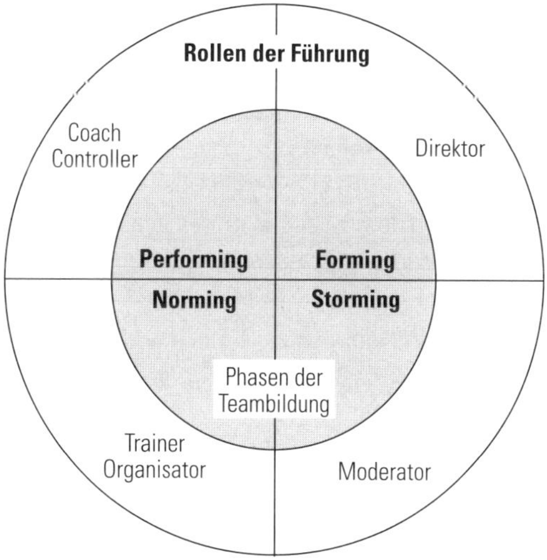

Abbildung 28: Visualisierung 3 – Führung in Phasen der Teamentwicklung (Organisationspsychologie)[195]

sich konkrete Orte für die Handlung ausdenkt), personalisiert (leibhaftige Menschen und Figuren auftreten lässt) und dramatisiert (die Handlung zuspitzt, Konflikte einbaut, Gefühle einbezieht).»[196] (→ Infotafel 16) Eine besondere Form von Geschichten sind **Witze** (→ Infotafel 17).

- **Analogien** setzen zwei Sachverhalte, von denen der eine vertraut sein muss, in eine Ähnlichkeitsbeziehung, die sich in der Regel auf einige Aspekte – beispielsweise Funktion oder Struktur – beschränkt. Die Verwendung von Analogien als Lern- und Erinnerungshilfen ist grundsätzlich nicht unproblematisch, weil Analogien in der Regel einen Sachverhalt nicht erklären, sondern ihn «nur» verständlich machen (→ Infotafel 18).

Infotafel 15: Metaphern – drei Beispiele (Chemie, Physik, Didaktik)

Chemie: Katalysator

- Um zu erläutern, wie Katalysatoren funktionieren, greifen Chemiker gern auf das Märchen vom achtzehnten Kamel zurück: Ein Vater hat drei Söhne und siebzehn Kamele. Als er stirbt, bringt das Testament eine scheinbar unlösbare Aufgabe mit sich. Es weist dem ältesten Sohn die Hälfte, dem mittleren Sohn ein Drittel und dem jüngsten Sohn ein Neuntel der Kamele zu. – Wie die Söhne noch überlegen, kommt ein Fremder auf einem Kamel des Wegs. Er stellt sein

Kamel zu den anderen, womit nun achtzehn Kamele beisammen sind. Damit ist die Aufgabe lösbar: der Älteste erhält neun, der Mittlere sechs und der Jüngste zwei Kamele. Es verbleibt das achtzehnte und letzte Kamel, das der Fremde besteigt und seines Weges reitet.

Physik: PAULI-Prinzip

- Es ist verboten, dass im Atom zwei Elektronen in allen Quantenzahlen übereinstimmen. Man könnte es mit der Situation in einem Konzertsaal vergleichen: Die Zuhörer sitzen wohlgeordnet in ihren Rängen, Parketten und Logen, in Reihen und Spalten, jeder auf seinem Stuhl. PAULI hat jedem seinen Platz zugewiesen und sorgt dafür, dass er auch dort bleibt. Und dieser Platzanweiser ist absolut unerbittlich.[197]

Didaktik: Reduktion

- Der Blumenstrauß als Metapher für die didaktische Reduktion: Wer seiner Liebsten Blumen mitbringen möchte, der pflückt auch nicht den ganzen Garten, sondern wählt einige Blumen aus – meist die Schönsten oder Auffälligsten. Die Blumen werden dann mit Grün verziert und geschmackvoll arrangiert.

Infotafel 16: Geschichten – zwei Beispiele (Didaktik, Management)

Didaktik: Reduktion

- Aus einem Brief von GOETHE an seine Schwester: «Verzeiht, liebste Schwester, dass ich Euch einen solch langen Brief schreibe. Ich hatte keine Zeit, Euch einen kurzen zu schreiben.»[198]

Management: Zielorientierung

- Eine Führungskraft steigt in ein Taxi. Fragt der Taxilenker: «Wohin darf ich Sie fahren?» – Antwortet die Führungskraft: «Ach, egal wohin, ich werde überall gebraucht.»

Infotafel 17: Witze – ein Beispiel (Physik)

Physik: Unschärferelation

- Dies ist ein Witz über den Physiker Werner HEISENBERG, dessen berühmte Unschärferelation besagt, dass man entweder den Aufenthaltsort eines Elektrons auf seiner Bahn um den Kern eines Atoms exakt bestimmen kann oder seine Geschwindigkeit, aber nicht beides gleichzeitig.

  Der Witz: HEISENBERG soll einen Vortrag am MIT halten, ist aber spät dran und jagt mit seinem Mietwagen durch Cambridge in Massachusetts. Ein Polizist stoppt ihn und fragt: «Wissen Sie, wie schnell Sie gefahren sind?» – «Nein», antwortet HEISENBERG fröhlich, «aber ich weiß, wo ich bin!»[199]

Infotafel 18: Analogien – drei Beispiele (Informatik, Betriebswirtschaft, Physik)

Informatik: Template

- «Ein Template funktioniert wie eine Schablone: Sie können damit eine bestimmte Form zeichnen, doch wie Sie diesen Umriss ausmalen, entscheiden Sie. Als Ergebnis haben Sie dann beispielsweise rote, grüne, gelbe und gepunktete Dreiecke. Übertragen auf Ihre Internetseite bedeutet das: Sie haben eine Musterseite, die immer wieder gleich aufgebaut ist – zum Beispiel Ihr Logo links, eine Bildleiste rechts und der Bereich für die Texte in der Mitte. Jede daraus generierte Einzelseite füllen Sie nun je nach Bedarf mit unterschiedlichen Inhalten.»[200]

Betriebswirtschaft: Prozessoptimierung

- «Stellen Sie sich vor, Sie wollen einkaufen gehen und benötigen verschiedene Lebensmittel. Sie gehen in den Supermarkt, kaufen Eier und bringen Sie nach Hause. Anschließend fahren Sie wieder zum Einkaufszentrum und besorgen Butter. Auf dem dritten Weg holen Sie Milchtüten und so weiter. Unsere Arbeit zielt darauf, überflüssige Wege in Ihrem IT-System auszumerzen und Informationen zu bündeln. Genauso, wie Sie auf einem Weg alle benötigten Lebensmittel in den Einkaufskorb legen, sie bezahlen und mit nach Hause nehmen.»[201]

Physik: Strom- und Wasserkreislauf

- Eine der bekanntesten Analogien ist die Veranschaulichung des elektrischen Stromkreises durch einen Wasserkreislauf: Die Wasserrohre entsprechen den Kabeln, die Pumpe der Batterie, und so wie die Ursache des Wasserstroms die Druckdifferenz ist, ist die Ursache des elektrischen Stroms die Spannung. Allerdings hat die Analogie von stromdurchflossenen Leitern zu Wasserrohren ihre Grenzen, da beispielsweise Leitungsbruch und Rohrbruch zu völlig unterschiedlichen Folgen führen. In einem unterbrochenen Leiter fließt kein Strom, während ein offenes Rohr leckt und Wasser an die Umgebung abgibt.[202]

3.7 Beispiele: Abseits & Co.

An dieser Stelle werden einige **Erklärbeispiele** vorgestellt, um die verschiedenen Möglichkeiten der Bestimmung, Anordnung und Ausrichtung von Verstehenselementen einschließlich der Nutzung von Repräsentationen darzulegen. Dabei handelt es sich um allgemein zugängliche Beispiele, die tendenziell gut geeignet sind, Prozesse des Erklärens und Verstehens einer möglichst großen Gruppe von Personen zugänglich zu machen, weil sie ein **eher geringes Vor-**

wissen voraussetzen. In der unterrichtlichen Praxis sind selbstverständlich sowohl die vorhandenen Kenntnisse und Fähigkeiten der Lernenden als auch deren fachliche Präkonzepte von hoher Bedeutung für stimmige Erklärungen.

In Seminaren, die die menschliche Kommunikation als Thema haben, wird sehr oft eine Übung («Wie gut können Sie erklären?») durchgespielt, bei der eine Person A einer anderen Person B einen bestimmten Sachverhalt erklären muss. Meist handelt es sich bei diesem Sachverhalt um eine **einfache Grafik** (→ Abb. 29), die insofern weitgehend voraussetzungslos ist, als kein spezielles Wissen oder Können auf Seiten der Lernenden angenommen wird. Das Setting ist dann oft wie folgt:

- B soll ein möglichst genaues Abbild einer Grafik erstellen, die A ihm erklärt. Als Medium dient beispielsweise ein Flipchart oder ein Whiteboard.
- B darf das Original, das nur A (und evtl. die Zuschauer) anschaut, nicht sehen.
- In der einfachen Variante kann A das aktuelle Resultat von B einsehen und ggf. nachhelfen bzw. gegensteuern; in der mittleren Variante wird zunächst erklärt, wobei Rückfragen möglich sind, und erst am Ende das Resultat eingesehen; in der anspruchsvollen Variante sind die Rückfragen von B untersagt.

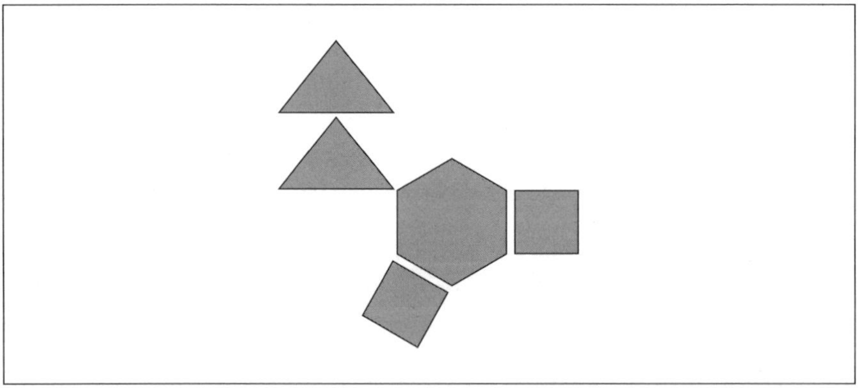

Abbildung 29: Einfache Grafik zum Erklären

Es stellt sich jetzt die Frage, welche Verstehenselemente in welcher Form und welcher Reihenfolge eingesetzt werden. Mögliche Verstehenselemente sind:

- Die Figur enthält fünf geometrische Formen: zwei Dreiecke, zwei Quadrate und ein Sechseck.
- Das Sechseck ist ein regelmäßiges Sechseck, d. h. alle Seiten sind gleich lang.

- Das Quadrat hat die gleiche Seitenlänge wie eine Seite des Sechsecks.
- Im Zentrum ist das Sechseck mit einer Ecke nach oben.
- An die rechte und die linke untere Seite wird jeweils ein Quadrat gelegt.
- Die Dreiecke sind gleichschenklig.
- Die rechte Ecke des einen Dreiecks stößt an die linke obere Ecke des Sechsecks.
- Das zweite (gleich große) Dreieck wird über dem ersten Dreieck platziert, und in der gleichen Position, sodass sich die Dreiecke berühren.

Die Wahl dieser Verstehenselemente ist einerseits **nicht beliebig,** da bestimmte Informationen über Form und Position der geometrischen Formen unabdingbar sind, hat aber andererseits doch **gewisse Spielräume.** So findet sich beispielsweise in den obigen Verstehenselementen kein Hinweis zur Größe der beiden Dreiecke. Die Schärfung der vorgeschlagenen Verstehenselemente erfolgt nun mit Bezug auf das Perspektivmodell zur Bestimmung von Verstehenselementen (→ Abb. 6, S. 64):

- **Relevantes Vorwissen bzw. typische Alltagsvorstellungen:** Um ein regelmäßiges Sechseck zu zeichnen, kann man sich beispielsweise an Bienenwaben orientieren, die ein regelmäßiges Gefüge aus vielen solchen Sechsecken bilden. Eine weitere alltagsweltliche Vorstellung liefern Sechskantmuttern, mit denen Schrauben fixiert werden.
- **Selbstverständlichkeits-Check:** Hier sind mehrere Verstehenselemente zu nennen, die aufgrund ihrer scheinbaren Trivialität vielleicht nur beiläufig erwähnt – und dann möglicherweise «überhört» – werden. Dazu zählt etwa die Zahl der geometrischen Formen (fünf), die Orientierung des Sechsecks (eine Spitze ist oben) und die Größe der Quadrate (Seitenlänge wie beim Sechseck).
- **Verstehensschwierigkeiten:** Eine besondere Herausforderung liegt in der Angabe von Form und Orientierung des Sechsecks. Will man jemanden, der kaum eine Vorstellung von einem regelmäßigen Sechseck hat, anleiten, ein solches zu zeichnen, so gibt es mehrere Möglichkeiten: (A) Zeichne einen Kreis und markiere sechs Punkte; die ersten beiden liegen oben und unten, die restlichen vier sind gleichmäßig zu verteilen. Dann werden diese Punkte miteinander verbunden. (B) Zeichne einen Kreis und halbiere diesen waagrecht in der Mitte. Dann zeichne ein X über den halbierten Kreis, sodass dieser in sechs gleiche Abschnitte unterteilt wird. (C) Zeichne ein längliches Rechteck (breiter als hoch) und setze darauf ein Dreieck. Ein gleiches Dreieck wird auch unter das Rechteck gegeben.

- **Reihenfolgen, die wesentlich sind:** Vermutlich steht die Konstruktion des regelmäßigen Sechsecks am Beginn des Erklärens, weil sich die weiteren Handlungen an dieser geometrischen Form orientieren können. Nummeriert man beispielsweise die Ecken im Uhrzeigersinn (oben die «1»), dann stößt das untere Dreieck an die 6. Ecke. Nummeriert man auch die Seiten, so liegen die Quadrate an den Seiten 2 und 4.
- Zusätzlich: Die Frage nach den besonders **wichtigen Verstehenselementen** («Siebe der Reduktion»; → Abb. 7) wird vermutlich ebenfalls zum Sechseck (regelmäßig, Spitze nach oben) führen.

Das zweite Erklärbeispiel behandelt die **Abseits-Regel** im Fußball (→ Infotafel 19). Dieses Beispiel ist von einer gewissen Brisanz, da bei kaum einem anderen Thema so große Differenzen zwischen denjenigen, die sie meinen verstanden zu haben («Das ist doch vollkommen klar.») und denjenigen, für die diese Regel fast unzugänglich scheint («Das verstehe ich nie!»), aufscheinen. Im Folgenden wird es ausschließlich um die sogenannte Abseitsposition gehen; Ausnahmen bleiben – soweit möglich – unbeachtet.

Infotafel 19: Abseits (Regel 11 der DFB-Fußballregeln)

Abseitsposition: Die Abseitsstellung eines Spielers stellt an sich noch kein Vergehen dar.
Ein Spieler befindet sich in einer Abseitsstellung,

- wenn er der gegnerischen Torlinie näher ist als der Ball und der vorletzte Gegenspieler.

Ein Spieler befindet sich nicht in einer Abseitsstellung,

- in seiner eigenen Spielfeldhälfte oder
- auf gleicher Höhe mit dem vorletzten Abwehrspieler oder
- auf gleicher Höhe mit den beiden letzten Abwehrspielern.

Vergehen: Ein Spieler wird nur dann für seine Abseitsstellung bestraft, wenn er nach Ansicht des Schiedsrichters zum Zeitpunkt, wenn der Ball von einem Mitspieler berührt oder gespielt wird, aktiv am Spiel teilnimmt, indem er:

- ins Spiel eingreift oder
- einen Gegner beeinflusst oder
- aus seiner Position einen Vorteil zieht.

Kein Vergehen: Kein Abseits liegt vor, wenn ein Spieler den Ball direkt erhält nach
- einem Abstoß,
- einem Einwurf,
- einem Eckstoß.[203]

Es stellt sich jetzt ebenfalls die Frage nach den möglichen Verstehenselementen, hier nun in Bezug auf die reine Abseitsposition. Dies können sein:
- Zwei Mannschaften (A und B) spielen gegeneinander.
- A ist die angreifende Mannschaft.
- Es geht nur um einen bestimmten Zeitpunkt t.
- Es geht um eine bestimmte Position des Angreifers A_1 (in der Regel der vorderste Angreifer) zum Zeitpunkt t.
- t ist der Zeitpunkt, wenn der Ball von einem Mitspieler (z. B. A_2) gespielt (auch: berührt) wird.
- Zum Zeitpunkt t befindet sich der Angreifer A_1 in der gegnerischen Spielhälfte.
- Der Angreifer A_1 befindet sich in Abseitsposition, wenn er der gegnerischen Torlinie näher ist als der vorletzte Gegenspieler (und der Ball).
- Wenn man eine virtuelle Linie durch den vorletzten Spieler von B (der letzte ist in der Regel der Torwart) zieht, dann darf zum Zeitpunkt t hinter dieser Linie kein Angreifer A sein (→ Abb. 30).

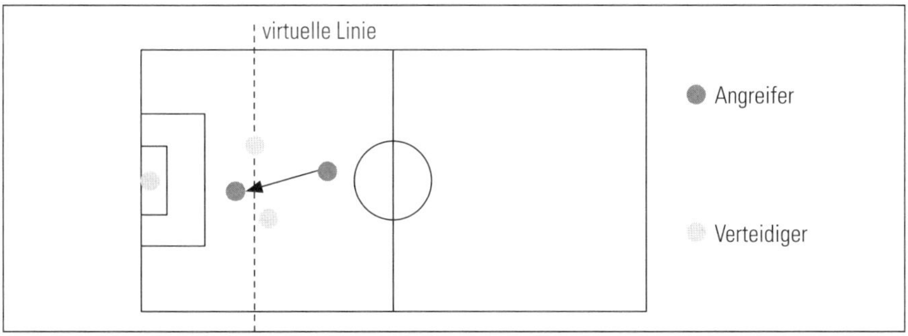

Abbildung 30: Abseits – Darstellung 1

Die Wahl der Verstehenselemente ist auch bei der Abseits-Regel **nicht beliebig,** doch stärker noch als bei dem Grafik-Erklärbeispiel gibt es recht vielfältige Möglichkeiten, einzelne Aspekte dieses Sachverhalts in die Verstehenselemente aufzunehmen. Auch in diesem Fall erfolgt die Schärfung der vorgeschlagenen

Verstehenselemente vor dem Hintergrund des Perspektivmodells zur Bestimmung von Verstehenselementen (→ Abb. 6, S. 64):

- **Relevantes Vorwissen bzw. typische Alltagsvorstellungen:** (1) Auf den ersten Blick scheinen die für das Verstehen der Abseitsregel erforderlichen Voraussetzungen gering zu sein – zwei Mannschaften spielen gegeneinander und das Ziel besteht darin, mehr Tore zu erzielen als die gegnerische Mannschaft –, doch kann bereits der Umstand, dass der Torwart häufig in anderer Sportkleidung antritt als seine Mannschaftskollegen, für eine mit dem Fußball wenig vertraute Person irritierend sein. (2) Wenn von einem Angreifer die Rede ist, dann als Bezeichnung für einen Spieler der angreifenden Mannschaft A; die nominelle Spielposition kann durchaus Mittelfeld oder Verteidigung sein.
- **Selbstverständlichkeits-Check:** Auch bei diesem Sachverhalt gibt es mehrere Verstehenselemente, die aufgrund ihrer scheinbaren Trivialität vielleicht nur beiläufig erwähnt – und dann möglicherweise «überhört» – werden. Bei der Abseitsregel könnte dies der Aspekt sein, dass das Abseits überhaupt nur ein Vergehen darstellen kann, wenn sich der Angreifer A_1 zum Zeitpunkt t in der gegnerischen Spielhälfte befindet.
- **Verstehensschwierigkeiten:** (1) Die Regel spricht zunächst in neutraler Form von einer Abseitsposition, die keineswegs ein Vergehen darstellt. Dies steht im Gegensatz zu der alltagsweltlichen Sprachregelung; wenn man von «Abseits» spricht, meint man damit das Vergehen. (2) Wenn der Angreifer A_1 nach dem Pass des Mitspielers (also nach dem Zeitpunkt t) alleine auf den Torwart zuläuft, dann schaut dies so aus wie «Abseits». Entscheidend ist aber der Zeitpunkt der sogenannten Ballabgabe, d. h. des Passes.
- **Reihenfolgen, die wesentlich sind:** (1) Es könnte von Bedeutung sein, zunächst die verwendeten Begriffe (z. B. Angreifer) zu erläutern. (2) Ein Hinweis auf die vielen Ausnahmen bzw. Spezialregelungen – aber auch nicht mehr – ist angebracht.
- Zusätzlich: Die Frage nach den **wesentlichen Verstehenselementen** («Siebe der Reduktion»; → Abb. 7, S. 66) ist nicht ganz einfach zu beantworten; denkbar wären zwei Aspekte, zum einen der Hinweis auf einen ganz kurzen, wirklich relevanten Moment, nämlich den Zeitpunkt t, und zum anderen der vereinfachende Hinweis, dass beim Moment der Ballabgabe kein Angreifer hinter dem letzten Feldspieler stehen darf.

Mit Blick auf die Erklär-Hüte (→ Infotafel 11, S. 72) kann eine Variation darin bestehen, das Geschehen aus **unterschiedlichen Perspektiven** zu beleuchten:

- Aus der Sicht eines Angreifers hat dieser immer darauf zu achten, dass beim Moment der Ballabgabe noch ein gegnerischer Spieler zwischen ihm und dem gegnerischen Torwart ist.
- Aus der Sicht eines Verteidigers muss man so agieren, dass ein Angreifer im Moment der Ballabgabe hinter einem selbst – also in Abseitsposition – steht; der berühmte «Schritt nach vorn» zur rechten Zeit kann den Angreifer dann in eben diese Abseitsposition befördern.
- Aus der Sicht der Schiedsrichter gilt die obige Darstellung.

Auch bei der Wahl der Repräsentation gibt es mehrere Optionen: Eine durchaus als «klassisch» zu bezeichnende Strukturdarstellung (→ Abb. 30) zeigt mehrere Spieler der Mannschaften A und B. Markiert ist mit einer virtuellen Linie die wichtige Position des vorletzten Spielers von B (der letzte ist in der Regel der Torwart). Dieser Hinweis auf den in der Regel letzten Feldspieler ist in der zweiten Abbildung 31 noch herausgehoben, indem alle anderen Spieler der Mannschaft B weit weg positioniert werden.

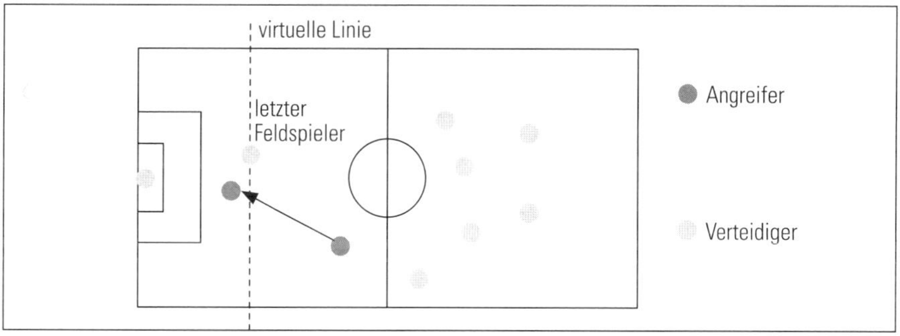

Abbildung 31: Abseits – Darstellung 2

Anhand der beiden Beispiele lässt sich nachvollziehen, dass bei einer guten Erklärung viele Faktoren von Bedeutung sind. Ob Verstehen stattfinden kann, hängt häufig auch von gewissen «handwerklichen» Aspekten ab: Gelingt es, an das Vorwissen «anzudocken»? Was wird als selbstverständlich vorausgesetzt? Wo können Verstehensschwierigkeiten entstehen? Im Zentrum einer Erklärung stehen allerdings die einzelnen Verstehenselemente. Gelingt es, diese – so umfassend wie nötig – zu bezeichnen, ist ein erster Schritt in Richtung Verstehen getan.

3.8 Exkurs: Aufmerksamkeit und der «Split Attention»-Effekt

Im Anschluss an die Ausführungen zu den Veranschaulichungen (→ Kap. 3.6) steht am Anfang dieses Kapitels eine Analogie: Angenommen, jemand würde Ihnen einen Tennisball zuwerfen. Diesen zu fangen, liegt sicherlich im Bereich des Möglichen. Stellen Sie sich nun vor, die Person würde Ihnen drei Tennisbälle gleichzeitig zuwerfen. Keine Frage: Nicht nur, dass es leichter ist, einen einzigen Ball anstelle der drei Bälle zu fangen. Es kann sogar passieren, dass Sie keinen einzigen der drei Bälle fangen, weil die Aufmerksamkeit eben nicht klar gerichtet ist bzw. Sie über keine entsprechende Routine verfügen. Dieses Beispiel mag als anschauliche Hinführung zu der Frage dienen, welche **kognitive Belastung beim Lernen** tatsächlich auftreten kann und welche Folgerungen sich daraus für das Lernen und die lehrseitigen Erklärungen ergeben.

Warum **Aufmerksamkeit** nicht beliebig erweiterbar ist, lässt sich anhand der **drei Stufen des Gedächtnisses** - Wahrnehmungsspeicher, Kurz- und Langzeitgedächtnis (→ Infotafel 20) - gut nachvollziehen. Diese unterscheiden sich hinsichtlich ihrer Speicherzeit – Wahrnehmungsspeicher im Bereich Zehntelsekunden bis Sekunden, Kurzzeitgedächtnis Sekunden bis Minuten, Langzeitgedächtnis unbegrenzt –, aber auch hinsichtlich ihrer Speicherkapazität. Während der Wahrnehmungsspeicher und das Langzeitgedächtnis große Informationsmengen aufnehmen können, ist das Kurzzeitgedächtnis hinsichtlich seiner Kapazität deutlich limitiert. Etwa sieben ± zwei Verarbeitungseinheiten können dort maximal gespeichert werden. Eine Verarbeitungseinheit kann ein Wort oder ein Satz, eine Ziffer oder eine Zahl sein, je nachdem, wie die Informationen gebündelt sind.

Infotafel 20: Die Gedächtnisstufen

- **Sensorischer Speicher:** Wahrnehmungen gelangen in den sensorischen Speicher und werden dort – abhängig vom Eingangskanal – für Zehntelsekunden gespeichert. Beispiel: Beim Anschauen eines (analogen) Films nimmt der Betrachter eine Vielzahl von Einzelbildern wahr. Diese erscheinen zusammenhängend, da der sensorische Speicher die visuellen Informationen so lange bereitstellt, bis das nächste Bild gezeigt wird.
- **Kurzzeitgedächtnis:** Informationen werden für die Dauer von Sekunden bis hin zu wenigen Minuten gespeichert. Ein bewusstes Wiederholen der Informationen – dies ist der Mechanismus der sogenannten Wiederholungsschleife –

sorgt für eine längerfristige Präsenz. Das Kurzzeitgedächtnis ist nicht nur von begrenzter Verweildauer, sondern auch von begrenzter Kapazität. Gespeichert werden sieben ± zwei gebündelte Informationseinheiten, z. B. ein Satz anstelle einzelner Wörter oder eine Zahl anstelle von Ziffern. Beispiel: Der Gehalt eines längeren Satzes lässt sich nur begreifen, wenn man sich auch an den Satzanfang erinnert. Oder: Kopfrechnen ist dadurch möglich, dass das Ergebnis einer Zwischenrechnung für eine längere Zeit verfügbar ist.[204]

- Langzeitgedächtnis: Informationen, die einmal in das Langzeitgedächtnis gelangt sind, werden dauerhaft gespeichert. Ist ein Erinnern an zuvor langzeitgespeicherte Informationen nicht mehr möglich, so ist davon auszugehen, dass nur der assoziative Zugriff nicht gelingt, da eine kapazitive Begrenzung des Langzeitspeichers nicht bekannt ist. Beispiel: Beim Erinnern eines Liedinterpreten geht es darum, den Zugang zu dieser langzeitgespeicherten Information zu finden. Vielfältiges Probieren, z. B. Anfangsbuchstabe des Sängers, Titel ähnlichen Musikstils, Situation des erstmaligen Hörens usw., führt häufig zum gewünschten Erfolg. Beim richtigen Erinnern signalisiert ein Aha-Gefühl, dass die gefundene mit der gesuchten Information identisch ist.

Die Suche in und der Umgang mit komplexen Lerninhalten wird demzufolge mithilfe eines **Arbeitsgedächtnisses** durchgeführt, das nur über eine eng begrenzte Kapazität verfügt, weil in diesem «**Flaschenhals des Gedächtnisses**» (→ Abb. 32) die über die Sinnesorgane einströmenden Informationen reduziert und verarbeitet werden. Wenn im Arbeitsgedächtnis aber nur Platz für sieben ± zwei Informationseinheiten ist, dann bedeutet dies, dass die Aufmerksamkeit so zu steuern ist, dass die «richtigen» sieben Inhalte dort vertreten sind. Neuere Forschungen deuten im Übrigen sogar eher darauf hin, dass sich zu einem gegebenen Zeitpunkt nicht mehr als zwei bis vier Einheiten verarbeiten lassen.[205]

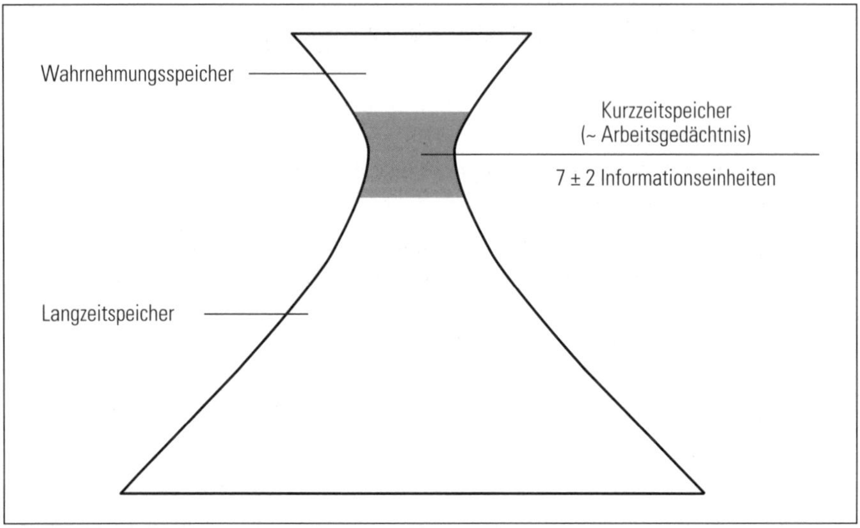

Abbildung 32: Der Flaschenhals des Gedächtnisses

Der Wissenserwerb ist in vielen Lernsituationen dadurch beeinträchtigt, dass das Arbeitsgedächtnis unnötig belastet wird. Die **Theorie der kognitiven Belastung** (= Cognitive Load Theory) von John Sweller und Kollegen versucht zu beschreiben, mit welchen Formen der Belastung für das Arbeitsgedächtnis zu rechnen ist. Dabei werden unterschieden:

- Direkt lernbezogene Belastung (= germane load), z. B. den Stoff nachvollziehen und verstehen, kognitive Schemata aufbauen;
- Intrinsische Belastung (= intrinsic load), z. B. mit hoher Stoffkomplexität umgehen, einen hohen Schwierigkeitsgrad bewältigen;
- Extrinsische Belastung (= extraneous load), z. B. «ungeschickte» Darstellung des Lernstoffs, überflüssige Erklärungen und Wiederholungen.[206]

Zitat 19: Christopher Chabris & Daniel Simons – Aufmerksamkeit (2010)

«Für das menschliche Gehirn ist Aufmerksamkeit im Wesentlichen ein Nullsummenspiel: Wenn wir einem Ort, Objekt oder Ereignis größere Aufmerksamkeit zuwenden, bleibt für andere zwangsläufig weniger übrig.»[207]

Da die Aufmerksamkeitsspanne des Arbeitsgedächtnisses relativ stabil ist, schränkt jede nicht-lernbezogene Aktivität den eigentlichen Lernprozess ein (→ Zitat 19). Besonders gut lässt sich dies anhand des sogenannten **«Split At-**

tention»-Effekts verdeutlichen: Wenn man eine spezielle Aufmerksamkeit aufwenden muss, um eine Abbildung dem zugehörigen Text zuzuordnen, dann fehlt diese Aufmerksamkeit bei der Auseinandersetzung mit den Lerninhalten (→ Abb. 33). Gelingt es hingegen, Textinformation und Abbildungsdetails aufeinander zu beziehen, reduziert sich die extrinsische Belastung weitgehend, und die Aufmerksamkeit gilt im Wesentlichen dem eigentlichen Lernen (→ Abb. 34).

Es gilt, zwei Alternativen zu vergleichen. Zu diesem Zwecke werden diese Alternativen anhand von zuvor bestimmten Kriterien eingeschätzt. Jedes Kriterium hat eine Gewichtung G, die zwischen 1 (= weniger ausgeprägt wichtig) und 4 (= sehr wichtig) liegt. Jede Alternative wird mit einer Bewertung B, die zwischen 1 (= gering ausgeprägt) und 4 (= stark ausgeprägt) liegt, eingeschätzt. Dann ermittelt man das Produkt P aus Gewicht und Bewertung: P = G x B. Die Werte für die einzelnen Alternativen werden dann aufsummiert.

	Neukunden gewinnen			Angebot ausweiten		
	G	B	P	G	B	P
Kompetenzen vorhanden	3	4	**12**	3	4	**12**
kostengünstig	4	3	**12**	4	3	**12**
in kollegiale Netze einbindbar	1	3	**3**	1	4	**4**
geringer zeitlicher Aufwand	3	2	**6**	3	3	**9**
familienverträglich	2	1	**2**	2	3	**6**
SUMME			**35**			**43**

Abbildung 33: Die Entscheidungsmatrix – Darstellung 1

Diese zwei Alternativen gilt es zu vergleichen.

G: Jedes Kriterium wird zwischen 1 (= weniger ausgeprägt wichtig) und 4 (= sehr wichtig) gewichtet.

B: Jede Alternative wird zwischen 1 (= gering ausgeprägt) und 4 (= stark ausgeprägt) eingeschätzt.

P: Gewicht und Bewertung werden multipliziert, d. h. P = G x B

Anhand dieser Kriterien werden die Alternativen eingeschätzt.

	Neukunden gewinnen			Angebot ausweiten		
	G	B	P	G	B	P
Kompetenzen vorhanden	3	4	**12**	3	4	**12**
kostengünstig	4	3	**12**	4	3	**12**
in kollegiale Netze einbindbar	1	3	**3**	1	4	**4**
geringer zeitlicher Aufwand	3	2	**6**	3	3	**9**
familienverträglich	2	1	**2**	2	3	**6**
SUMME			**35**			**43**

Die Werte werden dann aufsummiert.

Abbildung 34: Die Entscheidungsmatrix – Darstellung 2

Wiewohl sich der «Split Attention»-Effekt insbesondere auf multimediale Lernumgebungen bezieht, lassen sich die Überlegungen verallgemeinern. Je mehr Aufmerksamkeit dem eigentlichen Lernprozess zuteil wird, desto besser für die Aneignung der jeweiligen Inhalte. Und umgekehrt: Je mehr **ablenkende und Aufmerksamkeit bündelnde «Nebenschauplätze»** aufscheinen, desto weniger intensiv der eigentliche Lernprozess. Typische Aspekte des Erklärens, bei denen der «Split Attention»-Effekt greift, sind beispielsweise:

- **Folien:** große Kopf- und Fußbereiche mit inhaltsleeren Zusatzinformationen;
- **Erklär-Folien-Switch:** die Worte und Begriffe einer auditiv wahrgenommenen Erklärung werden auf einer Text-Folie gesucht; in diesem Fall verringern diese Suchprozesse die für Inhalte verfügbare Arbeitsspeicherkapazität (→ Abb. 35); bei fremdsprachigen Vorträgen und Folien mit hohem Textanteil greift dieses Phänomen in besonderem Maße;
- **Multimediale Angebote:** rasche Bildsequenzen, gleichzeitige konzentrierte Angebote von Sprache, Bildern und Spezialeffekten; auch: die sogenannte Bild-Text-Schere, d.h. das Auseinanderklaffen von Bild- und Textinformation speziell bei Informationssendungen im Fernsehen;
- **Internet:** Webseiten, die umfangreiche Entscheidungen abverlangen, z. B., ob ein Hyperlink nun angeklickt werden soll oder nicht.

Da Aufmerksamkeit im Wesentlichen ein Nullsummenspiel ist (→ Zitat 19), bedeutet dies nicht nur, dass **ablenkende Belastungen** wie hochkomplizierte und umständliche Darstellungen des Lernstoffs und überflüssige Erklärungen zu unterlassen sind. Es bedeutet auch, dass, je mehr Informationen auf die Lernenden «niederprasseln», desto größer deren Aufwand beim Sich-Orientieren ist. Der «Split Attention»-Effekt verweist darauf, dass die Aufmerksamkeit der Lernenden ein kostbares Gut und nicht in beliebiger Menge verfügbar ist. Das eingangs erwähnte Beispiel der drei Tennisbälle illustriert, dass ein Zuviel an Information sogar zu deutlich schlechteren Ergebnissen führen kann als die Beschäftigung mit den wesentlichen Verstehenselementen. Wenn es «schlecht läuft», kann es sogar sein, dass von den drei Bällen nicht ein einziger gefangen wird. Demzufolge geht es vorrangig darum, nicht direkt lernbezogene Belastungen wie unwichtige Inhalte oder ablenkende Gestaltungselemente möglichst gering zu halten.

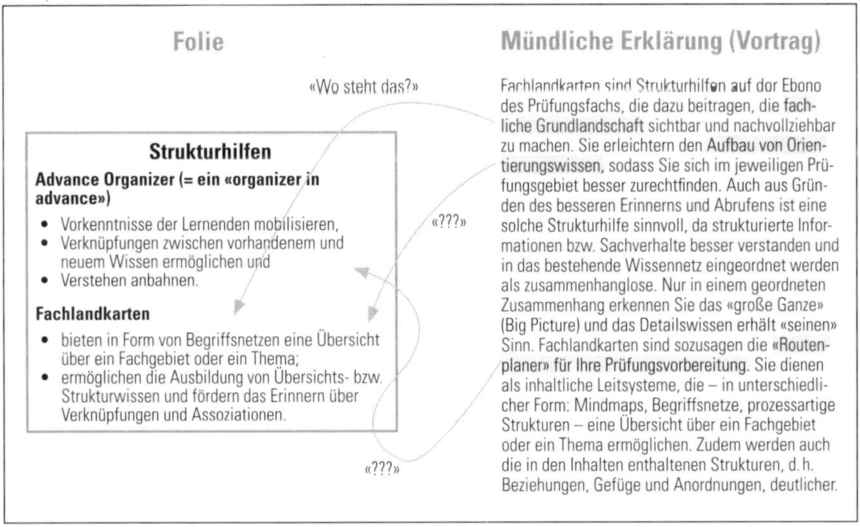

Abbildung 35: Erklär-Folien-Switch (Beispiel)

4 Inhalte aneignen

Inhalt

Zusammenfassung

Die Bedeutung der kognitiven Aktivierung für die gelungene Aneignung von Inhalten wird beschrieben und ein diesbezügliches Planungsmodell vorgestellt (4.1). Aufgaben sind zentrale Elemente zur Aneignung von Inhalten, die hinsichtlich ihres kognitiven Anregungsgehalts beleuchtet und hinsichtlich ihrer unterschiedlichen Formate unterschieden werden (4.2). Aufgaben lassen sich hinsichtlich ihrer Einstiege (unerwartete Sachverhalte, Sachverhalte mit Transfercharakter usw.) und Ergebnisse (Berechnungen, Deutungen, Lernprodukte usw.) differenzieren (4.3). Im Zusammenhang mit der Aneignung von Inhalten spielen unterrichtliche Fragen und Aufforderungen eine besondere Rolle (4.4). Abschließend wird die Bedeutung einer möglichst vielfältigen Elaboration der Inhalte zum Zwecke der Aneignung (= Inhalte «breittreten») verdeutlicht und beispielhaft ausgeführt (4.5).

4.1 Kognitive Aktivierung – Konzept und Planung

Aneignungen entwickeln sich dadurch, dass sich die Lernenden «mit Gegenständen auseinandersetzen, Wissen über das Repräsentierte ausgehend von diesen Gegenständen aufbauen und damit Verfügung über die Sache erhalten.»[208] Erklärungen tragen hierzu bei, indem die Lernenden zum Denken und zur konstruktiven Auseinandersetzung mit dem jeweiligen Inhalt angeregt werden. Wer also verständlich und lernförderlich «vermitteln» will, der muss **kognitive Aktivitäten der Lernenden** anregen (→ Kap. 1.2). Dies deckt sich in zweierlei Hinsicht mit den lernpsychologischen Anforderungen an die Effektivität des Lernens: Zum einen sind Wissens- und Kompetenzerwerb auf aktive

Aneignungsprozesse verwiesen, und zum anderen bedürfen sie einer inhaltlichen Fokussierung auf die wesentlichen Aspekte, was durch die Wahl geeigneter Verstehenselemente unterstützt werden kann.[209]

Es ist unstrittig, dass Lernen ein aktiver Prozess ist, bei dem die Lernenden «ihre Aufmerksamkeit auf das Lernmaterial richten, neue Informationen mit bereits vorhandenem Wissen abgleichen, aktiv Probleme lösen, und somit ihre Wissensstrukturen ausbauen und erweitern.»[210] Doch besteht die zentrale Herausforderung darin, das **richtige Maß zwischen kognitiver Aktivierung und einer inhaltlichen (kognitiven) Strukturierung** (→ Zitat 20) sowie der individuellen (konstruktiven) Unterstützung zu finden. In diesem Zusammenhang weist GOLD mit Blick auf den schulischen Unterricht darauf hin, «dass vor allem die konstruktivistisch begründeten und entdeckenlassenden Lernumgebungen in hohem Maße inhaltlicher Strukturierung bedürfen, um die Kinder beim Problemlösen nicht ‹allein› zu lassen. Wie so oft, kommt es wohl auf die richtige Mischung an.»[211] Erklärungen sind also auch bei stärker lernendenzentrierten bzw. offeneren Lehr-/Lernformen – problembasiertes Lernen, projektorientierter Unterricht usw. – bedeutsam.

Zitat 20: Thilo KLEICKMANN: Aktivierung vs. Strukturierung (2012)

«So viel Herausforderung (kognitive Aktivierung) wie möglich schaffen, aber auch so viel Unterstützung (kognitive Strukturierung) wie nötig geben.»[212]

Um die Bedeutung der kognitiven Aktivierung – auch für das Erklären und Verstehen – richtig einzuschätzen, erweist sich die Unterscheidung von **unterrichtlichen Sicht- und Tiefenstrukturen**[213] als hilfreich (→ Abb. 36):

- **Sichtstrukturen** bezeichnen alle unterrichtlichen Merkmale, die (auch für Außenstehende) durch Beobachtung leicht zugänglich sind: im Wesentlichen didaktische Methoden einschließlich der jeweiligen Sozialformen.
- **Tiefenstrukturen** fokussieren eher die Qualität der inhaltlichen Auseinandersetzung oder der Interaktionen: kognitive Aktivierung, individuelle Unterstützung (der Lernenden) und Classroom Management (Umgang mit Lernzeit und Störungen) (→ Abb. 37).

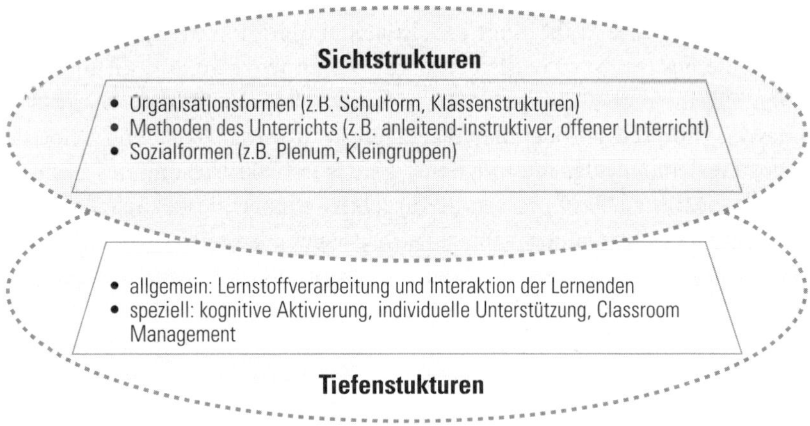

Abbildung 36: Sicht- und Tiefenstrukturen[214]

Die Unterscheidung von Sicht- und Tiefenstrukturen ist für das Verständnis unterrichtlicher Arrangements aufschlussreich, «da die Forschung zur Effektivität von Unterricht zeigt, dass das Vorliegen bestimmter Sichtstrukturen und die Qualität der Tiefenstrukturen **weitgehend unabhängig voneinander** variieren, dass also innerhalb der gleichen Sichtstruktur Aufgabenstellungen oder die Interaktion zwischen Lehrenden und Lernenden völlig unterschiedlich gestaltet sein können.»[215] Ebenfalls empirisch gut belegt ist zudem, dass die unterrichtlichen Tiefenstrukturen das Lernen und die Entwicklung von Schülerinnen und Schülern deutlich stärker beeinflussen als die Sichtstrukturen, also insbesondere die Methoden.[216]

	Merkmale	**Beispiele**
kognitive Aktivierung	Anregung der Lernenden zur aktiven und möglichst tiefen Auseinandersetzung mit dem Lernstoff	• Aufgaben, die an das Vorwissen anknüpfen • Diskurs, der Meinungen der Lernenden aufgreift • Inhalte, die kognitive Konflikte bei den Lernenden auslösen
konstruktive Unterstützung	Hilfe bei Verständnisproblemen, dabei wertschätzender Umgang zwischen Lehrenden und Lernenden	• konstruktiver Umgang mit Fehlern • Geduld und angemessenes Tempo • freundliche, respektvolle Beziehungen
Classroom Management	effektive Nutzung der Unterrichtszeit durch weitgehend störungsfreie Unterrichtssteuerung	• frühe Einführung von Regeln und Routinen • konsequenter Umgang mit Störungen • gut geplante Bereitstellung von Unterrichtsmaterial

Abbildung 37: Tiefenstrukturen des Unterrichts[217]

Demzufolge **sagt die Wahl einer didaktischen Methode wenig über die Qualität der geplanten bzw. realisierten Lehr-Lernprozesse aus.** Grundsätzlich können alle möglichen didaktischen Methoden kognitiv aktivieren, unabhängig davon, ob die Methode eher die Eigenverantwortlichkeit und Selbsttätigkeit der Lernenden oder die möglichst gute Vorstrukturierung des Lernstoffs fokussiert. Reusser/Pauli fassen die Ergebnisse einer diesbezüglichen Studie zusammen: Die Lernenden schätzten ihre eigene kognitive Aktivität umso günstiger ein, «je kohärenter und klarer die zentralen Elemente und Beziehungen (die ‹Verstehenselemente›) bearbeitet und je besser die Repräsentationen genutzt und verknüpft wurden. Ob beispielsweise die Einführung des Satzes von Pythagoras durch ein von der Lehrperson gelenktes methodisches Vorgehen (Lehrervortrag oder fragend-entwickelndes Unterrichtsgespräch) oder durch ein problemlösend-entdeckendes Verfahren erfolgte, spielte dabei keine Rolle.»[218]

In Bezug auf das Erklären, Aneignen und Verstehen von Inhalten seien hier zwei methodische Aspekte angeführt, die für den Umgang mit Verstehenselementen bzw. die Gestaltung von Erklärfiguren durchaus von Bedeutung sind:

- **Direkte Instruktion:** Die Schrittfolge dieses Verfahrens (Einführung, Darstellung, Übungsphase in der Gruppe, individuelle Übungsphase) zielt darauf ab, die Aufmerksamkeit der Lernenden zu fokussieren, eine tiefe Informationsverarbeitung zu ermöglichen und den späteren Abruf durch eine intensive Übungsphase zu erleichtern. Studien verweisen auf gute Lernerfolge durch die direkte Instruktion, wobei die offensichtliche Steuerung der Lernprozesse durch die Lehrperson keine negativen Folgen hat, solange die Tiefenstrukturen der Interaktion qualitativ hochwertig gestaltet sind.[219]
- **Fragend-entwickelndes Unterrichtsgespräch:** Im Vergleich zur direkten Instruktion ist diese methodische Form weitaus weniger strukturiert. Meyer warnt vor einem «Kommunikationsamalgam» im Unterricht («Der Lehrer erklärt etwas, stellt dann ein paar Fragen, redet selber wieder einige Minuten, gibt Anweisungen, stellt dann wieder Fragen und redet anschließend wieder einige Minuten.»[220]) und vergleicht ein schlechtes Unterrichtsgespräch «mit einer in schnellem Tempo voranschreitenden ‹Quiz-Veranstaltung›».[221] Letztlich entscheidend sind aber auch beim fragend-entwickelnden Unterrichtsgespräch die Art und Qualität der dargebotenen Informationen und die dadurch angestoßenen tiefen Verarbeitungsprozesse.

Die kognitive Aktivierung der Lernenden als wichtiger Wirkfaktor für erfolgreiche Lernprozesse kann bei **Lehrplanungen** berücksichtigt werden, indem das Lehren «vom Lernen her gedacht» wird und sich die Planung der einzelnen Lehr-/Lernschritte daran orientiert. Praktisch geschieht dies in einer tabellarischen Form, die neben den üblichen Kategorien (Inhalt, Methode, Medium, Zeit) noch eine zusätzliche Spalte enthält, die die **angedachte Lernaktivität** beschreibt. Auf diese Weise kann es gelingen, Erklären und Aneignen, damit auch das inhaltliche Verstehen und im besten Fall feststellbare Lernergebnisse, in eine Handlungsstruktur zu bringen. Das auf Klaus W. Döring zurückgehende Planungsmodell differenziert in heuristischer Weise zwischen Lernphasen, die eher kognitiv rezeptiv, und solchen, die eher kognitiv aktiv sind. Döring verwendet hierbei als Analogie den Atmungsprozess mit den beiden Phasen des Einatmens und Ausatmens. Idealtypisch stellen sich die beiden Kategorien (immer aus der Perspektive der Lernenden) wie folgt dar:

- **«Einatmen»** (eher rezeptiv): Die Lerninhalte werden aufgenommen und mit dem vorhandenen Wissen verknüpft. Typische Lernhandlungen sind Zuhören und Zuschauen, auch Lesen in einer eher passiven Grundhaltung.
- **«Ausatmen»** (eher aktiv): Die Lerninhalte werden aktiv verarbeitet. Typische Lernhandlungen sind Rekonstruieren und Erläutern, Anwenden und Übertragen, Analysieren und Entwickeln.[222]

Die **idealtypische Dualität von «Einatmen/Ausatmen»** klassifiziert in einer einfachen, keineswegs aber trivialen Weise einzelne Lernphasen und hält dazu an, kognitive Aktivierungen bei der Lehrplanung mitzudenken. Die Phase «Einatmen» kann – über die reine Darbietung von Informationen hinaus – die Lernenden zum Denken und zur konstruktiven Auseinandersetzung mit dem jeweiligen Inhalt im Sinne eines Verstehens anregen. Insofern enthält sie auch aktive Elemente, ist aber doch im Wesentlichen durch die Informationsaufnahme gekennzeichnet. Die Phase «Ausatmen» bezeichnet ganz wesentlich Verarbeitungsprozesse der Lernenden, also Lernhandlungen, die es anzustoßen gilt. Natürlich gibt es auch Mischformen wie etwa das Diskutieren, bei dem Phasen der Informationsaufnahme und -verarbeitung einander abwechseln (→ Infotafel 21).

Infotafel 21: «Einatmen/Ausatmen»: Lernhandlungen und didaktische Methoden

Die Differenzierung zwischen «Ausatmen» und Mischform ist nie ganz trennscharf, da bei allen aktiven Lernhandlungen auch mehr oder minder große Teile an «Einatmen» stattfinden. Insbesondere bei umfänglichen didaktischen Methoden, wie beispielsweise dem Projektunterricht, gibt es sowohl Anteile des «Einatmens» wie des «Ausatmens».

«Einatmen»

- Lernhandlungen: zuhören, schauen (ohne wesentliche Intention), «surfen» (im Internet) usw.
- Didaktische Methoden: Lehr- bzw. Impulsvortrag, Demonstration, Vormachen (Unterweisung) usw.

«Ausatmen»

- Lernhandlungen: Prüfungsaufgaben erstellen, Aufgaben rechnen, visualisieren, vortragen, präsentieren usw.
- Didaktische Methoden: Mini-Aufgaben, Einzelarbeit, Nachmachen (Unterweisung), Übung, Murmelgruppe, One-Minute-Paper usw.

Mischform (Kombination aus «Einatmen» und «Ausatmen»)

- Lernhandlungen: diskutieren, recherchieren, beobachten (anhand von Kriterien), zusammenfassen usw.
- Didaktische Methoden: Diskussion, Projektunterricht, Gruppenarbeit, Peer Code Review (Informatik), Brainstorming, Exkursion (vorbereitet), Planspiel usw.

Gegenstand der Planung sind in der Regel mehrere Unterrichts- bzw. Lehreinheiten (Beispiel → Abb. 38), die wie bei einem Drehbuch nach den folgenden Merkmalen aufbereitet werden:

- **Inhalt:** Stichwortartig wird der jeweilige Lernstoff bezeichnet.
- **Methode:** Die Beschreibung kann sowohl mit Rückgriff auf etablierte didaktische Termini als auch auf subjektiv gefärbte Begrifflichkeiten erfolgen. Im Vordergrund steht die praktische Handhabbarkeit des Modells.
- **Lernaktivität:** Hier ist die Art der vermuteten Lernhandlung eingetragen. Ob die Lernenden tatsächlich die angedachten Lernprozesse durchführen, entzieht sich letztendlich der Kontrolle durch die Lehrperson.
- **Zeit:** Hier wird das geplante Zeitbudget vermerkt.

Inhalt	Methode	Lern-aktivität	Zeit
klassischen Tagesablauf mit Einzeltätigkeiten aufschreiben	Einzelarbeit	A	10 Min.
Eisenhower-Modell	Impulsvortrag	E	20 Min.
Eisenhower-Modell auf eigene Situation anwenden	Einzelarbeit, anschließend Austausch zu zweit	A	20 Min.
Kurzpräsentation einiger Arbeitsergebnisse + Diskussion	Kurzvorträge der Teilnehmer/-innen mit Feedback	E/A	20 Min.
...	...	...	...
E = Einatmen; A = Ausatmen; E/A = Mischform			

Abbildung 38: Planungsmodell «Ein-/Ausatmen» – Beispiel 1: Zeit- und Selbstmanagement

Das Planungsmodell zur kognitiven Aktivierung lässt sich auf unterschiedlichen Granularitätsstufen einsetzen. Ähnlich wie bei der Planung von Unterrichts- bzw. Lehreinheiten kann es auch zur **Planung von Erklärungen** und den zugehörigen Aneignungshandlungen herangezogen werden. Im Vordergrund steht dabei der Wechsel von eher rezeptiven und aktiven Phasen des Lernprozesses. Für den Prozess des Erklärens bedeutet dies, dass die eigentliche Erklärung, die im besten Fall bereits aktivierend wirkt, durch angeleitete Verarbeitungsprozesse wie Fragen bzw. Aufgaben bereichert wird (Beispiel → Abb. 39).

Inhalt	Methode	Lern-aktivität	Zeit
Korrelation 1: Grundlagen	Impulsvortrag (Erklärung)	E	10 Min.
s.o.	Mini-Aufgabe (zu zweit): Beispiele interpretieren	A	5 Min.
Korrelation 2: Pearson-Korrelationskoeffizient	Impulsvortrag (Erklärung)	E	10 Min.
s.o.	Mini-Aufgabe (einzeln): Berechnung	A	3 Min.
...	...	...	...
E = Einatmen; A = Ausatmen; E/A = Mischform			

Abbildung 39: Planungsmodell «Ein-/Ausatmen» – Beispiel 2: Statistik

4.2 Aufgaben 1: Funktionen und Formate

Aufgaben bzw. Fragen tragen zunächst einmal dazu bei, Verarbeitungsprozesse der Lernenden zu initiieren und anzuleiten. Im besten Falle sind diese Verarbeitungsprozesse gerichtet, d. h., sie wirken im Sinne von Aneignungshandlungen und befördern das Verstehen und Memorieren der jeweiligen Inhalte. Derlei Aneignungshandlungen lassen sich danach einordnen, wie hoch bzw. intensiv die Aktivierung der Lernenden ist (→ Abb. 40). In der Regel korrelieren die intendierte Aktivierung und die Vorgaben, die im Rahmen der Aufgabenstellung gemacht werden: Je höher die Vorgaben, desto geringer die Aktivierung.

Vorgaben | **Explizite Formulierung** | **Aktivierung**

gering ↓ hoch | hoch ↑ gering

- Formulierungen allein finden
- unfertige Formulierungen ergänzen oder abwandeln: *«Paula hat es so geschrieben, was stimmt daran noch nicht? Verändere die Formulierung.»*
- Formulierungen bzw. Beispiele einander zuordnen oder in eine systematische Reihenfolge bringen
- erklären, warum eine fertige Formulierung passend ist
- fertige Formulierungen nachvollziehen und mit Beispielen konkretisieren

Konkretisierung und Abgrenzung

gering ↓ hoch | hoch ↑ gering

- Realisierung des Konzeptes bzw. Satzes: *«Finde Beispiele und Gegenbeispiele und erkläre, wieso sie (nicht) passen.»*
- Identifizieren des Konzepts bzw. Zusammenhangs: *«Welches dieser Beispiele passt zum Konzept bzw. zum Satz, welches nicht? Wieso?»*
- Für gegebenes Beispiel (Nicht-)Passung begründen: *«Inwiefern ist dies ein Beispiel bzw. Gegenbeispiel?»*

Bedeutung und Vernetzung

gering ↓ hoch | hoch ↑ gering

- Eigenständig interpretieren: *«Finde eigene Darstellungen und Situationen zu diesem formalen Ausdruck (Term, Rechnung etc.) und erkläre, wieso sie passen.»*
- Selbstständig sortieren mit eigenen Kriterien: *«Welche dieser Beispiele, Bilder bzw. Situationen gehören zusammen?»*
- Zuordnen: *«Ordne diese formalen Ausdrücke bzw. Darstellungen und Situationen einander zu und erkläre, wieso sie zusammengehören.»*

Abbildung 40: Aneignungshandlungen zwischen Selbst-Finden und Nachvollziehen – Beispiel: mathematische Konzepte[223].

Aufgaben variieren in ihrem **kognitiven Anregungsgehalt,** d. h., sie fordern die Lernenden in unterschiedlich starkem Maß zur aktiven Auseinandersetzung mit den Inhalten heraus:

- **Geringer kognitiver Anregungsgehalt:** Die Lernenden bearbeiten Aufgabenstellungen, die man durch bereits bekanntes Wissen einfach beantworten kann; in der Regel nutzen sie für die Bearbeitung der Aufgaben ein bereits vorhandenes Routineschema oder geben auswendig gelernte Fakten in einfachen Kontexten wieder. Beispiele: Faktenwissen über die wichtigsten Vorkommnisse in der Regierungszeit eines Monarchen (Geschichte), biografische Eckdaten des Lebens von Thomas Mann und die Inhalte seiner Hauptwerke (Deutsch).
- **Hoher kognitiver Anregungsgehalt:** Die Lernenden bearbeiten Aufgabenstellungen, bei denen neue Lösungswege gefunden bzw. Sachverhalte in neuen Problemkonstellationen bearbeitet werden müssen. Beispiele: Diskussion der Funktion und Legitimation von Lobbyisten in einem demokratischen Staatswesen (Politik), Reflexion der Wirkmechanismen und der Bedeutung von FCKW und FKW bei der Entstehung des Ozonlochs (Chemie, Geografie).

Es kann durchaus sein, dass Aufgabenstellungen mit eher geringem kognitivem Anregungsgehalt nicht ganz leicht zu beantworten sind und als eher schwierig und mühsam empfunden werden; so beispielsweise die Wiedergabe des Inhalts eines klassischen Romans oder einer bestimmten mathematischen Formel. Trotzdem werden durch diese Lernhandlungen in der Regel keine besonders tiefgreifenden Denkprozesse ausgelöst. Gleiches gilt für Aufgabenstellungen, die das praktische Handeln der Lernenden in den Vordergrund stellen – etwa in Stationen- oder Werkstattarbeit – oder die Lernenden ganz offensichtlich aktivieren – etwa bei bestimmten Gruppenarbeiten. **Obgleich sich die Lernenden relativ aktiv verhalten, ist die mentale Aktivität in diesen Fällen nicht zwangsläufig hoch.**

Zitat 21: Andreas Gold: Auslösung aktiver Denkprozesse (2015)

«Entscheidend ist, ob aktive Denkprozesse ausgelöst werden – oder, um es in der Fußballersprache mit dem legendären Adi Preissler zu sagen: ‹Entscheidend is' auf'm Platz›.»[224]

Von zentraler Bedeutung bleibt das **kognitive Aktivierungspotenzial der bearbeiteten Aufgaben** (→ Zitat 21). Aufgabenstellungen mit hohem Potenzial zur kognitiven Aktivierung sind beispielsweise:

- «Komplexe Aufgaben (Aufgaben, die aus mehreren Komponenten bestehen);
- Aufgaben, die nicht einfach durch abrufbares Wissen beantwortet werden können, sondern Problemlöseprozesse erfordern;
- Aufgaben, die es erfordern, bekannte Sachverhalte neu miteinander zu verknüpfen oder auf neue Situationen anzuwenden;
- Aufgaben, die einen kognitiven Konflikt auslösen, weil neue Informationen im Widerspruch zu bereits Bekanntem stehen;
- Aufgaben, bei denen mehrere Lösungen richtig sein können;
- Aufgaben, bei denen die Lernenden ein mentales Bild aufbauen und einzelne Elemente dieses Bildes ergänzen müssen;
- Aufgaben, die an eigene Erfahrungen anknüpfen;
- Aufgaben, zu deren Lösung bereits vorhandene Konzepte nicht ausreichen und erweitert werden müssen;
- Aufgaben, zu deren Lösung nicht alle Informationen vorliegen, sondern von den Lernenden selbst gefunden werden müssen.»[225]

Studien zum **Aktivierungspotenzial von Aufgaben** liegen nur vereinzelt vor. Im Rahmen des Forschungsprogramms COACTIV konnte beispielsweise gezeigt werden, dass die im deutschen Mathematikunterricht (9. bzw. 10. Jahrgangsstufe) verwendeten Aufgaben mentale Prozesse nur wenig stimulieren, wie NEUBRAND ET AL. ausführen: «Die Analysen zeigten ein nur niedriges durch die Aufgaben vermitteltes kognitives Aktivierungspotenzial. Die eingesetzten Aufgaben sind zudem darin sehr homogen. Die Schulformen unterscheiden sich zwar substanziell, doch auf einem insgesamt sehr niedrigen Niveau.»[226] Doch selbst wenn die Aufgaben ein gewisses Anregungspotenzial aufweisen, ist damit nicht sichergestellt, dass es im Unterricht auch ausgeschöpft wird. Wie beispielsweise Analysen aus der TIMSS-Video-Studie – ebenfalls für den deutschen Mathematikunterricht – zeigen, werden durchaus auch komplexe und herausfordernde Aufgaben gestellt, die dann aber häufig von den Lehrkräften in kleinere, meist triviale Teilaufgaben portioniert werden.[227] Diese kleinschrittige Vorgehensweise steht einem eigenständigen und gleichsam anspruchsvollen Lösungsprozess der Schülerinnen und Schüler häufig im Wege (→ Zitat 22).

Zitat 22: Andreas Gold: Fragen und Aufgaben (2015)

«Im Wesentlichen sind die vermeintlich kognitiv aktivierenden Verhaltensweisen solche, die mit der Art und dem Niveau der Fragen und Aufgaben zu tun haben, welche die Lehrer stellen und mit der Art und Weise, wie sie die Lerner diese Aufgaben lösen lassen.»[228]

Das Anregungs- bzw. Aktivierungspotenzial einer Aufgabe ist eine für erfolgreiche Lernprozesse wesentliche Größe. Um diese zentrale unterrichtliche Funktion zu erfüllen, sind **unterschiedliche Aufgabenformate** denkbar, die sich nach ausgewählten Merkmalen differenzieren lassen. Hier eine Auswahl möglicher Merkmale:

- **Funktion:** Lernaufgabe oder Leistungs- bzw. Prüfungsaufgabe; auch: Übungs- bzw. Wiederholungsaufgabe
- **Wissensart:** Fakten, Prozeduren, Konzepte; auch: Metakognition
- **Kognitiver Prozess:** reproduzieren und erläutern, anwenden und umsetzen, analysieren und entwickeln; alternativ: Reproduktion, naher Transfer, weiter Transfer, Problemlösen
- **Schwierigkeit (für die Zielgruppe):** leicht, mittel, schwer, sehr schwer
- **Kompetenzbereich:** Fach-, Methoden-, Sozial- und Selbstkompetenz
- **Aufgabentyp:** Single Choice, Multiple Choice, Ordnungsaufgabe, Konstruktionsaufgabe usw.
- **Lebensweltbezug:** nicht vorhanden, konstruiert, authentisch, real
- **Offenheit:** geschlossen, halboffen, offen
- **Sprachlogische Komplexität (für die Zielgruppe):** niedrig, mittel, hoch
- **Codierungen bzw. Repräsentationsformen:** textuell, visuell usw.
- **zugelassene Hilfsmittel:** keine, schriftliche Unterlagen, open book usw.
- **(vorgesehenes) Feedback:** keines, inhärent, Probe, unmittelbar mündlich, schriftlich usw.[229]

Diese Merkmale eines Aufgabenformats lassen sich heuristisch in vier Bereiche unterteilen: (1) Die Funktion einer Aufgabe bezeichnet ihre zweckhafte Ausrichtung, sozusagen ihre Bestimmung im Rahmen eines angeleiteten Lernprozesses. (2) Wissensart, kognitiver Prozess, Schwierigkeitsgrad und Kompetenzbereich benennen die intendierten Denkprozesse und bezeichnen Art und Bereich von Wissen bzw. Kompetenz. (3) Aufgabentyp, Lebensweltbezug, Offenheit und sprachlogische Komplexität bestimmen das Format der Aufgabe im eigentlichen Sinne, das heißt auch die Form, in der sie den Lernenden entgegentritt. (4) Hilfsmittel und Feedback sind relevante Zusatzinformationen in Bezug auf Aufgabenstellung bzw. -format.

Infotafel 22: Aufgabenformate – zwei Beispiele

Aufgabenformate haben vielfältige Ausprägungen. Die Beispiele fokussieren jeweils einige dieser Ausprägungen:

Beispiel 1: «Warum schwimmt die Büroklammer zunächst auf der Wasseroberfläche und warum geht sie unter, wenn man Spülmittel hinzugibt?» (Chemie)[230]

- Kognitiver Prozess: Problemlösen
- Schwierigkeit: mittel bis schwer
- Lebensweltbezug: real
- Zugelassene Hilfsmittel: keine
- ...

Beispiel 2: «Verbessert dieses Bewerbungsschreiben mithilfe eines Textverarbeitungsprogramms!»[231]

- Wissensart: konzeptionelles Wissen zur Textsorte «Bewerbungsschreiben», Rechtschreibwissen (faktisch: korrekte Schreibweise, prozedural: Rechtschreibregeln), formale Aspekte der Gestaltung von Briefen (faktisch) usw.
- Kognitiver Prozess: weiter Transfer
- Offenheit: Aufgabe definiert, Lösung divergent
- Codierung: textuell
- ...

Ein weiteres Merkmal einer Aufgabe ist die **mentale Belastung des Arbeitsgedächtnisses** durch die intendierte Lernanforderung. Die Theorie der kognitiven Belastung (= Cognitive Load Theory; → Kap. 3.8) postuliert, dass eine hohe extrinsische Belastung, z. B. durch die «ungeschickte» Darstellung des Lernstoffs sowie überflüssige Erklärungen und Wiederholungen, dazu führen kann, dass eine nur geringe Arbeitsgedächtniskapazität für die eigentliche Verarbeitung der Inhalte verfügbar ist. Darüber hinaus führt auch die Kombination von hoher Aufgabenkomplexität und geringem Vorwissen dazu, dass Verstehensprobleme auftreten. Auch in diesem Fall gibt es kapazitive Grenzen, da die Zahl der Abruf- und Verarbeitungsprozesse tendenziell sehr hoch ist. Auswahl, Aufbereitung und Präsentation der Lerninhalte im Rahmen einer Aufgabenstellung kommen somit eine hohe Bedeutung zu (→ Kap. 3.8).[232]

Zitat 23: Claudio Caduff et al.: Qualität der Aufgaben (2010)

«Wenn die Lernenden sich nicht auf die Aufgaben einlassen, wenn sie sie regelmäßig oberflächlich und so billig wie möglich erledigen oder immer wieder daran scheitern, so liegt das womöglich auch an der Qualität der Aufgaben selbst. Schlechte Aufgaben führen zu Störungen des Lernens und des Lernklimas.»[233]

Aufgaben bewähren sich **im Rahmen eines unterrichtlichen Konzepts,** d. h., Aufgaben sind nicht grundsätzlich gut oder schlecht, sondern immer nur im Rahmen eines Lehr- und Lernkontexts. Vermutlich werden selbst «gute Aufgaben» erst dann von den Lernenden verständnisorientiert bearbeitet, wenn diesen der Stellenwert der jeweiligen Aufgabe im unterrichtlichen Kontext klar ist (→ Zitat 23). Anderenfalls werden die Lernenden die Aufgaben als reine Beschäftigungseinheiten wahrnehmen, die «erledigt und abgehakt» werden müssen. Dieser Effekt kann durch eine zu große Aufgabendichte noch verstärkt werden.[234]

4.3 Aufgaben 2: Einstiege und Ergebnisse

Aufgaben stimulieren Aneignungshandlungen und leiten diese an, im besten Falle befördern sie das Verstehen und Memorieren der jeweiligen Inhalte. Für die Konzeption dieser – zumindest teilweise – gerichteten Verarbeitungsprozesse sind zwei aufgabenbezogene Perspektiven bedeutsam:

- (Intendierter) **Einstieg in die Aufgabe:** Hier wird festgelegt, durch welche Art von Impulsen die für den Lernprozess angedachten Lernhandlungen angestoßen werden sollen. Typische Einstiege in Aufgaben gelingen beispielsweise mithilfe von Fragen, Problemen und Beispielen.
- (Intendierte) **Ergebnisse der Aufgabe:** Hier wird bestimmt, ob neben den kognitiven Aktivitäten der Lernenden auch bestimmte feststellbare Ergebnisse generiert werden. Typische Ergebnisse sind beispielsweise Berechnungen, Deutungen und Konzentrationen. Darüber hinaus gibt es Ergebnisse mit Produktcharakter wie etwa Checklisten, Vorgehensmodelle und Konzepte.

Am Beginn einer Aufgabe steht in der Regel eine **Frage- oder Problemstellung,** die in verschiedene Formen gekleidet sein kann, z. B. als Fallbeispiel oder

Hypothese. In der Regel handelt es sich dabei um situierte Herausforderungen, die einen speziellen Fall in den Blick nehmen. Über das Besondere der Aufgabenstellung kann ein Allgemeines bearbeitet – im besten Fall auch erschlossen – werden, etwa ein bestimmter Zusammenhang, eine spezielle Struktur oder ein allgemeines Gesetz. Das Singuläre ist also häufig der Ausgangspunkt einer Aufgabe und damit der Einstieg in dieselbe (→ Abb. 41). Nur bei Aufgaben mit ausgeprägtem Übungscharakter besteht der Zweck weniger im Entdecken eines Allgemeinen denn im Einüben einer bestimmten Routine. Im Übrigen kann der Einstieg in eine derartige Aufgabe zugleich der Start eines Erklärungsprozesses sein.

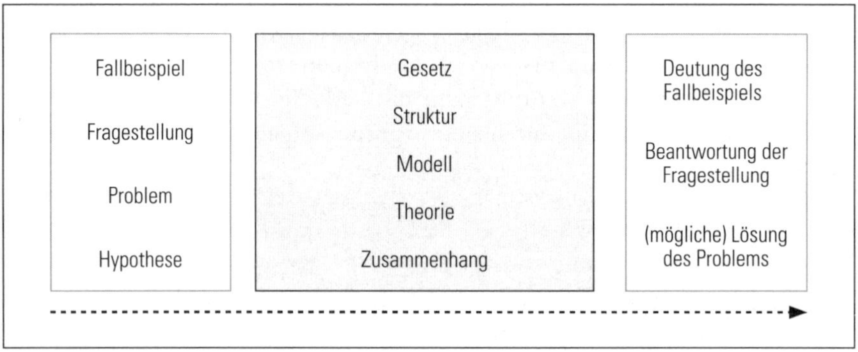

Abbildung 41: Vom Besonderen über das Allgemeine und zurück zum Besonderen

Einstiege, die mehr oder minder **problemorientiert** sind und das Entdecken bzw. Aufdecken der Lernenden befördern, lassen sich grob – und keinesfalls trennscharf – vier Kategorien zuordnen:

- Unerwartete Sachverhalte
- Sachverhalte mit Transfercharakter
- Beispiele
- Experimente.

Unerwartete Sachverhalte sind Sachverhalte mit einem kognitiven Konfliktpotenzial, d.h., im besten Fall lösen diese Sachverhalte kognitive Konflikte bei der betreffenden Zielgruppe aus. Die Orientierung an den Lernenden ist höchst bedeutsam, denn nur dann, wenn die Zielgruppe den (scheinbaren) Widerspruch oder das (vermutlich) Nicht-Erwartete auch als solches wahrnimmt, werden relevante kognitive Aktivitäten in Gang gesetzt.[235] Beispiel: Einige Gruppen von Studierenden sollen eine Münze hundert Mal hochwerfen und die Ergebnisse aufschreiben, andere Gruppen sollen sich das Ergebnis bloß ausdenken und ebenfalls notieren. Die Lehrende behauptet, die «echten» und die «konstruierten» 100er-Listen auseinanderhalten zu können. Wesentliches Unterscheidungsmerkmal: Bei hundert echten Würfen gibt es mit einer hohen Wahrscheinlichkeit sechs oder sieben gleiche Würfe hintereinander. Echter Zufall wirkt unregelmäßiger, als man es in alltagsweltlichen Vorstellungen denkt (→ Abb. 42).

Aufgabe: Sie bekommen Listen mit **100 «zufälligen» Münzwürfen** (K = Kopf; Z= Zahl) vorgelegt. Einige Listen sind das Ergebnis von «echten» Münzwürfen, andere sind «konstruiert».

Wie unterschieden Sie die echten Münzwürfe von den «konstruierten»?
(Konkret: Ist A oder B das Resultat eines «echten» Münzwurfs?)

A

KKK	ZZ	K	Z
ZZZ	K	ZZ	KK
K	ZZZ	K	Z
Z	K	Z	KKKK
KK	Z	KK	ZZ
ZZZ	K	ZZZ	K
K	Z	K	Z
ZZ	KK	ZZZ	K
K	ZZZ	K	ZZZZ
ZZZ	K	Z	KK
K	ZZ	KKK	
ZZ	K	Z	
KKKK	Z	K	
Z	KKK	Z	
KK	ZZZZZ	K	

B

KKK	K	K	K
ZZZ	ZZZ	ZZ	Z
K	K	K	KK
Z	Z	Z	Z
KK	K	KK	KKKK
ZZZ	Z	ZZZ	ZZ
K	KK	K	K
ZZ	ZZZ	ZZZ	ZZZZZZ
K	K	K	KK
ZZZ	ZZ	Z	
K	K	KKK	
ZZ	Z	Z	
KKKKKKK	KKK	K	
ZZ	ZZZZZ	Z	

Abbildung 42: Aufgaben – Beispiel: Zufall (Stochastik)[236]

Bei **Sachverhalten mit Transfercharakter** geht es darum, eine Aufgabe zu lösen, bei der sich die Aufgabensituation nur geringfügig von bereits bekannten Aufgaben (naher Transfer) unterscheidet bzw. die Anwendung von Wissen in einer neuen, unbekannten Situation (weiter Transfer) erfordert. Zudem gibt es kreative Problemlöseaufgaben, die zunächst lösungsoffen sind. Beispiele: «Begründen Sie, warum dieser Text der Epoche des Barock zuzuordnen ist» (Deutsch). – «Erläutern Sie, welche Funktion der Kondensator in der gezeigten Schaltung erfüllt» (Elektronik).

Auch geeignete **Beispiele** können als problemorientierter Einstieg genutzt werden. Diese bieten das Material, um die Lernenden bestimmte Sachverhalte wahrnehmen und dahinterliegende allgemeine Strukturen bzw. Konzepte entdecken zu lassen. Zum einen können Beispiele als **exemplarische Sachverhalte, Situationen bzw. Fälle** vorgestellt werden. Beispiele: Im Rahmen von

Mitarbeitergesprächen in einem Unternehmen die einzelnen Phasen eines Veränderungsprozesses nachvollziehen (Change Management) – Ausgehend von einem bestimmten Blutbild Hypothesen für weitere Untersuchungen formulieren (Medizin).

Zum anderen gibt es die **Arbeit mit ausgearbeiteten Lösungsbeispielen,** die sich insbesondere für Novizen und in gut strukturierten inhaltlichen Bereichen (z. B. Mathematik, Physik) als hilfreich erwiesen hat. Lösungsbeispiele wirken dann lernunterstützend, wenn sie fokussierte kognitive Aktivitäten der Lernenden, z. B. Selbsterklärungen, auslösen und nicht nur passiv-rezeptiv zur Kenntnis genommen werden.[237] Zum Lernen mit Lösungsbeispielen gibt es inzwischen eine Vielzahl von empirisch gestützten Hinweisen:

- Reduzierte Erklärungen in der Beispiellösung in Verbindung mit der Aufforderung zu einer gezielten Schlussfolgerung sind – allerdings nur für fachliche Novizen – hilfreicher als eine komplette Erklärung in Verbindung mit einer eher allgemeinen Aufforderung zum Handeln.[238]
- Der strukturbetonte Einsatz von zwei Lösungsbeispielen ist hilfreicher als die Verwendung eines einzigen Lösungsbeispiels.[239]
- Unvollständige Lösungsbeispiele oder der bewusste Einsatz von Fehlern können die Verarbeitungstiefe erhöhen.

Auch **Experimente** eignen sich als problemorientierter Einstieg, indem sie forschendes Lernen befördern. In einem explorativen Setting werden beispielsweise Forschungsfragen formuliert, Hypothesen aufgestellt, Versuche durchgeführt und die Ergebnisse dokumentiert und interpretiert. Genauso wie bei den anderen problemorientierten Einstiegen ist entscheidend, ob und inwieweit es gelingt, fokussierte kognitive Aktivitäten der Lernenden anzustoßen und die Denkprozesse explizit zu machen, etwa in Form von Selbstverbalisierungen oder Selbsterklärungen.[240]

Neben den Einstiegen sind auch die intendierten **Ergebnisse einer Aufgabe** von Interesse. Die kognitiven Aktivitäten der Lernenden führen zu bestimmten feststellbaren Resultaten des Lernens wie etwa **Berechnungen, Deutungen und Konzentrationen.** Beispiele: Gesucht wird die zentrale Idee bzw. Kernaussage eines Texts von Martin Wagenschein: «Zurück zu den Phänomenen» (Erziehungswissenschaft) – Gesucht ist die Strömungsgeschwindigkeit in einem bestimmten Flussbereich (Physik) – Für das Projekt TIGER ist ein Projektstrukturplan zu erstellen (Management).

Eine besondere Form von Ergebnis liegt vor, wenn die Lernenden im Rahmen von Aufgaben Ergebnisse mit Produktcharakter, also sogenannte **Lern-,**

Handlungs- oder Praxisprodukte, erstellen. Lernprodukte können materiell sein wie die Collage im Sachunterricht oder immateriell wie das Vorgehensmodell zur Stahlhärtung (→ Infotafel 23). Im Unterschied beispielsweise zum Rechnen von Aufgaben haftet den Lernprodukten immer etwas Reales an: Sie lassen sich anwenden und benutzen, sie funktionieren oder eben nicht. Meist sind sie so angelegt, dass Wissen verdichtet wird, z. B. in Form einer Checkliste oder eines Vorgehensmodells.

Infotafel 23: Lernprodukte (Beispiele)

- Vorgehensmodell «Stahlhärtung» (Werkstoffkunde, Verfahrenstechnik)
- Prozessbeschreibung «Personalauswahl» (Human Resource Management)
- Leitfaden «Einführung Wissensmanagement» (Wissensmanagement)
- Ablaufdiagramm «Lebenszyklus Schmetterling» (Biologie)
- Checkliste «Fußball: Aufstellung bei Doppelsechser-System» (Sport)
- Checkliste «Kongruente Dreiecke» (Mathematik)
- Checkliste «Diagnose Diabetes» (Medizin)
- Konzept Mini-Businessplan (Unternehmensgründung, Wirtschaft)
- Fragenkatalog «Kontextklärung» (Change Management)
- Schema «Berechnung Momentangeschwindigkeit» (Physik)
- Text «Werbebroschüre» (Marketing)

Lernprodukte lassen sich über **Feedback-Elemente** gut in den Lernprozess integrieren. Gerade bei stärker selbstgesteuerten Settings ist beispielsweise ein zweiphasiges Vorgehen denkbar, bei dem die Lernenden ihr «vorläufiges Endprodukt» zum Feedback bereitstellen, meist auf einer Lernplattform. Danach erhalten sie je nach Vereinbarung ein oder zwei Feedbacks von anderen Lernenden, wobei verschiedene Feedback-Arrangements denkbar sind (→ Abb. 43). Abschließend arbeiten sie das Feedback ein und geben ab.

Produkt	Termin	Modus Feedback
Checkliste Beispiel: Zuständigkeit (Verwaltungsrecht)	20. März 2018	A und B → C B und C → D
Vorgehensmodell Beispiel: Stahlhärtung (Werkstoffkunde)	30. Mai 2018	A → F B → G
Fragenkatalog Beispiel: Kontextklärung (Change Management)	3. Oktober 2018	A ⟷ B ⟷ C D ⟷ E ⟷ F

Abbildung 43: «Praxisprodukte» mit wechselseitigem Feedback

Die Bündelung bzw. das Zusammenstellen solcher Lern-, Handlungs- oder Praxisprodukte bezeichnet man als **Portfolio** bzw. E-Portfolio. Hier lassen sich diverse Varianten (→ Abb. 44) nach verschiedenen Aspekten, wie etwa Ausrichtung oder Standardisierungsgrad, unterscheiden. Zusätzlich zu den stark inhaltlich ausgerichteten Resultaten von Aufgaben enthalten Portfolios auch selbstreflexive und stärker subjektiv geprägte **Lernwegelemente,** wie etwa Auszüge aus Lernjournalen oder Review-Notizen (→ Infotafel 24).

	Realisierungsvarianten	
Zeitraum	**Small Based Portfolio** kürzere Zeitperiode	**Broad Based Portfolio** längere Zeitperiode
Standardisierungsgrad	**Closed Portfolio** hohe Standardisierung (Vorgabe einer differenzierten Struktur)	**Open Portfolio** geringe Standardisierung, ermöglicht eine eigene, individuelle Darstellung
Arbeitsmedium	**konventionelles Portfolio (Papierformat)** Mappen, Ringhefte, evtl. einzelne Ton- und Videodokumente	**E-Portfolio (Digital)** ermöglicht u.a Steuerung der Einsicht und des Feedbacks: Wer nimmt Einsicht? Wer gibt wem eine Rückmeldung?
Ausrichtung	**berufsbezogenes Portfolio** Entwicklungsstand mit Bezug auf die angestrebten beruflichen Kompetenzen	**Lern- oder Kompetenzentwicklungsportfolio** zeigt und dokumentiert die indiduellen Lernfortschritte
Dokumentationsschwerpunkt	**Product Portfolio** Zusammenstellung der besten Arbeiten; die summative Beurteilung steht im Vordergrund	**Process Portfolio** Zusammenstellung von Arbeiten, die den Lernprozess dokumentieren; die formative Beurteilung steht im Vordergrund

Abbildung 44: Portfolios: Varianten[241]

Infotafel 24: Lernwegdokumente in Portfolios (Beispiele)

- Arbeitsblätter, Notizen
- Referate, Präsentationsunterlagen, Fotos, Videosequenzen
- Leistungsnachweise
- Projektpläne und -logbücher, Projektbegleitungsnotizen
- Rückmeldungen zu Leistungsnachweisen
- Sitzungsprotokolle, Review-Notizen
- Diskussionsleitfäden
- Forschungsarbeiten, Konzepte, Evaluationsberichte
- Standortbestimmungen, Reflexionsblätter, kritische Betrachtungen zu Lehrveranstaltungen

- kommentierte Literaturlisten
- Ausschnitte aus Lernjournalen und Lerntagebüchern
- bearbeitete Fallstudien
- Korrespondenzen, Briefe an Behörden o. Ä.[242]

4.4 Fragen und Aufforderungen

Fragen im Rahmen der Lehre sind Äußerungen, die die Lernenden dazu auffordern, sich in einer bestimmten Weise mit einem Lerninhalt auseinanderzusetzen, und die dabei in der Regel die Verringerung oder Beseitigung eines Wissens- oder Verständnisdefizits beabsichtigen. Mithilfe von Fragen wird der Blick auf einen für eine bestimmte Zielgruppe relevanten Sachverhalt gerichtet und im besten Falle eine kognitive Aktivität ausgelöst, die eine möglichst tiefe und intensive Auseinandersetzung mit diesem Sachverhalt unterstützt. Scholz hat darauf hingewiesen, dass ein enger **Zusammenhang zwischen Verstehen und Fragen** besteht, und zwar in einer zweifachen Weise:

- «Verstehen von x geht typischerweise mit der Fähigkeit einher, Fragen zu x beantworten zu können.
- Verstehen von x geht typischerweise mit der Fähigkeit einher, neue Fragen zu x stellen zu können.»[243]

Wenn von Fragen die Rede ist, dann werden damit in der Regel **direkte Fragesätze** assoziiert, die mit einem Fragezeichen enden. Daneben gibt auch es **indirekte Fragesätze** («Ich wüsste gerne, ob Sie die besonderen Eigenschaften dieser chemischen Verbindung benennen und erläutern können.») Fragetechnisch besonders relevant sind die sogenannten **Aufforderungen,** bei denen ein Verb am Satzanfang steht. Sollte eine Aufgabe in Frageform vorliegen, so lässt sich anhand von Abb. 45 nachvollziehen, wie diese in eine Aufforderung umzuformulieren ist. Aufforderungen sind auch insofern bedeutsam, als sie im Grunde genommen ein Lernergebnis auf einem eher niedrigen Abstraktionsniveau darstellen.

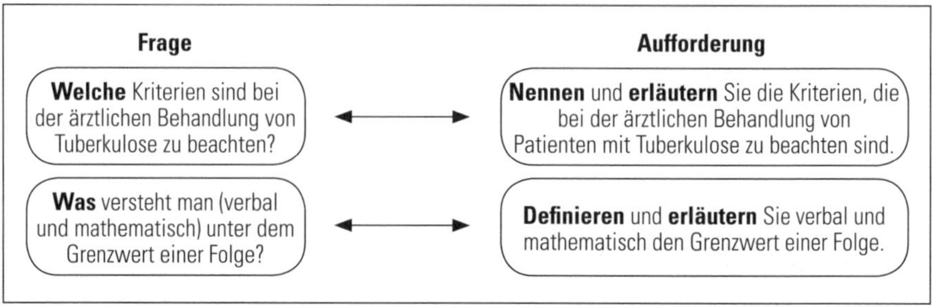

Abbildung 45: Umwandlung Frage ◄─► Aufforderung[244]

Sollen Fragen nach ihrem Typus klassifiziert werden, so bietet sich als zentrales Unterscheidungsmerkmal der **verfügbare Antwortspielraum** an:

- **Geschlossene Fragen:** Der Antwortspielraum ist klein. Beispiel: «Bei welcher Temperatur siedet Wasser?» Ein besonders häufig anzutreffender Spezialfall der geschlossenen Frage ist die sogenannte Ja/Nein-Frage. Beispiel: «Findet der § 23 in diesem Fall Anwendung?»
- **Offene Fragen:** Der Antwortspielraum ist groß. Beispiel: «Wie beurteilen Sie die aktuelle wirtschaftliche Lage in XYZ?» Oder als Aufforderung: «Erläutern Sie den zweiten Hauptsatz der Thermodynamik.»

Diese Fragetypen sind grundsätzlich nicht «gut» oder «schlecht», sondern sie erfüllen jeweils eine bestimmte **Funktion im Lehr-/Lernkontext.** Geschlossene Fragen fokussieren, «bringen auf den Punkt» und helfen dabei, eine möglicherweise noch unpräzise Antwort der Lernenden zu klären bzw. zu schärfen. Offene Fragen hingegen wirken wie «Türöffner», sie tragen dazu bei, das Spektrum möglicher Beiträge zu erweitern. So ist es im Rahmen einer mündlichen Prüfung in der Regel eher sinnvoll, mit einer offenen Frage zu starten, um das Prüfungsgespräch in Gang zu setzen; wenig hilfreich wäre vermutlich eine geschlossene Frage zu einem «exotischen» Spezialfall. Eine grundlegende Funktion von Fragen besteht darin, das **Vorwissen der Lernenden zu aktivieren;** vorhandene Vorkenntnisse werden ermittelt und bewusstgemacht, zudem lässt sich das Erklären daran ausrichten.

Bei der **Formulierung von Fragen** ist es bedeutsam, auf eine Art und Weise zu fragen, die sozusagen katalytisch wirkt und bestimmte Denkprozesse stimuliert. Stets gibt es mehrere mögliche Fragen, die zu einer bestimmten Antwort führen, wie sich an der folgenden Aufgabe nachvollziehen lässt: «Stellen Sie sich vor, 123 Tennisspieler bestreiten ein Turnier nach dem klassischen K.O.-System: Je zwei Spieler treten gegeneinander an, und der Sieger kommt in die nächste Runde. Wie viele Spiele müssen in diesem Turnier absolviert werden, um den Sieger zu ermitteln?» Diese Frage ist durchaus nicht einfach zu beantworten. Natürlich können Sie sich über die Verdopplung der Paarungen einer möglichen Lösung nähern: Im Finale stehen zwei Spieler, im Halbfinale vier usw. (1 + 2 + 4 + 8 + 16 + 32 + 64 = 127) Wenn Sie dann noch fünf Freilose dazu geben, dann haben Sie es.

Einfacher ist es jedoch, die folgende Frage zu beantworten: «Wie viele Spieler müssen eigentlich verlieren, bis der Sieger feststeht?» Bei einem K.O.-System müssen bei 123 Spielern 122 verlieren, und genauso viele Spiele sind es demzufolge auch. – An diesem Beispiel lässt sich gut nachvollziehen, dass **Fragen unterschiedlich wirken** können und dass – wie in diesem Fall offensichtlich – eine geeignete Frage den Antwortprozess zielgerichtet steuern und gegebenenfalls auch unterstützen kann. Je nach Art der Frage wird die Aufmerksamkeit der Lernenden auf bestimmte Aspekte gelenkt, sodass diese mehr oder weniger intensiv nachdenken müssen.

Auch die **Wahl des Frageworts** wirkt im Lehr-/Lernkontext. Kaiser hat beispielsweise für den Sachunterricht darauf hingewiesen, dass die üblichen Warum-Fragen gelegentlich einschüchternd wirken können und dann von den Kindern mit «Ich weiß nicht.» oder «(…) weil das so ist.» beantwortet werden. Stattdessen empfiehlt sie, auch Was-Fragen (und ihre Variationen: Wer? Welches? Wann? Wo? Wie?) zu verwenden. Sie argumentiert, dass z. B. die Frage «Was brennt an einer Kerze?» auf den ersten Blick einfacher verständlich und eher motivierend zum Nachdenken und Beobachten sei als die umfassende Frage: «Warum brennt eine Kerze?». Durch die Was-Frage wird eine konkrete Suchbewegung eingeleitet und nicht eine umfassende Begründung eingefordert.[245]

Durchaus ähnlich argumentiert Prior, der darauf hinweist, dass die lösungs- bzw. entscheidungsorientierte Ja/Nein-Frage, z. B. «Hast du eine Idee, wie du dein Problem lösen könntest?», darauf abzielt, erfolgreiches und weniger erfolgreiches Agieren voneinander zu unterscheiden. Statt aber «Gewinner» und «Verlierer» auszuweisen, empfiehlt er konstruktive W-Fragen (Was? Wann? Welche? Wer? Wie? Woran? Wodurch?), die das Gesuchte als verfügbar annehmen. Beispiele: «Was weißt du zu (…)?» oder «Welche Lösungen, die Sie bereits genutzt haben, könnten Sie bei dieser Problemstellung weiterbringen?»[246]

Fragen können in Lehr-/Lernkontexten auf unterschiedliche Weise eingesetzt werden. So ist es beispielsweise möglich, mithilfe von Fragen gleichsam die inhaltliche Auseinandersetzung und die unterrichtliche Abfolge zu steuern (Beispiel → Abb. 46). In diesem Sinne lässt sich dann auch von **Leit- oder**

Schlüsselfragen sprechen. Fragen können aber auch die Beschäftigung mit einem Sachverhalt stimulieren, indem sie Annahmen machen, die es zu hinterfragen gilt. Die berühmt-berüchtigten **Interviewfragen** der Universitäten Oxford und Cambridge (→ Infotafel 25) sind hierfür ein besonders anschauliches Beispiel. Nicht zuletzt kann es auch gelingen, Reflexionsprozesse anzustoßen, indem über bestimmte, meist **unerwartete Fragestellungen** gängige Denkmuster konfrontiert werden (→ Infotafel 26). Hier wirken Fragen als Impulse, gelegentlich auch als Provokationen.

Schlüsselbegriffe	Schlüsselfragen
Akteure	• Wer ist an der Auseinandersetzung beteiligt?
Interessen	• Welche Interessen verfolgen die Akteure? • In wessen Interesse liegt eine bestimmte Problem- bzw. Konfliktlösung?
Macht, Herrschaft, Einfluss	• Welche Möglichkeiten besitzen die Akteure, ihre Interessen gegenüber anderen durchzusetzen?
Methoden der Interessendurchsetzung	• Welche Methoden wenden die Akteure zur Durchsetzung ihrer Interessen an?
Legitimation	• Sind die Akteure zu ihrem Vorgehen legitimiert? • Welche Gründe führen sie zur Legitimierung ihres Vorgehens an?
Verlauf	• Wie verläuft die Auseinandersetzung? • Wer setzt sich durch?

Abbildung 46: Schlüsselfragen zu einer politischen Auseinandersetzung (Prozessdimension)[247]

Infotafel 25: Interviewfragen (Oxford und Cambridge)

John Farndon hat einige Fragen zusammengestellt, mit deren Hilfe die englischen Universitäten Oxford und Cambridge ihre Studierenden auswählen. Hier eine kleine Auswahl:

- Medizin (Cambridge): «Wie würden Sie jemanden vergiften, dass die Polizei Ihnen nicht auf die Schliche kommt?»
- Englische Literatur (Oxford): «War Shakespeare ein Rebell?»
- Physik (Cambridge): «Warum kann man durch ein Glas sehen?»
- Experimentelle Psychologie (Oxford): «Können Thermostate denken?»
- Medizin (Cambridge): «Wenn man in einem Boot sitzt und einen Stein ins Wasser wirft – was passiert dann mit dem Seewasserspiegel?»

Infotafel 26: Unerwartete Fragen

Rolf DOBELLI hat Fragen formuliert, die nachdenklich machen und anregen. Hier einige Beispiele aus den unterschiedlichen Themenfeldern:

- Die Wörter: «Möchten Sie, dass man Ihnen zuhört, auch wenn Sie nichts zu sagen haben?»
- Denken: «Ist eine Entscheidung, die auf der Hand liegt, eine Entscheidung?»
- Bildung: «Welche Dinge hätten Sie leichter verstanden, wenn man sie Ihnen nicht erklärt hätte?»
- Gäste: «In welchen Situationen langweilen Sie sich mehr – wenn Sie allein sind oder in Gesellschaft (Geschäftsessen, Einladungen etc.)?»[248]

Fragen und Aufforderungen tragen dazu bei, dass die kognitive Aktivierung der Lernenden gelingt und diese sich mit den Inhalten auseinandersetzen bzw. sich diese aneignen. Dabei scheint es durchaus wichtig, mit dem **Einsatz von Fragen eher defensiv umzugehen.** Wie Untersuchungen immer wieder zeigen, fragen Lehrpersonen sehr häufig (> 60 Fragen/Unterrichtseinheit) und warten anschließend nur kurz auf die Antwort (~ 1 Sekunde), während es «die hochgepriesene Schülerfrage kaum gibt.»[249] Gute Fragen helfen dabei, den Prozess des Erklärens zu stützen und erste Aneignungshandlungen in Gang zu setzen. Die Fähigkeit, für den Lernprozess sinnvolle Fragen stellen zu können, lässt sich entwickeln (→ Infotafel 27).

Infotafel 27: Frage-Jeopardy

Das Formulieren von Fragen lässt sich üben und trainieren. Bei dieser Übung besteht die Grundidee darin, eine Antwort vorzugeben und zu dieser vorgegebenen Antwort eine für die Zielgruppe sinnvolle Frage zu formulieren.

- 1. Schritt: Notieren Sie fünf Antworten zu Ihrem Lerngegenstand. Es ist in der Regel sinnvoll, Antworten mit unterschiedlichem Antwortspielraum zu formulieren, insbesondere also nicht nur Antworten auf geschlossene Fragen.
- 2. Schritt: Überlegen Sie sich mögliche Fragen bzw. Aufforderungen, die zu dieser Antwort führen.

Beispiel: Die Antwort lautet «42». Mögliche Fragen lauten:

- «Was ist der Sinn des Lebens»?[250]
- «Wieviel ist 40 + 2»?

4.5 Exkurs: Inhalte «breittreten»

Individuelle Lernprozesse werden häufig mit dem sogenannten **Lerntypen-Konzept** in Verbindung gebracht. Dahinter verbirgt sich die Vorstellung, dass jeder Mensch auf eine ganz bestimmte Art und Weise lernt. Eine geläufige Differenzierung lautet hier beispielsweise: visuell, auditiv, haptisch, und so wird unterstellt, dass es eben die visuellen Lerntypen, die auditiven usw. gibt. Die dazu passende Denkfigur heißt dann: Für jeden Menschen gibt es (genau) eine besonders hilfreiche Art des Lernens. Wiewohl die Befunde uneinheitlich sind, kommen doch zahlreiche Arbeiten, die untersucht haben, ob Menschen stabile Präferenzen für eine bestimmte Sinnesmodalität haben und mit dieser dann auch tatsächlich besser lernen, zu negativen Ergebnissen[251]. Zwar ist es durchaus so, dass sich Menschen hinsichtlich ihrer kognitiven Fähigkeiten unterscheiden und oft auch gewisse Präferenzen für die eine oder andere Art des Lernens haben. Doch diese häufig aus Lernroutinen entstandenen Vorlieben rechtfertigen in keiner Weise die grobe Kategorisierung in einige wenige Lerntypen.

Entscheidend für einen erfolgreichen Lernprozess ist weniger, dass man versucht, (nur) auf die eine – für eine spezielle Person «richtige» – Art zu lernen, sondern vielmehr, die **Inhalte möglichst vielfältig zu verarbeiten**. Grundsätzlich gilt: Je vielfältiger und intensiver ein Lerninhalt verankert wird, desto größer ist auch die Chance, diesen bei Bedarf abrufen zu können. In der wissenschaftlichen Literatur findet sich hierfür der Terminus **«Elaborieren».** Dies kann auf vielfältige Weise geschehen, etwa, indem das neu erworbene Wissen mit dem Vorwissen verknüpft oder mit eigenen Worten zusammengefasst wird, Sachverhalte hinterfragt oder Strukturen aufgezeigt werden bzw. das Wissen in praxisnahen Situationen angewendet wird. Es kann auch bedeuten, dass neue Begriffe, Aussagen oder Konzepte anhand von Beispielen erschlossen oder mithilfe von Analogien und Metaphern veranschaulicht werden (→ Zitat 24). Wenn Wissen elaboriert wird, geht es also im weitesten Sinne darum, es in einer bestimmten Weise «weiterzuverarbeiten» und dabei auch inhaltliches Neuland zu erschließen. Insofern ist die Metapher vom **«Wissen ‹breittreten›»** als Charakterisierung für eine derartige Transformationsleistung durchaus zutreffend.

Zitat 24: Verena Steiner – Elaborieren (2013)

«Die Elaboration bildet den eigentlichen Kern des Lernprozesses. Es ist die große Auseinandersetzung mit dem Lernstoff, das Erarbeiten, Präzisieren und Begreifen.»[252]

Bereits in den 1980er-Jahren hat Aebli (→ Kap. 2.3) darauf aufmerksam gemacht, dass erstmalig konstruiertes Wissen bzw. die dazu gehörenden Strukturen zuerst **«durchgearbeitet»** werden müssen, um sie nachvollziehbar und abrufbar zu machen. Aebli verweist damit auf die Notwendigkeit, die relevanten Wissensstrukturen nicht nur einmalig, sondern durchaus mehrfach aufzubauen, und zwar in qualitativ unterschiedlicher Weise.[253] Zudem besteht ein enger Zusammenhang zwischen dem «Breittreten» von Wissen und dem Wiederholen, den Gerrig/Zimbardo wie folgt beschreiben: «Eine allgemeine Strategie, um das Enkodieren zu verbessern, ist **elaborierendes Wiederholen.** Die Grundidee dieser Technik ist, während des Wiederholens der Information – beim erstmaligen Einprägen in das Gedächtnis – diese zu elaborieren, um das Material für das Enkodieren reichhaltiger zu gestalten.»[254]

Wenn Wissen differenziert verarbeitet, d. h. elaboriert wird, dann spielt das **Vorwissen** dabei eine bedeutsame Rolle. Je differenzierter das vorhandene Vorwissen, desto leichter fällt die Wahrnehmung und Integration des Neuen. Ein professioneller Musiker wird bei einem Konzert viele Feinheiten wahrnehmen, zum Beispiel die Art der Instrumentierung, der Stimmführung und Details in der Interpretation. Musikalische Laien hingegen werden bestenfalls wahrnehmen, dass sie das Stück «irgendwie kennen» (oder auch nicht), eventuell auch noch einen diffusen Gesamteindruck «wie das Stück geklungen hat».[255] Für konkrete Erinnerungen bedarf es daher einer entsprechenden Wissensbasis. Sofern also bei den Lernenden nicht bereits eine große Menge an fachspezifischem Vorwissen vorhanden ist, ist es angeraten, so oft wie möglich Verbindungen zu bereits Bekanntem herzustellen und das neue Wissen somit quasi «einzubetten».

Im Folgenden ist ein **Kategorienmodell des Elaborierens** mit kognitiven Aktivitäten zusammengestellt. Dabei handelt es sich um ein heuristisches Modell, das weder den Anspruch erhebt, trennscharf noch zielgruppenspezifisch zu differenzieren.

Verstehen

- Sachverhalte nachvollziehen und begreifen, dabei Zusammenhänge erfassen;
- unklare, missverständliche oder schlicht schwierige Gesichtspunkte klären;
- mit anderen Lehrbüchern zum Thema abgleichen: Übereinstimmungen und Unterschiede in Bezug auf Inhalt und Struktur.

Verknüpfen

- Neues mit Bekanntem verknüpfen: Verbindungen zu bereits Bekanntem herstellen und das neue Wissen «einbetten»;
- Assoziationen bilden, d. h. feststellen und vergleichen, was man vorher zu dem Thema gewusst und gedacht hat.

Fragen

- Sachverhalte in Frageform klären und reflektieren: Fragen stellen und beantworten, ggf. zusätzliches Wissen hinzuziehen;
- (mögliche) Prüfungsfragen formulieren.

Konzentrieren bzw. Reduzieren

- Sachverhalte auf den Punkt bringen, Wesentliches herausarbeiten;
- Texte aufbereiten, d. h. markieren und mit Anmerkungen versehen, ggf. auch Passagen streichen;
- wesentliche Ideen, Aussagen, Gesetze usw. erarbeiten und in konzentrierter Form darstellen, ggf. auch mit einer Überschrift (Titel, Kategorie) versehen;
- Zusammenfassen: Stichpunkte notieren, Zusammenfassungen erstellen;
- Stoff «sieben»: Inhalte anhand von Kriterien priorisieren, z. B. mit den «Sieben der Reduktion»;
- Stichworte für einen kurzen Vortrag notieren, ggf. anschließend auch halten.

Erklären

- Paraphrasieren, d. h. den Stoff sinngemäß in eigenen Worten wiedergeben;
- einzelne Inhalte (einer anderen Person) erklären, erläutern und diskutieren.

Visualisieren

- Sachverhalte veranschaulichen, d. h. Grafiken und Bilder anfertigen;
- Wissen ordnen und darstellen, z. B. als Strukturkarte (kategorial, hierarchisch, prozessual), Schema, Netzplan, Mindmap oder Modell;
- Vergleiche, Analogien und Metaphern finden.

Einschätzen

- Sachverhalte anhand von Kriterien bewerten;
- Vor- und Nachteile erläutern, dabei gewichten und bewerten;
- Besprechung (z. B. von Büchern) anfertigen;
- einen eigenen Standpunkt finden und formulieren.

Präzisieren

- Genau sein, z. B. Definitionen liefern, Sachverhalte detailgenau beschreiben;
- Unterlagen, z. B. Handouts, ergänzen.

Fachlich denken (= reflektieren)

- Größere Zusammenhänge erfassen und vielfältige Bezüge herstellen;
- Informationen kritisch hinterfragen, z. B. Gegenargumente aufstellen;
- Hypothesen bilden und überprüfen;
- nach missbräuchlichen Anwendungen und Fehlinterpretationen Ausschau halten und diese reflektieren.

«Übersetzen»

- Überlegen, welche Inhalte auch für andere Zielgruppen (z. B. Techniker, Juristen, Sozialwissenschaftler) bedeutsam sein könnten;
- verschiedene Perspektiven einnehmen: theoretisch oder anwendungsorientiert, aus der Sicht eines bestimmten Paradigmas bzw. einer bestimmten Theorie;
- Verbindungen zur Alltagswelt herstellen.

Aufgaben bearbeiten

- Etwas üben, z. B. Aufgaben rechnen;
- Beispiele und Anwendungen durcharbeiten.

Situativ einbetten

- Praktisches Handeln anhand von realen Problemen überlegen, d. h. Fallbeispiele, Übungen und Simulationen, die auf das Handeln in der Praxis vorbereiten;
- Checklisten und Vorgehensmodelle (= Rezepte) für das konkrete Handeln entwickeln.

Persönlichen Bezug herstellen

- (Möglichen) persönlichen Nutzen aus dem Lernstoff reflektieren: Bringt mich etwas erkenntnismäßig weiter? Kann ich etwas gleich anwenden?
- überprüfen, inwieweit eigene Annahmen oder Überlegungen bestätigt oder widerlegt werden;
- sich mit anderen Personen, z. B. Mitschülern oder Studienkolleginnen, hinsichtlich des Lernstoffs auseinandersetzen.

Alle bezeichneten Lernaktivitäten sind grundsätzlich geeignet, um das Wissen «breitzutreten». Die Intensität der Verarbeitungsprozesse hängt dabei nicht nur von der Art der Lernhandlung ab, sondern auch vom jeweiligen Inhalt. In vielen Fällen agieren die Lernenden quasi als Übersetzer bzw. Dolmetscher, d. h., sie **transformieren einen Lerngegenstand von einer Form in eine andere.** Im Folgenden wird das Elaborieren an zwei Fällen demonstriert:

- **Coaching:** Dies ist ein handlungsorientierter Ansatz, bei dem vor allem die dahinterstehende Haltung bedeutsam ist. Von daher setzen die Elaborationen (→ Abb. 47) Schwerpunkte bei den Mechanismen der Wahrnehmung (z. B. Bewusstseinsrad), zugehörigen Konzepten (z. B. Landkarten-Modell) und praktischen Techniken (z. B. Handlungsmuster-Unterbrechung).
- **Thermodynamik:** Dieses Fach gibt es in vielen ingenieurwissenschaftlichen Studiengängen. Es gilt als nicht ganz einfach, und so sind vielfache Elaborationen nicht nur für das Memorieren, sondern auch für das Verstehen hilfreich. Im Beispiel (→ Abb. 48) finden sich neben Verständnisfragen (z. B. Wirkungsgrad) praktische Anwendungen (z. B. Wärmepumpe) und fachliche Vertiefungen (z. B. reversible Prozesse).

Erläutern: Bewusstseinsrad nach Miller/Paula	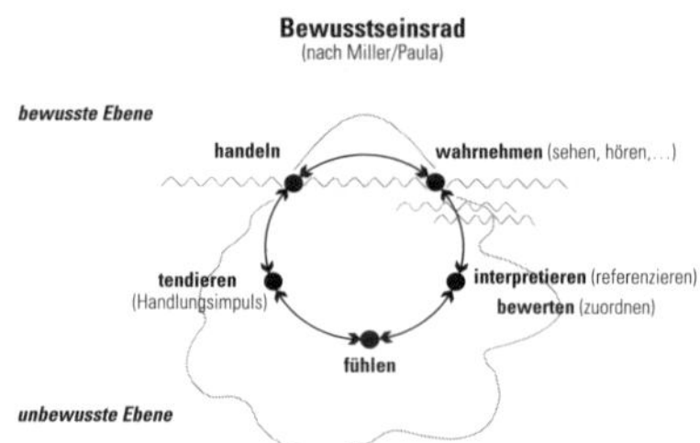
Präzisieren: Systemisches Coaching als Führungsinstitut	Potenziale der Mitarbeiter/innen, sich auf ihrer jeweiligen Entwicklungsstufe zu entfalten usw.
Persönlichen Bezug herstellen: Landkarten-Modell (Korzybski)	«Die Landkarte ist nicht die Landschaft, aber wenn die Landkarte brauchbar ist, ist sie der Struktur der Landschaft ähnlich.»
Reduzieren/Konzentrieren: Hilfreiche Coaching-Tools	Systemisches Fragen, Problemerfassung, Lösungsfokussierung, Handlungsmusterunterbrechung usw.
Fachlich denken (= reflektieren): Vier Seiten einer Nachricht (Schulz von Thun): Grenzen	Vergleich Transaktionsanalyse usw.

Abbildung 47: Elaborieren 1 – Coaching (Psychologie)

Erklären: Funktionsweise von Wärme-Kraftmaschinen (WKM) und Kraft-Wärme-maschinen (KWM) erläutern	WKM: Wärme in mechanische Energie umwandeln KWM: Mechanische Energie in Wärme umwandeln
Visualisieren: Wärmepumpe für technische Laien anschaulich machen	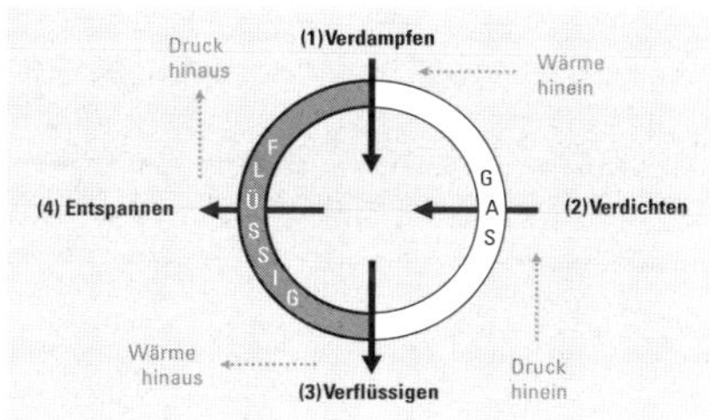
Situativ einbetten: Praktische Anwendungen angeben	WKM: Dampfmaschine, Verbrennungsmotor KWM: Kühlschrank, Wärmepumpe
«Übersetzen»: 2. Hauptsatz der Thermodynamik anschaulich machen	Wärme fließt von selbst (ohne äußeres Zutun) nur vom wärmeren zum kälteren Reservoir
Verstehen: Grundfragen beantworten	Was ist der Wirkungsgrad? Gibt es hierfür eine Obergrenze?
Fachlich denken: Vertiefungsfragen beantworten	Warum werden in Maschinen reversible Prozesse nicht ausgenutzt, obwohl diese den höchsten Energiegewinn versprechen?

Abbildung 48: Elaborieren 2 – Wärme-Kraftmaschinen, Entropie (Physik)[256]

5 Inhalte verstehen

Inhalt

Zusammenfassung

Voraussetzungen und Merkmale des Verstehens werden bezeichnet. Schwerpunkte liegen dabei bei der Subjekt- und Kontextabhängigkeit des Verstehens, den Maßstäben des Verstehens, möglichen Verstehensprodukten und dem aus dem Verstehen entstandenen Transformationspotenzial (5.1). Verstehen führt zu der Ausbildung von Deutungsmustern, die sich danach unterscheiden lassen, ob sie eher alltagsweltlich oder fachwissenschaftlich ausgerichtet sind (5.2). Auswendiglernen und Verstehen bilden keine Gegensätze, sondern bezeichnen unterschiedliche Funktionen im Lernprozess (5.3). Verstehen lässt sich in zweierlei Weise anregen und fördern: zum einen über eine verstehensförderliche Darstellung (5.4) und zum anderen über das Aufzeigen von Zusammenhängen bei Verstehenselementen, Repräsentationen und übergeordneten Konzepten (5.5).

5.1 Verstehen – Voraussetzungen und Merkmale

Der Begriff «Verstehen» findet sich in **vielfältigen Anwendungsbereichen,** und so kennzeichnen ihn je nach Gegebenheit akustische, kommunikative oder hermeneutische Aspekte. Möglicherweise tragen diese unterschiedlichen Perspektiven auch dazu bei, dass wiederholt darauf verwiesen wird, wie schwierig es sei, die Bedeutung von «Verstehen» herauszuarbeiten: «To understand understanding is a task to be attempted and not to be achieved today, or even tomorrow.»[257] heißt es bei Ziff, und Roth ergänzt, dass immer wieder darüber diskutiert werde, «was Verstehen eigentlich bedeutet. Hierüber gibt es bis heute keine Übereinstimmung unter den Fachleuten.»[258]

Zitat 25: Thomas Bartelborth (2007) – Erklären und Verstehen

«Es gibt ein enges Verhältnis von Erklären und Verstehen. Typischerweise erklären wir jemandem etwas, damit er es dann (besser) versteht.»[259]

In einem didaktischen Zusammenhang bezeichnet «Verstehen» das **Begreifen und Erfassen einer Sache bzw. eines Sachverhalts.** Dieser Deutungsvorgang respektive sein Ergebnis spiegelt sich dann darin wider, dass die Lernenden etwas wissen bzw. können. Hier zeigt sich der enge Zusammenhang von Verstehen und Erklären, die in einer wechselseitigen Beziehung stehen und somit Korrelativbegriffe sind (→ Zitat 25). Einerseits hat sich das Verstehen aus einem Erklären entwickelt, wobei die unterrichtliche Fremderklärung genauso gemeint ist wie die gelungene Selbsterklärung. Das Ergebnis des Verstehensprozesses resultiert dann aus der gelungenen Rezeption einzelner Verstehenselemente. Andererseits versetzt Verstehen die Lernenden auch in die Lage, selber Erklärungen geben zu können, die dann im besten Fall ein erweitertes eigenes Verstehen bzw. ein Verstehen anderer Personen unterstützen. Dies gelingt genau dann, wenn diejenige Person, die eine Sache erklärt, dies auf eine verständliche Weise macht. Darüber hinaus kann Verstehen selbstverständlich – genauso wie Lernen – auch ohne Lehre geschehen. Unabhängig von den bezeichneten Schwierigkeiten, den Begriff des Verstehens präzise zu fassen, lassen sich einige Merkmale des Verstehens bezeichnen:

- **Integration in das vorhandene Wissen:** Verstehen bedeutet, dass sich die Wahrnehmung eines Sachverhalts auf eine Weise vollzieht, bei der sich das Neue stimmig in das vorhandene Wissen einfügt. Dieser aktive Konstruktionsprozess schafft Verknüpfungen zwischen Bekanntem und Neuem und erweitert damit die individuellen Deutungsmuster der betreffenden Person. Gelingt ein Verstehen, dann lassen sich Sachverhalte «aus eigener Kraft» nachvollziehen und rekonstruieren. Zudem bewähren sich derlei Deutungsmuster auch im Umgang mit den Deutungsversuchen anderer Menschen, d. h., sie entwickeln sich zumindest in Richtung intersubjektiv nachvollziehbarer, also auch belastbarer Interpretationen.
- **Maßstäbe des Verstehens:** «Das Verb ‹verstehen› hat eine Erfolgsgrammatik; d. h.: ohne besonderen Zusatz heißt ‹verstehen› stets so viel wie ‹richtig verstehen›.»[260] Demzufolge würde es ohne die Bezogenheit auf einen Maßstab des Verstehens – dies sind in der Regel «Richtigkeit» oder «Wahrheit» – wenig sinnvoll sein, von Einsicht zu sprechen. Um die Richtigkeit und Angemessenheit eines Verstehensprozesses einschätzen zu können, ist

es angebracht, «von Erkennen und Irren, von Verstehen und Unverständnis, von Begreifen und Begriffslosigkeit» zu reden.[261] Dabei ist zu bedenken, dass Aussagen auch unabhängig von ihrer Wahrheit oder Falschheit verstanden werden können.

- **Subjekt- und Kontextabhängigkeit:** Wie Menschen die Welt sehen und verstehen, hängt davon ab, «(1) wie genetische und epigenetische Prozesse (ihre) Sinnesorgane und Sinnessysteme und die nachgeschalteten kognitiven und emotionalen Systeme gestalten, (2) in welchem Maße diese Prozesse durch vorgeburtliche und früh-nachgeburtliche Einflüsse mitgestaltet und verändert werden, (3) wie spätere Einflüsse in der weiteren Kindheit und Jugend bis weit ins Erwachsenenalter über Familie, Kameraden, Freunde, Schule usw. hierauf noch einwirken, und (4) welche eigenen und ganz persönlichen Erfahrungen»[262] gesammelt werden.
- **Transformationspotenzial:** Jede Art von Transformationsleistung ist grundsätzlich geeignet, um Verstehen zu diagnostizieren. Dies liegt daran, dass Verstehen eine «holistische Angelegenheit» ist: «Wenn jemand etwas (= X) in einem bestimmten Bereich versteht, dann versteht er auch einen ganzen Hof von Dingen um X herum.»[263] Alle Formen der Anwendung und des Transfers, insbesondere die Inhaltsreduktion mit ihren beiden Spielarten (Konzentration auf das Wesentliche und Vereinfachung)[264] bieten ein derartiges Transformationspotenzial.
- **Verstehensprodukte:** Verstehen hat eine Prozess- und eine Produktkomponente. Während der Vorgang bzw. Prozess auf die kognitive (und emotionale) Auseinandersetzung mit bestimmten Verstehenselementen – und damit letztlich auf deren subjektiv, aber nicht beliebig geprägte Aneignung – gerichtet ist, werden Deutungsmuster unterschiedlicher Art (Beispiel → Infotafel 28) hervorgebracht. Dabei kann es sich um Konzepte, Vorgehensmodelle (= Rezepte), Ein- und Zuordnungen oder Strukturen handeln. Sie weisen grundsätzlich das beschriebene Transformationspotenzial (s. o.) auf.

Infotafel 28: Ergebnisse von Verstehen (Beispiel: Mathematik)

Nach WITTMANN lassen sich in der Mathematik folgende Komponenten von Verstehensprodukten unterscheiden:

- «Eine konzeptuelle Komponente, die sich auf das Erklären, Erläutern oder Definieren mathematischer Begriffe bezieht,
- eine prozedurale Komponente, die sich auf die Beschreibung oder das Ausführen mathematischer Verfahren oder Algorithmen bezieht,
- eine relationale Komponente, die Beziehungen zwischen mathematischen Begriffen betrifft,
- eine argumentative Komponente, die das Ableiten, Begründen und Beweisen mathematischer Aussagen oder das Schlussfolgern (induktiv oder deduktiv) und das logische Ordnen (lokal oder global) betrifft,
- eine elaborative Komponente, die das Lösen mathematischer Probleme und damit zusammenhängende Aktivitäten wie Mathematisieren, Entwickeln von Lösungsplänen oder Umstrukturieren betrifft,
- eine reflexive Komponente, die nicht mathematische Sachverhalte selbst darstellt, sondern sich aus einer Meta-Ebene auf diese bezieht und damit insbesondere auch die affektiven Anteile des Verstehens umfasst; es kann sich beispielsweise um persönliche Einschätzungen, Beurteilungen oder Evaluierungen und Einstellungen handeln.»[265]

Zwei Merkmale des Verstehens – **«Subjekt- und Kontextabhängigkeit»** und **«Maßstäbe des Verstehens»** – stehen in einem spannungsreichen Verhältnis. Einerseits läuft ein Verstehensprozess individuell ab, sodass jeder Mensch in seiner ganz eigenen Weise versteht. Andererseits ist es aber – wie ROTH feststellt – «ein großer Irrtum zu glauben, das ‹denkende Subjekt› konstruiere seine Weltsicht, denn es konstruiert ‹denkend› nur sehr wenig von dieser Welt. Vielmehr handelt es sich um unbewusste oder vorbewusste Prozesse, deren Produkt und nicht Konstrukteur das denkende Subjekt ist.» Demzufolge ist es also so, dass das Gehirn sich die Welt gemäß seiner Spielbedingungen konstruiert und dass dabei der «bewusste Wille (ob frei oder nicht) keine Rolle spielt.»[266] Darüber hinaus beziehen sich die subjektiv gefärbten Verstehenskonstrukte auf eine reale Welt (→ Infotafel 29), und so wird verständlich, wie von «Maßstäben des Verstehens» und der Richtigkeit bzw. Angemessenheit von Verstehensprozessen die Rede sein kann.

Infotafel 29: Erkenntnisvorgang und Erkanntes

Marcus Gabriel thematisiert den in aktuellen pädagogischen Konzepten vielfach gegenwärtigen Konstruktionsgedanken und unterscheidet diesbezüglich in Bezug auf Erkenntnisvorgang und Erkanntes: Man kann «allenfalls sagen, dass der Erkenntnisvorgang eine Konstruktion ist: Weder meine Zugnachbarin noch ich wären imstande zu erkennen, dass Passagiere in den Zug einsteigen, wenn wir kein Gehirn oder keine Sinnesorgane hätten. Aber selbst wenn man behauptet, dass der Erkenntnisvorgang eine Konstruktion ist (...), beweist dies nicht, dass es keine Tatsachen gibt. Die Bedingungen des Erkenntnisvorgangs sind nämlich in den allermeisten Fällen von den Bedingungen des Erkannten unterschieden. Dass ich aus dem Fenster blicke und die Augen nicht fest verschließe, ist die Bedingung dafür, dass ich sehe, wie die Passagiere in den Zug einsteigen. Dass der Zug angehalten hat und die Türen geöffnet sind, ist hingegen eine Bedingung dafür, dass die Passagiere in den Zug einsteigen.»[267]

In der kommunikativ geprägten Lehrpraxis offenbart sich ein weiteres Merkmal von Verstehen. Zunächst einmal ist es evident, dass die gelernten individuellen Konzepte in der Regel von den vorgegebenen und erklärten Begriffen, Verfahren usw. abweichen. Auch in einem gut geplanten und durchgeführten Unterricht lassen sich **individuelle Differenzen in der Deutung** nicht vermeiden, weder durch ein sorgfältiges und exaktes Erklären seitens der Lehrperson noch durch intensives Üben.[268]

Darüber hinaus führen die strukturellen Eigenschaften von Unterricht zu besonderen Herausforderungen in Bezug auf das wechselseitige Verstehen (→ Zitat 26). Nicht jeder Lernende kann sein eigenes Verstehen explizieren, und die Lehrperson kann dies – auch aufgrund des Zeitbudgets – nur begrenzt individuell berücksichtigen. Gleichsam sind auch die Handlungen der Lehrperson und die dahinterliegenden Intentionen der Interpretation durch die Lernenden ausgesetzt. Die wechselseitige Interpretation von Handlungen verläuft **doppelt kontingent,** d. h., dass einzelne Interpretationen und daran anschließende Handlungen weder notwendig noch unmöglich sind, und dieser Umstand wird durch den speziellen Lehr-/Lernkontext noch unterstützt.[269]

Zitat 26: Gerhard Roth (2015) – Grenzen des Verstehens

«Unser Mathematiklehrer rief einmal wütend aus: ‹Nichts habt ihr kapiert, nichts!› Wir haben damals allerdings nicht genau verstanden, was er damit meinte.»[270]

Verstehen kann sich **in unterschiedlicher Form** einstellen, manchmal als allmählicher, eher kontinuierlicher Prozess, der sich über einen größeren Zeitraum erstreckt, manchmal innerhalb von Sekundenbruchteilen («getting it in a flash»), als plötzliche Einsicht oder Aha-Erlebnis. Ob es sich bei einer bestimmten Lernleistung – einem Gedankengang oder einer Vorstellung – um Verstehen handelt, hängt auch von den Maßstäben ab, die vorausgesetzt werden. Diese Maßstäbe beziehen sich auf das jeweils verfügbare Wissen und Können, einschließlich der Art und Weise des Verfügbar-Machens, d. h. des Abrufs. Ebenfalls von Bedeutung sind die als wesentlich für Verstehen ausgewiesenen Merkmale des zu verstehenden Sachverhalts und der jeweilige Anwendungskontext.

5.2 Alltagsweltliche und fachwissenschaftliche Deutungsmuster

Die Herausforderung des Verstehens besteht darin, dass sich die Wahrnehmung eines Phänomens oder eines Sachverhalts auf eine Weise vollziehen muss, bei der sich **das Neue stimmig in das vorhandene Wissen einfügt.** Kahlert verdeutlicht dies an einem Beispiel aus dem Sachunterricht: «Fragt man Studierende, die immerhin einige Jahre naturwissenschaftlichen Unterricht hinter sich haben, warum manche Gegenstände schwimmen, andere sinken, ist die erste Antwort häufig, das läge am Gewicht. – Weist man dann auf den kleinen Kieselstein hin, der untergeht, und dann auf den Ozeanriesen, der doch schwimmt, kommt erst Ratlosigkeit auf und dann die Luft ins Spiel. Sie ist wohl irgendwie im Schiff ‹drin›. Aber auch ein Kahn, ohne geschlossenen Raum, schwimmt. Liegt es wohl doch auch an der Form? – Mitunter gelingt es, die Erinnerungen an das archimedische Prinzip wachzurufen und die Eigenschaft eines Körpers, zu schwimmen, in Verbindung mit dem Gewicht des von ihm verdrängten Wassers zu bringen. Gehört haben sie nahezu alle einmal etwas über diesen Zusammenhang. Doch haben sie ihn auch verstanden?»[271]

Sieht man einmal von der Notwendigkeit von **Maßstäben des Verstehens ab,** um die Richtigkeit bzw. Angemessenheit eines Urteils anhand geeigneter Transformationsleistungen diagnostizieren zu können, bleibt doch festzuhalten, dass sich Verstehen nur im Rahmen der Voraussetzungen und Möglichkeiten des jeweiligen Lehr-/Lern-Prozesses vollziehen kann. Zu den für «Verstehen» bedeutsamen Voraussetzungen zählen auch **alltagstheoretische Vorstellungen**

bzw. Erklärungsmuster von bestimmten Sachverhalten, die als Vorwissen verfügbar sind und – in kognitionswissenschaftlicher Diktion – als **Präkonzepte** bezeichnet werden. Diese alltagstheoretischen Erklärungsmuster haben Schüler und Schülerinnen, Studierende und Lernende in der Erwachsenenbildung zu bestimmten Phänomenen entwickelt und verfügbar. Im Rahmen von Lehrveranstaltungen werden sie fachlich überprüft und – sofern erforderlich – in Richtung eines angemessenen Konzepts weiterentwickelt. Präkonzepte werden immer dann erschaffen, wenn Menschen – unabhängig vom Alter – auf Erscheinungen treffen, für die sie eine Erklärung benötigen, ohne dass ein fachwissenschaftlich korrektes Konzept vorhanden ist. Sie haben einen hypothetischen Charakter, der von den Lernenden nicht immer erfasst und manchmal auch als vermeintlich richtige Erklärung angesehen wird.

Ein typisches **Beispiel für eine alltagsweltliche Schülervorstellung,** die sich auch als Lernhindernis erweisen kann, ist die «naive Realitätslegung der Teilchen durch die Lernenden. Das heißt, in den Schülervorstellungen sind die kleinsten Teilchen, zum Teil mit Atomen gleichgesetzt, auf derselben Realitätsebene wie Autos und Bücher angesiedelt. Ist das Teilchen erst einmal ‹naive› Realität, dann fällt es den Schülerinnen und Schülern schwer, den hypothetischen Charakter der Teilchenmodelle zu erkennen. (…) Aus Sicht der Schülerinnen und Schüler haben die kleinsten Teilchen dieselbe Farbe oder die Temperatur des Körpers, den sie bilden.»[272] Ein ähnlich gelagertes Beispiel betrifft die visuelle Wahrnehmung: Kinder tendieren dazu, diesen Vorgang über vom Auge ausgehende «Sehstrahlen», die vom Objekt reflektiert werden, zu erklären, während das Licht in Wirklichkeit von einem Leuchtgegenstand, z. B. der Sonne, ausgeht. Für den naturwissenschaftlichen Unterricht lässt sich festhalten, dass die Schülervorstellungen zu einem **naiven Realismus** tendieren.[273]

Selbst im hochschulischen Bereich existieren derlei alltagstheoretisch fundierte Vermutungen, die sich nicht mit dem fachwissenschaftlichen Konzept decken: Universitätsabsolventen und -absolventinnen wurden gebeten, eine Erklärung für die Existenz der Jahreszeiten beizubringen. Das häufig angeführte Erklärungsmuster, nach dem sich die Erde auf einer elliptischen Bahn um die Sonne bewegt, ist falsch. Die Ursache liegt im 23 Grad-Winkel der Erdachse, um die die Erde rotiert. Dies führt auf der Erdumlaufbahn dazu, dass die Nord- bzw. Südhalbkugel der Sonne stärker zugewandt ist[274] (→ Abb. 49). Die befragten Personen hatten keineswegs alle Kunstgeschichte oder Englisch studiert, es gab auch einige Physik- und Ingenieurstudenten unter ihnen.[275]

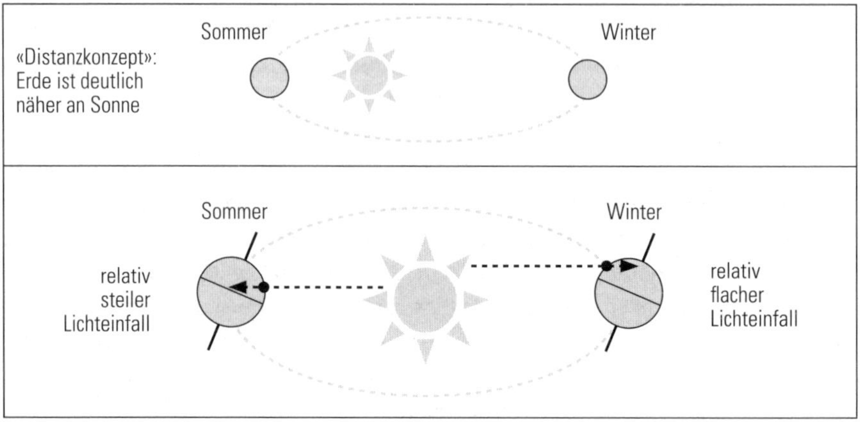

Abbildung 49: Präkonzept und wissenschaftliche Lösung – Entstehung der Jahreszeiten (Physik)[276]

Alltagsweltliche Erklärungsmuster sind für Lernprozesse gleichermaßen von Vorteil und von Nachteil. Einerseits hat Alltagswissen eine entlastende und orientierende Funktion, die sich unterstützend auf Lernprozesse auswirken kann. Andererseits erweisen sich Präkonzepte als relativ stabil und können der Entwicklung von neuen, fachlich stärker angemessenen Vorstellungen im Wege stehen. Soll das Verstehen befördert werden, so scheint es sinnvoll, dass vor allem die Schülerinnen und Schüler den **Umgang mit Modellen lernen.** Wie Mikelskis-Seifert für den naturwissenschaftlichen Unterricht ausführt, begegnen die Kinder in ihrer Schullaufbahn einer «Vielfalt von Modellen, die sich zum Teil sogar widersprechen». Um diese Modellvielfalt sinnvoll nutzen zu können, bedarf es «eines angemessenen Verständnisses für die Prozesse beim Modellieren.»[277]

Fraglich ist es, ob es für die Lehrenden möglich ist, nach der schon von Schleiermacher empfohlenen «negativen Hauptregel» der Pädagogik zu verfahren: «Nichts machen, ja auch nichts dulden, was man wieder zerstören müsste.»[278] Ein **angemessener Umgang mit teilweise alltagsweltlichen Modellvorstellungen** berücksichtigt auch deren Zweckmäßigkeit, wie dies Haupt für den Chemieunterricht in Deutschland ausführt: «Man muss sich aber auch fragen, ob besonders bei Schülern, für die mit dem 10. Schuljahr der Chemieunterricht für immer endet, ein Schaden entstanden ist, wenn das Verständnis des Elementaren an bunte Modellvorstellungen geknüpft ist. Hier gilt es, Nutzen und Schaden abzuwägen. Bei der kurzen Zeit, die dem Chemieunterricht zur Verfügung steht, lassen sich ohne anschauliche Modelle Begriffe wie Element, Mischung, Verbindung, Lösung, Kristallgitter, Aggregatzustände, Atome, Ionen, chemische Formel usw. meines Erachtens überhaupt nicht einführen, wenn man nicht bei bloßen Bezeichnungen der Phänomene stehen bleiben will.»[279]

Beim Entwickeln von Modellen findet häufig ein **Idealisieren** statt, d. h., störende Abweichungen werden vernachlässigt (→ Abb. 50). Die Analogie zwischen dem Objekt und dem Modell liefert den Lernenden Erkenntnisse über das Objekt. Dabei ist es in der Regel so, dass einerseits das Objekt auch Eigenschaften aufweist, die das Modell nicht hat, und andererseits das Modell auch Eigenschaften aufweist, die wiederum das Objekt nicht hat. Beispielsweise ist in der Physik der «Massepunkt» ein Modell für einen realen Körper, bei dem man sich die gesamte Masse des Körpers in einem Punkt vereinigt denken muss. In der Technik werden Annahmen über Werkstoffe gemacht (Beispiele: perfekte Elastizität, Reibungsfreiheit), die von bestimmten Eigenschaften absehen. In der Mathematik können jene Terme einer Formel, die wenig Anteil zum Ergebnis beisteuern, vernachlässigt werden (Beispiel: mathematisches Pendel). In der Chemie akzentuieren Atommodelle bestimmte Vorstellungen von den Grundbausteinen der Materie (→ Abb. 51).

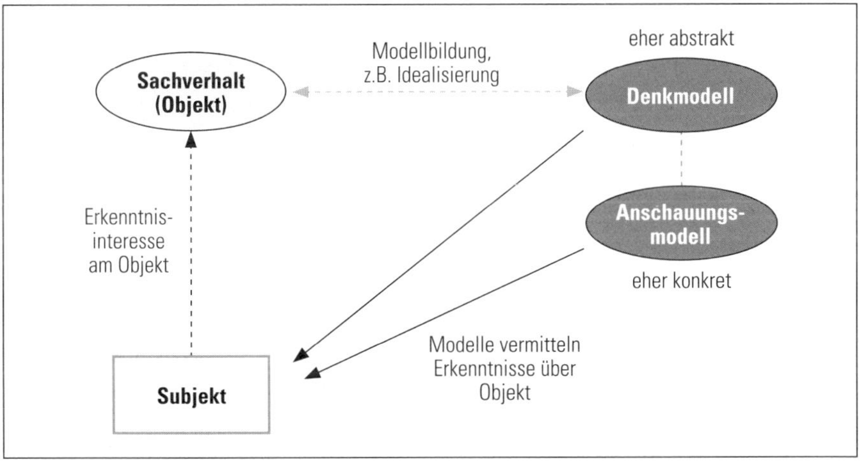

Abbildung 50: Modellbildung[280]

Art des Modells	Bezeichnung	Fachdidaktische Bemerkungen
Atommodell	Dalton-Modell Rutherford-Modell Bohr-Modell	Kugel- und/oder Massenmodell Kern-Hülle-Modell «Elektronenbahnen» (Energieniveaus), keine Verständnisbasis für Atombindungen; dennoch einsetzbar für: Ionenbindungen, Periodensystem
	Sekundarstufe I: Schalenmodell Kimball-Modell («Kugelwolken-Modell»)	Schale: Gesamtheit aller Elektronenzustände mit gleicher Hauptquantenzahl elementarisiertes AO-Modell; beschreibt Atomhülle (Valenzelektronen) bis Element Ca
	Sekundarstufe II: wellenmechanisches Atommodell (Ein-Elektronen-AO-Modell)	«Orbitalmodelle» • Elektronenkonfiguration • umfassendes Verständnis der Atombindung

Abbildung 51: Atommodelle (Chemie)[281]

Das typische Verstehensprodukt ist ein Deutungsmuster (auch: mentales Modell, concept image bzw. concept definition), das – in kontinuierlicher Abstufung – entweder stärker alltagsweltlich oder stärker fachwissenschaftlich ausgerichtet ist. Dieses Deutungsmuster schließt an die bereits vorhandenen Deutungsmuster inhaltlich nahestehender Konzepte an. Gleichsam ist es aber auch die jeweils angebotene Erklärung, die zum Entstehen bzw. Verfestigen eines vorhandenen bzw. neuen Deutungsmusters beiträgt. Über die Analyse von Erklärsituationen lässt sich demzufolge aufschlüsseln, auf welche Weise bestimmte individuelle Konzepte entstehen.[282] **Erklärmuster und Konzeptbildung** sind eng aufeinander bezogen.

5.3 Verstehen versus Auswendiglernen

In vielen Fächern nimmt das Ziel, «Verstehen» zu fördern, einen zentralen Stellenwert ein. Häufig wird sogar – in Anlehnung an Wagenschein – ein **«Vorrang des Verstehens vor aller Wissensanhäufung»**[283] postuliert. Verstehen ist der Gegenentwurf zu angelerntem, auf bloße Reproduktion ausgerichtetem und nicht aktiv nachvollzogenem Wissen; solches Wissen bleibt für den Lernenden fremd, es entäußert sich – wieder Wagenschein – als «leeres Gerede»[284]. Zudem bleibt dieses Wissen «träge», weil es außerhalb eines engen Kontextes nicht verfügbar ist. Der «Vorrang des Verstehens vor aller Wissensanhäufung» darf allerdings nicht in dem Sinne missverstanden werden, dass Wissen mehr oder weniger überflüssig sei. Für den Verstehensprozess ist sehr wohl ad hoc verfügbares, sozusagen **automatisiertes Wissen** erforderlich; anderenfalls würde die gesamte Aufmerksamkeit für elementare Prozesse – die Worterkennung beim Lesen, das Beherrschen des Einmaleins – absorbiert, sodass für das Herstellen von Sinnzusammenhängen wenig Aufmerksamkeit übrig bliebe.

Häufig wird – jedenfalls aus der Perspektive der Lernenden – von einem eher mechanischen Auswendiglernen im vermeintlichen Gegensatz zu verstehensorientiertem Lernen gesprochen. Sofern **Auswendiglernen** auf die bloße Reproduktion von Fakten beschränkt ist, wird es aus einer Perspektive betrachtet, die in bestimmten Situationen – beispielsweise großer Zeitknappheit – durchaus ihre Berechtigung haben kann. Darüber hinaus kommt dem Auswendiglernen aber eine weitere Bedeutung zu, wenn man bedenkt, dass Wissen im Allgemeinen, insbesondere auch Strukturwissen, unsere Wahrnehmung beeinflusst. «Your knowledge determines your perception» heißt es dazu bei Steven Pinker – oder eben umgangssprachlich: «Man sieht nur, was man weiß.» Wer nicht weiß, was eine Kathedrale ist, sieht eben nur ein großes Gebäude.

Der Philosoph Karl Popper spricht von einem «Scheinwerfermodell des menschlichen Geistes» und meint damit, dass Menschen nur jene Aspekte der Welt zu Gesicht bekommen, auf die sie ihre «Scheinwerfer», d. h. ihre Begriffe, Modelle und Vorstellungen, richten. Was nicht angeleuchtet wird, verbleibt im Dunkeln.[285] Wer ein bestimmtes Wissen – dazu gehören faktische Details genauso wie Definitionen oder Modelle – verfügbar hat, der kann weitergehende Informationen ableiten bzw. rekonstruieren. Typische Beispiele sind:

- **Chemie:** Falls man weiß, dass sich die Stoffgruppe der Alkohole durch eine oder mehrere sogenannte Hydroxygruppen (–O–H) auszeichnet, kann man einwertige (z. B. Ethanol) und mehrwertige (z. B. Propan-1,2-diol) Alkohole anhand ihrer Strukturformel identifizieren.
- **Französisch:** Wer die wenigen weiblichen Substantivformen mit der Endung «age» kennt – z. B. la cage, à la nage, la page, la plage, la rage, sans ambages –, der weiß mit großer Sicherheit, dass jedes andere Wort auf «age» männlich ist, z. B. le garage.
- **Stochastik:** Wer die Gaußsche Normalverteilung mit ihren wichtigsten Parametern (Mittelwert, Standardabweichung) kennt, der weiß, dass sich etwa 68 Prozent aller Messwerte eine Standardabweichung und etwa 95 Prozent aller Messwerte zwei Standardabweichungen oberhalb oder unter-

halb des Mittelwertes befinden. Das Wissen über diese Wahrscheinlichkeitsverteilung erlaubt die Interpretation von Messergebnissen.

- **Architektur:** Nur wenn man von Architekturgeschichte etwas versteht, «sieht» man bei einem Stadtrundgang in einer historischen Altstadt die verschiedenen Bauetappen und «sortiert» die Häuser in verschiedene Baustile.
- **Medizin:** Nur wenn man weiß, was die typischen Symptome der Hand-Fuß-Mund-Krankheit sind – u. a. sind dies hohes Fieber, eine bestimmte Art von Bläschenbildung an Händen und Füßen sowie Ausschlag im Mundbereich –, kann man diese Krankheit auch diagnostizieren.

Auf einen interessanten Aspekt des sogenannten Auswendiglernens, das oft mit mechanischer Reproduktion gleichgesetzt wird, hat der Literaturwissenschaftler und Philosoph George STEINER hingewiesen: «Das deutsche Wort ‹auswendig› verfehlt die ganze Pointe. Man sagt auf Englisch ‹by heart›, mit dem Herzen, man sagt in Französisch ‹par coeur›, mit dem Herzen – nicht mit dem Gehirn. Was man auswendig lernt, liebt man. Es wird Teil unser selbst.»[286] Dadurch, dass man etwas auswendig lernt, erweitert man sein Wissen und damit die **Möglichkeit, bestimmte Sachverhalte wahrzunehmen** und zu erfassen, aber auch weitergehende Aspekte zu erinnern bzw. zu rekonstruieren.

Auswendiglernen und Verstehen sind also nur dann wirkliche Gegensätze, wenn Auswendiglernen auf (im negativen Sinne) oberflächenorientiertes Lernen, also oberflächliches Lernen reduziert würde (→ Infotafel 30). In diesem Falle entspräche Lernen einer Konsumhaltung, die auf die bloße Reproduktion von Fakten setzt und dabei auf eher Oberflächliches, z. B. Schlagwörter, zugreift. Sofern auswendig gelernte und damit ad hoc verfügbare Begriffe, Modelle und Konzepte den Zugriff auf weitergehende Sachverhalte, Aufgaben und Konzepte ermöglichen, verweisen sie auf einen nützlichen **Zusammenhang zwischen Auswendiglernen und Verstehen.**

Für **Verstehen** ist also sehr wohl ad hoc verfügbares, sozusagen automatisiertes oder eben auch auswendig gelerntes Wissen erforderlich; anderenfalls würde die gesamte Aufmerksamkeit auch für elementare Prozesse – die Worterkennung beim Lesen, das Beherrschen des Einmaleins – absorbiert, sodass für das Herstellen von Sinnzusammenhängen wenig Aufmerksamkeit übrig bliebe. Verstehen setzt voraus, dass sich die Wahrnehmung eines Phänomens oder eines Sachverhalts auf eine Weise vollzieht, bei der sich das Neue stimmig in das vorhandene Wissen einfügt. Dieser aktive Konstruktionsprozess schafft Verknüpfungen zwischen Bekanntem und Neuem und erweitert damit die individuellen Deutungsmuster der betreffenden Person. Gelingt Verstehen

(→ Infotafel 31), dann lassen sich Sachverhalte «aus eigener Kraft» nachvollziehen und rekonstruieren.

Infotafel 30: «Surface approach» vs. «Deep approach» (nach MARTON & SALJÖ)

Ein Lerngegenstand bzw. eine Lernaufgabe lässt sich auf unterschiedliche Weise angehen:

- «Surface approach»: Das Ziel besteht darin, den Stoff auswendig zu lernen. Merkmale: (häufig massierte) Wiederholungen, «data-reproducing».
- «Deep approach»: Das Ziel besteht im Verständnis des Lehrstoffs. Merkmale: Herstellen von Zusammenhängen, Aufzeigen von Verbindungen zwischen den verschiedenen Aspekten, «knowledge-making».

Je nach Einschätzung der Lern- bzw. Prüfungssituation wechseln Studierende zwischen «surface approach» und «deep approach». Ein solcher Wechsel kann sogar noch direkt beim Lernen geschehen: Wenn beispielsweise der Lernstoff als zu schwierig empfunden wird oder das verbleibende Zeitbudget äußerst gering ist, kann ein Wechsel vom «deep approach» zum «surface approach» erfolgen. Demzufolge beschreiben die beiden «approaches» auch nur das Lernverhalten von Personen, keinesfalls aber die Personen selbst, was auch empirisch gezeigt werden konnte.[287]

Infotafel 31: Verstehens-Check

Um das eigene Verstehen zu überprüfen, erweisen sich folgende Fragen als hilfreich:

- Erkenne ich, was wichtig ist?
- Welches sind die zentralen Verstehenselemente?
- Erkenne ich, welche zentralen Botschaften im Text oder in den anderen Unterlagen enthalten sind?
- Verstehe ich, was der Text oder die Aufgabe mir abverlangt?[288]

Im Zusammenhang mit dem Verstehen ist der Hinweis auf eine «**Verständnisillusion**» bzw. ein Missverständnis angebracht. Würde man dieses Missverständnis in eine Formel kleiden, so würde diese «Verstehen = Lernen» bzw. «verstanden = gelernt» lauten. Verena SCHNEIDER berichtet dazu: «Ich musste immer wieder feststellen, dass man Aufgaben wirklich selbst durcharbeiten muss. Es genügt nicht, nur die Schritte der Musterlösung nachzuvollziehen. Es kam nämlich häufig vor, dass ich die einzelnen Schritte verstanden hatte. Wollte ich aber die Übungsaufgabe noch einmal selbstständig lösen, blieb ich doch das eine oder andere Mal mitten in der Aufgabe stecken. Das zeigt, dass Verstehen noch lange nicht heißt, dass man etwas auch selbstständig lösen kann.»[289]

Lernende setzen ein **subjektives Lernerlebnis** («Jetzt hab' ich das gecheckt!»), das vor allem auf einem anscheinend erfolgreichen «Verstehen» oder «Nachvollziehen» beruht, häufig mit dem gesamten Lernprozess gleich. «Verstehen» ist zwar eine wichtige Voraussetzung für ein erfolgreiches «Lernen», doch geschieht der Lernprozess nur dann, wenn man sich aktiv – und am besten in vielfältiger Weise –, mit den Lerninhalten auseinandersetzt (→ Kap. 4).

Zitat 28: Andreas Gold (2015) – Verstehen und Behalten

«Unverstanden Behaltenes wird leichter wieder vergessen.»[290]

Zusammengefasst: **Verstehen und Auswendiglernen sind keine Gegensätze,** sondern erfüllen jeweils bestimmte Funktionen im Lernprozess (→ Zitat 28). Wer Aufgabenstellungen bearbeiten möchte, die sich nicht eindeutig bestimmten Lösungsmustern zuordnen lassen, wird ohne «Verstehen» in der Regel an der Komplexität der Aufgabenstellungen scheitern. Gleichsam werden Verstehensprozesse dadurch unterstützt, dass sich die Lernenden auf zentrale Verstehenselemente konzentrieren können, und dies kann wiederum dadurch gefördert werden, dass bestimmte Automatismen in der Wahrnehmung bzw. Verarbeitung von Inhalten durch auswendig verfügbares Wissen bzw. routinisiertes Können verfügbar sind.

5.4 Verstehen anregen 1: Verständlichkeit

Um unterschiedliche Möglichkeiten auszuloten, die Verstehen anregen und befördern können, ist es hilfreich, sich übliche Verstehensschwierigkeiten zu vergegenwärtigen. Hier lassen sich zwei Bereiche ausmachen: Zum einen kann der Gegenstand des Verstehens schwer verständlich, d. h. kompliziert oder auch verwickelt sein. Beispiele: Verschachtelte Sätze in einem Text von Kant (Philosophie); ein langer mathematischer Beweis, beispielsweise der Cauchysche Integralsatz der Funktionentheorie (Mathematik). Zum anderen erscheint der Gegenstand des Verstehens inkohärent oder sogar unterbestimmt, d. h., erst die

Herstellung eines kohärenten Zusammenhangs oder die Einbettung in einen Kontext bzw. die genauere Bestimmung und gegebenenfalls Vervollständigung sorgen für angemessenes Verstehen.[291] Beispiele: Ein aggressives Verhalten eines jungen Mannes wird erst vor dem Hintergrund einer bestimmten Krankheit verständlich (Medizin); das Aufkommen des Rock'n'Roll in den 1950-Jahren wird erst vor dem Hintergrund des damaligen Zeitgeistes und der vorherrschenden musikalischen Strömungen nachvollziehbar (Musik).

In der Umkehrung dieser Überlegungen sind es nun zwei Aspekte, die Verstehen anregen und unterstützen können:

- **Verständlichkeit:** Hierzu zählt eine verstehensförderliche Darstellung unter besonderer Berücksichtigung sprachlicher Gesichtspunkte. Relevante Aspekte sind etwa Klarheit und Einfachheit – keineswegs aber Trivialität –, Struktur und Prägnanz (→ Kap. 5.4).
- **Zusammenhänge:** Gemeint ist sowohl die Herstellung eines inneren Zusammenhangs als sachliche Grundlage für Verstehen als auch die Einbettung des Verstehensgegenstandes in größere bzw. übergeordnete Zusammenhänge. Derlei Zusammenhänge können durch unterschiedliche Transformationsleistungen erschlossen werden (→ Kap. 5.5).

In einer inzwischen als klassisch zu bezeichnenden empirischen Untersuchung zur Verständlichkeit von gesprochenen oder schriftlichen Informationstexten haben Langer, Schulz von Thun und Tausch (Erstveröffentlichung 1981) vier Merkmale identifiziert, die einen Text verständlich machen.[292] Diese Merkmale der sprachlichen Gestaltung tragen (auch durch die Formulierung des jeweiligen Gegensatzes) dazu bei, den Unterschied zwischen Verständlichkeit und Schwerverständlichkeit zu erhellen:

- **Einfachheit** (im Gegensatz zu Kompliziertheit): Dieses Merkmal bezieht sich zuvorderst auf die sprachliche Darstellung eines Sachverhaltes, nicht auf den Grad seiner inhaltlichen Kompliziertheit. Zur sprachlichen Darstellung gehören die Wortwahl (gebräuchliche, möglichst konkrete und anschauliche Wörter) und der Satzbau (kurze und einfache Sätze). Wörter, die für eine bestimmte Zielgruppe nur schwer verständlich sind, wie etwa Fremdwörter oder Fachausdrücke, müssen erklärt werden.
- **Gliederung/Ordnung** (im Gegensatz zu Zusammenhangslosigkeit/Unübersichtlichkeit): Dieses Merkmal bezieht sich zum einen auf die innere Ordnung eines Texts, d.h. die Sätze stehen nicht beziehungslos nebeneinander, sondern sind sinnvoll aufeinander bezogen, beispielsweise durch eine stimmige Reihenfolge. Zum anderen bezieht sich dieses Merkmal auch

auf die äußere Gliederung, die sich insbesondere im Aufbau des Textes abbildet. Zusammengehörige Teile sind gruppiert, Wesentliches wird von weniger Wesentlichem sichtbar unterschieden, und Hervorhebungen, Vor- und Zwischenbemerkungen sowie Zusammenfassungen gliedern den Text.

- **Kürze/Prägnanz** (im Gegensatz zu Weitschweifigkeit): Bei diesem Merkmal liegt das Optimum im Mittelbereich. «Extrem knappe und gedrängte Texte, die keinen Spielraum für zusätzliche Erklärungen oder Analogien lassen, erschweren das Verständnis genauso wie sehr weitschweifige Texte, bei denen man leicht den Überblick verliert.»[293]
- **Anregende Zusätze** (im Gegensatz zu keinen anregenden Zusätzen): Dieses Merkmal bezieht sich auf anregende Zusatzelemente wie beispielsweise wörtliche Rede, rhetorische Fragen, lebensweltnahe Beispiele, die direkte Ansprache der Zielgruppe, witzige Formulierungen, die Einbettung der Information in eine Geschichte. Auf diese Weise kann sich der Text von einer schmucklosen, rein sachlichen Darstellung abheben.

Infotafel 32: Verständlichkeit nach Langer, Schulz von Thun & Tausch (Beispiele)

Einfachheit

- Kompliziert: «Raub ist dasjenige Delikt, das jemand durch Entwendung eines ihm nicht gehörenden Gegenstandes unter Anwendung von Gewalt oder Drohungen gegenüber einer anderen Person begeht, sofern die Intention der rechtswidrigen Aneignung besteht.»
- Einfach: «Raub ist ein Verbrechen, bei dem jemand einem anderem etwas widerrechtlich wegnimmt, um es zu behalten. Dabei wendet er Gewalt an oder droht dem anderen.»

Gliederung/Ordnung

- Unübersichtlich: «Wenn jemand Gewalt anwendet oder einem anderen droht, während er dem anderen etwas wegnimmt, und wenn er das Weggenommene behalten will, dann ist das Raub.»
- Geordnet und strukturiert: «Raub ist ein Verbrechen, das vorliegt, wenn die folgenden Punkte erfüllt sind:
  1. Eine Person (A) nimmt einer anderen (B) gegen deren Willen etwas weg.
  2. A will das Weggenommene behalten.
  3. A wendet dabei Gewalt an oder droht B.»

Kürze/Prägnanz

- Weitschweifig: «Mit Hilfe der in der oberen Leiste links angezeigten, mit entsprechenden Piktogrammen versehenen Schaltflächen ist es dem Benutzer möglich, den standardmäßig eingestellten linksbündigen Flattersatz durch einfachen Mausklick auf andere Textausrichtungen umzuschalten. Diese anderen Textausrichtungen sind zentriert, rechtsbündig und Blocksatz.»
- Kurz und prägnant: «Mit den Schaltflächen können Sie zwischen den Textausrichtungen Flattersatz, zentriert, rechtsbündig und Blocksatz wählen.»

Anregende Zusätze

- Sachlich-neutrale Darstellung: «Cäsar nahm ganz Gallien mit Ausnahme eines kleinen Dorfes ein.»
- Anregende Zusätze: «Cäsar fiel in einer finsteren Nacht mit seinen Truppen in Gallien ein und nahm anschließend das Land im stürmischen Siegeszug ein. Bis auf ein kleines, gallisches Dorf, das dem Eroberer erbitterten Widerstand leistete.»[294]

Die vorgestellte Untersuchung fokussiert wesentlich auf gesprochene oder schriftliche Informationstexte. In Ergänzung hierzu sei darauf verwiesen, dass der Zusammenhang zwischen Erklären und Verstehen dadurch nur teilweise abgebildet bzw. berücksichtigt wird, da insbesondere die Dynamik und soziale Interaktion unterrichtlicher Prozesse unberücksichtigt bleiben. Allerdings gibt es weitere empirisch gestützte Hinweise, dass ein überdurchschnittlicher Leistungszuwachs im Unterricht mit folgenden – auch für Erklärungen bedeutsamen – Merkmalen korreliert:

- **Klarheit:** Fragen, Anregungen und Hinweise der Lehrperson sind für die Zielgruppe verständlich formuliert.
- **Hohe sprachliche und inhaltliche Prägnanz:** Die Sprache beim Lehrvortrag ist kurz, direkt und präzis; Aussagen zur Lenkung der Aufmerksamkeit werden gezielt gesetzt.
- **Aufzeigen von Zusammenhängen:** Hinweise auf Zusammenhänge unterschiedlicher Lehrstoffanteile unterstützen den Wissenserwerb.[295]

Klarheit und Strukturiertheit der Darbietungen zeichnen die Unterrichtsqualität auch bei den sogenannten «Meisterlehrern» aus, also den Lehrpersonen mit den größten Lernzuwächsen in ihren Klassen.[296]

Neben den bereits bezeichneten sprachlichen Elementen, den kurzen, syntaktisch elementaren Sätzen und der Verwendung gebräuchlicher Worte, gibt es für die Verständlichkeit relevante Aspekte, die insbesondere bei unterrichtlichen Erklärungen von Bedeutung sind. Dazu gehören ganz zentral die **Erklärung von Fachbegriffen und Fremdwörtern,** die der jeweiligen Zielgruppe nicht vertraut sind. Es ist also wenig sinnvoll, einen neuen Sachverhalt mit Begriffen zu erklären, die gleichermaßen unbekannt sind. Beispiel: «Was verbirgt sich hinter dem Begriff ‹Web Dynpros›?» – «Das ist ein generisches Konzept, mit dem man webbasierte Oberflächen plattformunabhängig erstellen und ausführen kann – mit Hilfe von grafischen Tools und deklarativen Werkzeugen.»[297]

Für die Verständlichkeit einer Erklärung ist des Weiteren die Theorie der kognitiven Belastung (= «Cognitive Load-Theorie»; → Kap. 3.8) von Bedeutung. Da die verfügbare kognitive Kapazität des Arbeitsgedächtnisses begrenzt ist, stellen vor Informationsfülle überbordende Erklärungen aufgrund ihrer häufig notwendigen Kleinteiligkeit eine große Herausforderung für die Lernenden dar. Das kann im Übrigen auch für Selbsterklärungen zutreffen. Konzentrierte instruktionale Erklärungen können auf unterschiedliche Weise dazu beitragen, **kognitive Ressourcen «freizuspielen»,** beispielsweise, indem sie inhaltliche Strukturschemata bereitstellen oder die Wahrnehmung und Erfassung von Zusammenhängen ermöglichen.[298]

Neben der Beschränkung auf die wesentlichen Verstehenselemente kann dieses Ziel auch durch die Nutzung von **Verknüpfungen** und vor allem durch **Verdichtungen** erreicht werden. Caduff führt am Beispiel des Begriffsaufbaus aus, wie verschiedene Begriffselemente zuerst miteinander verknüpft und die Verknüpfungen dann anschließend verdichtet werden, um das Arbeitsgedächtnis nicht zu überfordern. Mithilfe der verdichteten Teilelemente werden zudem Abruf- bzw. Rekonstruktionshilfen organisiert:

- «**Umschreibung:** An einer Bushaltestelle wartet eine alte Dame auf den Bus. Sie ist allein. Von hinten nähert sich ihr ein junger Mann, der unruhig immer wieder in alle Richtungen schaut. Plötzlich packt der Mann die Handtasche der Dame, reißt sie schnell an sich und eilt davon. Die alte Dame schreit auf und dreht sich um; sie sieht gerade noch, wie ein junger Mann um eine Hausecke verschwindet.
- **Verknüpfung** der verallgemeinerten Elemente: junger Mann (Person A: Täter) nimmt weg (Handlung) – alte Dame (Person B: Opfer) – Handtasche (Gegenstand)
- **Verdichtung** in einem Begriff: Entreißdiebstahl.»[299]

Im Zusammenhang mit Verständlichkeit spielt das Prinzip «Einfachheit» eine große Rolle, wobei hier insbesondere der sprachliche Aspekt fokussiert wird. Diese Annahme gilt allerdings nicht immer und überall. An den Universitäten ist – oder war zumindest – gelegentlich die Meinung vertreten, dass jede Form von Didaktisierung dem Lernen der Studierenden – verstanden als intensive Auseinandersetzung mit den jeweiligen Inhalten – im Grunde genommen nicht zuträglich sei. Diese Auffassung mag zwar in der Gänze deutlich überzogen sein, doch lässt sich empirisch durchaus bestätigen, dass **durch Erklärungen induzierte leicht vorstellbare Visualisierungen eines Sachverhalts dazu beitragen können,** dass sich bei den Lernenden **eine sachlich nicht gerechtfertigte Verstehensillusion einstellt.**[300] Es gibt also durchaus das Phänomen, dass scheinbar leichtverständliche Informationsangebote zu einer Fehleinschätzung der eigenen Verstehensleistung beitragen können.

Nicht zuletzt sei darauf verwiesen, dass bei allem Eintreten für ein Mehr an Verständlichkeit doch zuletzt die **Wahl der adäquaten Verstehenselemente** von herausragender Bedeutung für die Qualität der unterrichtlichen Instruktions- und Konstruktionsprozesse ist. Auch unzutreffende Aussagen können verständlich dargeboten sein bzw. lassen sich verstehen. Zusammenfassend lässt sich festhalten, dass die für die jeweilige Zielstellung richtigen Verstehenselemente in Kombination mit einer zielgruppenadäquaten Verständlichkeit die Aneignung der Inhalte optimal unterstützen können.

5.5 Verstehen anregen 2: Zusammenhänge

Verstehen kann befördert werden, indem die Lernenden bestimmte Zusammenhänge für sich erschließen. Dies gilt sowohl für den inneren Zusammenhang, gleichwohl die sachliche Verstehensbasis, als auch für den äußeren Zusammenhang, d. h. die Einbettung des Verstehensgegenstandes in einen größeren bzw. übergeordneten Zusammenhang. Lernende erschließen sich diese Zusammenhänge, indem sie die jeweiligen Sachverhalte «durcharbeiten» (→ Zitat 29) und dabei bestimmte Transformationsleistungen erbringen. Beispiel innerer Zusammenhang: Der Begriff «Schutzfarbe» lässt sich vom Tier, von der Umwelt und vom Raubtier her erarbeiten (Biologie). Beispiel äußerer Zusammenhang: Die Bauernkriege des 16. und 17. Jahrhunderts lassen sich aus der Perspektive der Bauern selbst, der städtischen Obrigkeiten oder der Nachbarmächte betrachten (Geschichte).[301]

Zitat 29: Hans Aebli (1983) – Durcharbeiten eines Begriffs

«Das Durcharbeiten reinigt den Begriff von den Schlacken, die ihm von der ersten Erarbeitung her anhaften. Die wesentlichen Zusammenhänge treten in Klarheit hervor. Der Begriff wird zu einer geistigen Landkarte (‹cognitive map›, Tolman 1932), in der sich der Schüler frei und selbständig zu bewegen vermag. Insbesondere hängt auch der Ausdruck des erworbenen Wissens nicht mehr an den sprachlichen Formeln, die bei der ursprünglichen Erarbeitung gewählt wurden. Die Bedeutung ist im Netz realisiert, nicht mehr in der Wortkette der ersten Erklärung.»[302]

Am Beispiel des Satzes des Pythagoras (→ Kap. 3.1) lässt sich nachvollziehen, dass inhaltliche Zusammenhänge auf unterschiedlichen Ebenen hergestellt werden können. Elementar für gute Erklärungen sind die Verknüpfungen der relevanten Verstehenselemente (→ Abb. 52). Darüber hinaus ist es auch sinnvoll, verschiedene Repräsentationen des jeweiligen Sachverhalts in ein Verhältnis zu setzen (→ Abb. 53) und damit dual zu kodieren. Nicht zuletzt ist eine Verknüpfung inhaltlich nahestehender Konzepte (→ Abb. 54) zur Darstellung eines äußeren Zusammenhangs sinnvoll und möglich.

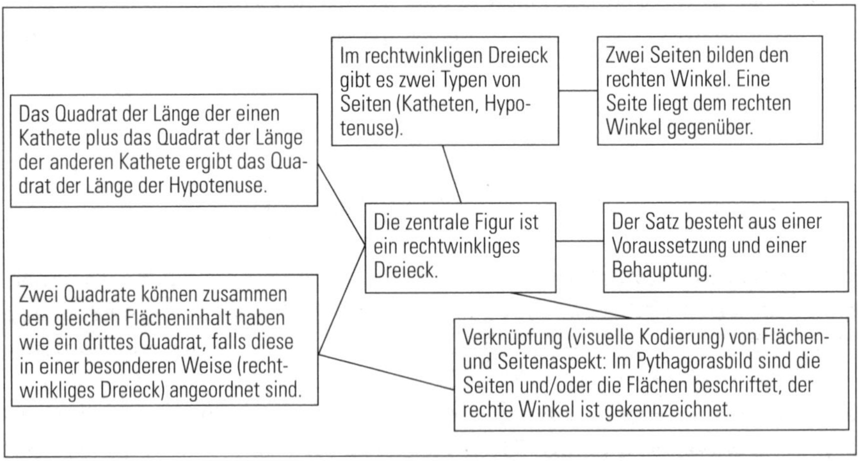

Abbildung 52: Verknüpfungen der Verstehenselemente[303]

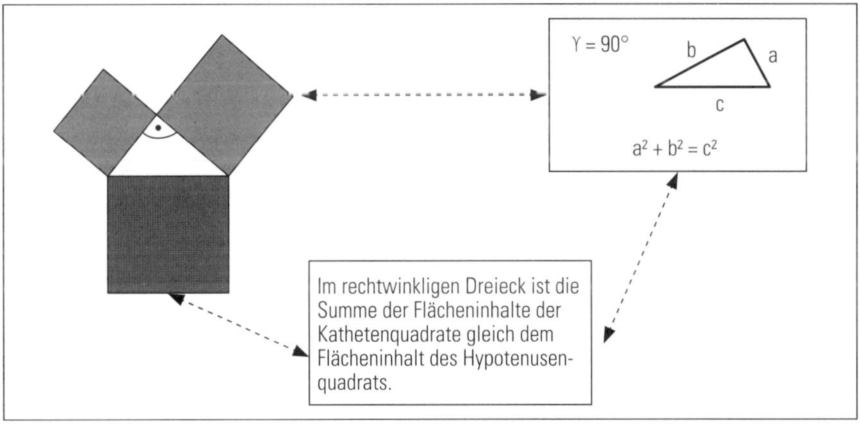

Abbildung 53: Verknüpfungen der Repräsentationen[304]

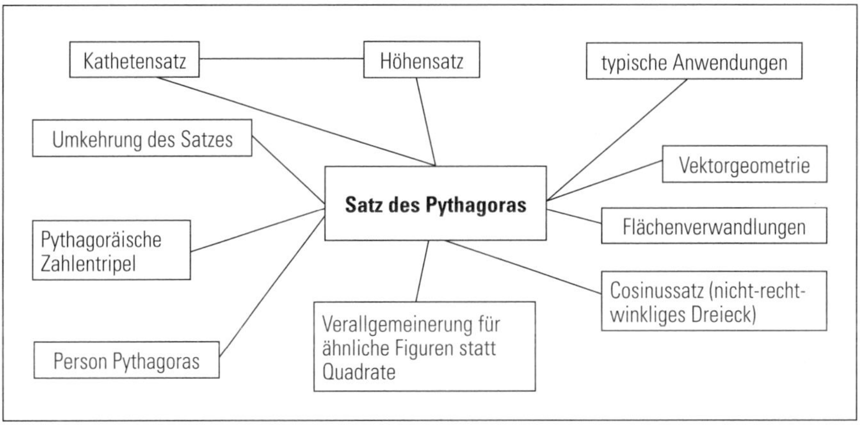

Abbildung 54: Verknüpfungen der Konzepte[305]

Erneut ist zu fragen: «Sind Bedingungen für die Möglichkeit des Verstehens (...) gegeben?»[306] In der Beantwortung der Frage schwingt mit, dass die Lernenden, um bestimmte Zusammenhänge zu erhellen, eine kognitive Verarbeitung vollziehen müssen, bei der es in der Regel zu einer **Perspektivenänderung** kommt. Diese Änderung kann nur durch einen entsprechenden kognitiven Akt, eine **Transformationsleistung,** ermöglicht werden. Umgekehrt ist dann auch jede Art von Transformationsleistung grundsätzlich geeignet, um Verstehen zu diagnostizieren. Wer Sachverhalte «auf den Punkt bringt», neue Perspektiven einnimmt und bestimmte Kontexte bedenkt, der liefert Belege für gelungene Verstehensleistungen.

Um ein erstes Verstehen – im Gegensatz zu weitergehenden Verstehensleistungen – zu befördern, bietet sich häufig ein **Lernen aus Beispielen** an. Hier zeigt die Forschung, dass die übliche Vorgehensweise – nach der Einführung eines Prinzips (z. B. Satz des Pythagoras) wird nur ein Beispiel gezeigt und anschließend bearbeiten die Lernenden Aufgaben – häufig wenig effektiv ist. Besser ist es, wenn die Lernenden zwei oder mehrere Beispiele bearbeiten, diese nach und nach erschließen, um dann «verstehensorientiert» und selbstständig Aufgaben zu bearbeiten. Würden die Aufgaben bearbeitet, ohne dass die Lernenden die entsprechenden (z. B. physikalischen, mathematischen) Grundlagen verstanden hätten, dann würden sie versuchen, die Aufgaben «irgendwie» zu lösen, beispielsweise durch das Ausprobieren eventuell relevanter Formeln, und sich mit quasi oberflächlichen Strategien zur Lösung «durchwurschteln».[307]

Man weiß, dass das Verstehen der Beispiele unterstützt werden kann, indem die Lernenden mit sogenannten **Prompts** (Leitfragen, Aufforderungen) angehalten werden, sich die Logik der Beispiellösung bewusst zu machen.[308] Derartige Aufforderungen können von der Lehrperson kommen, aber auch aus Lehr- bzw. Arbeitsbüchern, die Verständnisfragen o. Ä. bereithalten. Die sogenannten Selbsterklärungen («Self-Explanation»-Effekt), bei denen man sich die Logik von Beispielen bewusst macht, lassen sich entwickeln und trainieren.[309] Insbesondere können Lernende viel aus (Lösungs-)Beispielen lernen, wenn sie die Begründungslücken über Schlussfolgerungen füllen.

Ebenfalls recht früh im Verstehensprozess besteht die Möglichkeit, die **Verstehenszugänge zu variieren,** um dadurch den inneren Zusammenhang und die sachliche Verstehensbasis zu erschließen. Beim Satz des Pythagoras sind beispielsweise Zugänge über den Seitenaspekt, den Flächenaspekt oder den unterschiedlichen Typus der Seiten möglich (→ Kap. 3.3). Unterschiedliche Zugänge zu dem jeweiligen Inhalt zu wählen, bedeutet hier also, die Erklärung oder die Aneignung von einem jeweils anderen Verstehenselement aus anzugehen.

Geht es mehr um den äußeren Zusammenhang, d. h. die Einbettung bzw. den Kontext der Inhalte, bietet sich das sogenannte **«landscape-criss-crossing»** an. «Dabei wird dasselbe Konzept zu verschiedenen Zeiten in verschiedenen Kontexten unter veränderter Zielsetzung und aus verschiedenen Perspektiven beleuchtet. Durch dieses Vorgehen wird ein ‹Facettenreichtum› erzielt, der die Anwendung und den Transfer des Gelernten erleichtert»[310]. In Anlehnung an die sogenannte «Cognitive Flexibility»-Theorie wird Lernen hier als ein «multidirektionales und multiperspektivisches ‹Sich-Kreuzen› von Fällen und Konzepten» betrachtet, bei dem intendiert ist, vielfältige Aha-Effekte zu bewirken.

In eher fortgeschrittenen Phasen des Lernprozesses bieten sich **weitere Transformationsleistungen** an, die Verstehen gleichermaßen unterstützen und belegen. Dies sind beispielsweise:

- **Strukturen erfassen:** Inhalte in Form einer Fachlandkarte oder einer Mindmap abbilden;
- **Neue Gliederung(en) erstellen:** Inhalte (Stichworte, Argumente, Formeln) in eine neue Reihenfolge bringen;
- **Fokus-Check:** Wesentliches ermitteln, Inhalte «auf den Punkt bringen», also beispielsweise in Halbsätze oder Stichworte fassen;
- **Vereinfachen eines Sachverhalts:** Inhalte für eine Zielgruppe mit eher geringen Vorkenntnissen aufbereiten, hierbei ist Sachgerechtigkeit ein Maßstab.

Darüber hinaus besteht von Seiten der Lehrperson immer die Möglichkeit, den Verstehensprozess mit verschiedenen Impulsen am Laufen zu halten bzw. sogar weiter anzuregen. Dabei kann es sich um **Inspirationen** handeln, die möglicherweise neue Überlegungen oder Sichtweisen in den Verstehensprozess einbringen (→ Infotafel 33); ein ausgefallenes Beispiel ist hier die Kopfstandmethode (→ Infotafel 34). Im Unterschied zu den Inspirationen, die in eher neutraler Manier zur Auseinandersetzung und verstehenden Aneignung anregen sollen, setzt die **Konzept-Konfrontation** eher auf bewusste Provokation (→ Infotafel 35). In diesem Fall werden alternative Sichtweisen, Gegenpositionen und (scheinbare) Widersprüche in den Lernprozess eingeführt.

Infotafel 33: Inspiration (Beispiel: Englisch)

Peter Littger hat in seinem Buch «The Devil lies in the Detail» darauf hingewiesen, dass es in der englischen Sprache nicht nur die sogenannten «false friends» gibt, also fälschliche direkte Übersetzungen in die englische Sprache, sondern überraschenderweise auch sogenannte «true friends» (wahre Freunde), die wie eine unkorrekte Übersetzung klingen, aber sprachlich vollkommen in Ordnung sind. Beispiele dazu sind:

- Joblessness is a moment in which you see who your real friends are.
- Be nice and go home.
- Have good grounds to say this.
- That is against our position: Our standpoint is clear.
- Please stand still.
- She sings a lied and wanders from door to door.
- Now we are quits.[311]

Infotafel 34: Inspiration «Kopfstandmethode»

Mithilfe der **Kopfstandmethode,** einer Kreativitätstechnik, geht man das Problem bzw. die Fragestellung dadurch an, dass danach gefragt wird, wie sich dieses Problem verschlimmern («verschlimmbessern») lässt. Man sammelt also zunächst verschiedene Aspekte, die zur Verschlimmerung des Problems beitragen können. Dieses Vorgehen erweist sich häufig als ein guter Zugang, weil es manchmal leichter fällt, Bedingungen der Verschlechterung zu formulieren, als konkrete Hinweise zu geben, wie etwas zu verbessern sei.

Beispiel «Erklären»

- «Umgekehrte» Frage: Wie wäre es möglich, schlecht zu erklären?

Mögliche Antworten:

- Mit einem ganz speziellen Detail anfangen. «Umgekehrte» Antwort(en): an etwas Bekanntes «andocken»; zu Beginn eine Orientierungsmöglichkeit bereitstellen usw.
- In einer anderen Sprache erklären: «Umgekehrte» Antwort(en): in der Muttersprache erklären; Fachbegriffe auf Verständlichkeit prüfen usw.
- …

Infotafel 35: Konzept-Konfrontation (Beispiele: Didaktik)

In der didaktischen Landschaft sind die Konzepte der Schüler- bzw. Schülerinnenorientierung und des lebensnahen Lernens recht populär. Die beiden Zitate nehmen bewusst eine Gegenposition ein.

Konzept «Schülernaher Unterricht»

Alfred Schirlbauer: «Im Grunde ist aber Frontalunterricht ein ziemlich einfaches und harmloses Ding. Da gibt es einen, der etwas weiß, was der andere nicht weiß. Und weil es Ersterem nicht wurscht ist, dass der andere das nicht weiß, sagt er es ihm. Er zeigt, er erklärt und erzählt. Die Sache hat nur einen Haken: Man muss als Lehrer im Frontalunterricht von der Sache, um die es geht, selber etwas verstehen. Man muss erklären und erzählen können. Da aber viele das nicht können, weichen sie aus auf die schülernahen, offenen, schülerselbstbestimmten Unterrichtsformen. Nach empirischen Untersuchungen ist aber gerade der Frontalunterricht äußerst schülernah. Schüler schätzen den Frontalunterricht und erleben sich dabei als in ihrer Schülerrolle ernst genommen.»[312]

Konzept «Lebensnahes Lernen»

Konrad Paul Liessmann: «Tatsächlich befördert das Konzept des lebensnahen Lernens das kulturelle Vergessen.»[313]

In den eher fortgeschrittenen Phasen des Lernprozesses gibt es weitere **Transformationsleistungen**, die das Verstandene in einer bestimmten Form entäußern und dadurch das Verstehen wiederum unterstützen und belegen. Dies sind beispielsweise:

- **Schriftlich umschreiben:** Inhalte in eigenen Worten formulieren, d. h. umschreiben bzw. paraphrasieren;
- **Erklären bzw. vortragen:** Inhalte nach Stichworten oder Strukturen referieren;
- **Wechselseitiges Lehren und Lernen (WELL):** die Lernenden erklären sich wechselseitig den jeweiligen Verstehensgegenstand; entsprechende didaktische Methoden sind beispielsweise das Gruppenpuzzle oder das Paar-/Gruppen- bzw. Multi-Interview.

Wenn es darum geht, Verstehen in Form von Lernergebnissen festzustellen bzw. zu prüfen, dann ist darauf hinzuweisen, dass Formulierungen mit dem Verb «verstehen» als Spezialform eines **nicht direkt feststellbaren Lernergebnisses** gelten. Obgleich es natürlich wünschenswert ist, Verstehensprozesse anzustoßen und zu unterstützen, muss sich eine lernergebnisorientierte Formulierung doch auf feststellbare Lernhandlungen beziehen. Verstehen bezeichnet das Begreifen und Erfassen einer Sache, und dieser Deutungsvorgang respektive sein Ergebnis spiegeln sich dann darin wider, dass die Lernenden etwas wissen bzw. können. Entsprechende Lernhandlungen können sein: erklären, interpretieren, berechnen, anwenden, übertragen, vergleichen, beurteilen, evaluieren, entwickeln (→ Infotafel 36).

Infotafel 36: Verstehen: geeignete Lernergebnisse (Beispiel: Betriebswirtschaft)

Ein verstehensorientiertes Lernergebnis kann idealtypisch in zweierlei Weise formuliert werden:

- Lernergebnis A: Die Lernenden sind in der Lage, das Konzept «Prozessorganisation» zu verstehen.
- Lernergebnis B: Die Lernenden sind in der Lage, die Unterschiede zwischen einer Linienorganisation und einer Prozessorganisation zu erläutern, die zentralen Rollen in der Prozessorganisation beispielhaft zu beschreiben und typische Konflikte in gering-komplexen Praxissituationen zu identifizieren.

Lernergebnis A ist eine sinnvolle Absichtserklärung und Orientierung für Lernprozesse, doch ergibt sich daraus nicht, was auf welche Weise zu prüfen ist. Lernergebnis B konkretisiert die erwarteten Lernhandlungen.

Insgesamt gibt es eine **Vielzahl an Möglichkeiten, um Verstehen bei den Lernenden anzuregen** und zu fördern. Neben der Verständlichkeit, also einer verstehensförderlichen Darstellung, die insbesondere sprachliche Gesichtspunkte berücksichtigt, steht dabei vor allem das Aufzeigen von inneren und äußeren Zusammenhängen im Blickpunkt. In letzterem Fall werden Verstehenselemente in ihrem Verhältnis sowohl zueinander als auch zu über- bzw. nebengeordneten Konzepten beleuchtet. Wegen der korrelativen Beziehung zwischen Erklären und Verstehen ergeben sich damit auch Hinweise für die Gestaltung von Erklärungen, die dann im Weiteren über gelungene Aneignungshandlungen zu erfolgreichem Verstehen führen sollten.

Techniken und Instrumente

Im Folgenden sind ausgewählte Techniken und Instrumente für das Themenfeld «Erklären und Verstehen» in alphabetischer Reihenfolge zusammengestellt. Sie folgen der Logik:

- (A) Inhalte erklären (→ KAP. 3),
- (B) Inhalte aneignen (→ KAP. 4),
- (C) Inhalte verstehen (→ KAP. 5).

(A) Inhalte erklären

3Z-Formel

Zweck: Zielgruppe, Zeitbudget und Ziele (auch: Lernergebnisse) abstimmen
Idee: Inhalte lassen sich unterschiedlich stark konzentrieren. Mit der 3Z-Formel wird der Rahmen für alle weiteren inhaltlichen und methodischen Entscheidungen abgesteckt.
Vorgehen: Klären Sie – soweit möglich – die folgenden Aspekte hinsichtlich Ihrer Lehrveranstaltung:

- **Zielgruppe:** Für welche Lerngruppe mit welchen Vorkenntnissen, Erfahrungen und Wünschen bzw. Erwartungen wird reduziert und erklärt?
- **Ziel (bzw. Lernergebnis):** Was sollen die Lernenden nach diesem Unterricht bzw. dieser Veranstaltung wissen, was sollen sie können?
- **Zeitbudget:** Welcher zeitliche Rahmen steht zur Verfügung?

Beispiele: S. 73f

Aufmerksamkeits-Check

Zweck: Die Aufmerksamkeit der Lernenden wesentlich auf den zu erschließenden Sachverhalt lenken
Idee: Mögliche Ablenkungen (Split Attention-Effekt) überlegen und – sofern möglich – ausblenden bzw. vermeiden.
Vorgehen: Den Rezeptions- und Verstehensprozess aus Sicht der Lernenden nachvollziehen und dabei mögliche Ablenkungen und Irritationen identifizieren.

Beispiele: S. 107f

Beispiele

Zweck: Inhalte für die Zielgruppe verständlich und im besten Fall auch erinnerbar machen
Idee: Beispiele sind Einzelfälle, die im Besonderen Teile des Allgemeinen abbilden. Im Unterschied zum einfachen Beispiel erschließt das exemplarische Beispiel einen Sachverhalt in besonders charakteristischer bzw. typischer Weise.
Vorgehen: Beispiele sind über konkrete Situationen und Anwendungen zugänglich.

Beispiele: S. 78 ff

Bilder, Metaphern, Geschichten, Analogien

Zweck: Inhalte mithilfe analoger Repräsentationsformen darstellen
Idee: Bilder, Geschichten usw. tragen dazu bei, die Komplexität bestimmter Inhalte zu begrenzen. Konkrete Vorstellungen werden angeregt und alltägliche Erfahrungen berücksichtigt. Nicht zuletzt haben viele analoge Repräsentationsformen häufig einen hohen Erinnerungswert.
Vorgehen: Passende Bilder, Geschichten usw. zu entwickeln, ist nicht immer ad hoc möglich. Mögliche Zugänge sind:
- eigene Erfahrungen,
- Erzählungen anderer Personen,
- Sammlungen, z. B. im Internet.

Beispiele: S. 91 ff

Duale Kodierung

Zweck: Inhalte über unterschiedliche Kodes gleichsam gut erinnerbar und verstehbar machen
Idee: Über geeignete Repräsentationen neben der (eher üblichen) textuellen Kodierung auch eine visuelle Kodierung anbieten
Vorgehen: Transformieren Sie eine (eher) textuelle Darstellung in eine (eher) analoge Form. Hierfür eignen sich die folgenden Repräsentationen:
- Strukturschemata,
- Metaphern,
- Geschichten,
- Bilder und
- (exemplarische) Beispiele.

Beispiele: S. 62

Erklärungen modifizieren 1: Die Erklär-Hüte

Zweck: Alternative Erklärungen finden
Idee: Der Sachverhalt wird aus verschiedenen Perspektiven beleuchtet, um ein gegebenes Erklärmuster zu modifizieren.
Vorgehen: Bestimmen Sie mögliche Erklärperspektiven und erklären Sie aus der jeweiligen Perspektive heraus:

- Theorie: Aus welcher theoretischen Perspektive kann man den Sachverhalt (noch) erklären?
- Praxis: Von welchem konkreten Fall oder Beispiel kann man ausgehen?
- Struktur: Gibt es eine inhaltliche Struktur, die den Sachverhalt angemessen abbildet?
- Vorwissen/Erfahrungen: Worauf kann die Erklärung Bezug nehmen? Woran kann man anschließen?
- …

Beispiele: S. 72

Erklärungen modifizieren 2: Die Erklär-Checkliste

Zweck: Alternative Erklärungen finden
Idee: Eine Checkliste hilft bei der Modifikation und Weiterentwicklung einer Erklärung.
Vorgehen: Nutzen Sie folgende Anregungen bei der Variation bestehender Ideen:

- Umstellen: Kann man Verstehenselemente austauschen?
- Ersetzen: Kann man andere Verstehenselemente verwenden?
- Anders verwenden: Wie kann man diese Erklärung noch nutzen?
- Kombinieren: Lassen sich andere Strukturen einfügen?
- Anpassen: Was ist ähnlich? Welche Parallelen lassen sich ziehen?
- …

Beispiele: S. 72f

Lernergebnisse

Zweck: Das intendierte «Können» der Lernenden bezeichnen
Idee: Im Unterschied zu einer eher stofforientierten Planung, die sich an vorhandenen Büchern, Folien usw. ausrichtet, wird das intendierte Können der Lernenden beschrieben.
Vorgehen: Lernergebnisse nutzen beispielsweise die «Formel»: «Nach erfolgreichem Abschluss der Lehreinheit sind die Lernenden in der Lage, ...». Anschließend werden

- Lerngegenstand (Worauf bezieht sich das Handeln?),
- aktives Verb (beschreibt eine feststellbare Tätigkeit) und
- ggf. die Art der Ausführung (Hinweis auf Niveau, Hilfsmittel usw.)

näher bezeichnet.

Beispiele: S. 75ff, 166

Selbstverständlichkeits-Check
Zweck: Die Aufmerksamkeit der Lernenden auf die scheinbaren «Selbstverständlichkeiten» lenken
Idee: Überlegen, welche Inhalte so selbstverständlich zum Thema gehören, dass sie quasi keiner Erwähnung mehr wert sind.
Vorgehen: Nehmen Sie die einzelnen Verstehenselemente in den Blick, und prüfen Sie in spielerischer Weise, wo eine ergänzende Information hilfreich für das Verstehen sein könnte.

Beispiele: S. 68

Siebe der Reduktion (2 oder 3 Siebe)

Zweck: Inhalte fokussieren und wichtige Verstehenselemente bestimmen
Idee: Mit unterschiedlich feinen Sieben lassen sich Steine verschiedenster Körnung trennen. Durch ein grobes Sieb fällt fast alles hindurch, ein feines Sieb hingegen hält den Großteil der Steine zurück. Diese Überlegung lässt sich auch auf Verstehenselemente übertragen.
Vorgehen: Legen Sie zunächst die Körnung Ihrer Siebe fest.

- **Grobes Sieb (S1):** Angenommen, es gäbe bei dieser Erklärung nur zwei zentrale Verstehenselemente – welche wären dies? Und warum?
- **Mittleres Sieb (S2):** Angenommen, es wären fünf Verstehenselemente bedeutsam – welche sollten dies sein?
- **Feines Sieb (S3):** Angenommen, Sie sind in der Lage, auch zehn Verstehenselemente zu benennen – welche könnten dies sein?

Beispiele: S. 66f

Strukturen

Zweck: Inhalte über bedeutungsmäßige (= semantische) Abrufschemata verständlich und erinnerbar machen
Idee: Strukturen verdeutlichen Beziehungen bzw. Zusammenhänge und ermöglichen die Integration des zu lernenden Stoffes in ein sich (weiter-)entwickelndes semantisches Netzwerk.
Vorgehen: Strukturen lassen sich wie folgt bilden:

- Wesentliche Begriffe, Relationen usw. bestimmen;
- Strukturen herausarbeiten (je nach Perspektive: zeitlich, hierarchisch, situativ);
- ggf. weitere Verbindungen herstellen.

Beispiele: S. 85ff

Theorie-Praxis-Check

Zweck: Den Ausgangspunkt und die weitere Abfolge einer Erklärung bestimmen
Idee: Es ist im Einzelfall zu prüfen, ob es für die Zielgruppe hilfreicher ist, von einem eher allgemeinen Aspekt (Theorie, Konzept, Formel usw.) oder einem eher praktischen Aspekt (Frage, Problem, Einzelfall usw.) auszugehen.
Vorgehen: In einem ersten Schritt bietet es sich an, mögliche Zugänge zusammenzustellen, um mit Bezug zur Zielgruppe zu entscheiden.

Beispiele: S. 71

Verstehenselemente (= Elemente des Erklärens)

Zweck: Die für eine Erklärung notwendigen inhaltlichen Elemente bestimmen
Idee: Der Gegenstand des Verstehens wird in verschiedene Elemente aufgegliedert, die zum Verständnis des gesamten Sachverhalts beitragen.
Vorgehen: Es bietet sich an, einzelne Aussagen festzuhalten, die zum Verständnis beitragen. Dabei sind insbesondere zu berücksichtigen:

- Vorhandene Kenntnisse der Zielgruppe, insbesondere auch relevante subjektive Deutungsmuster zum Lerngegenstand
- Eigene Annahmen der Lehrperson hinsichtlich Lerngegenstand und Zielgruppe (→ Selbstverständlichkeits-Check)

Beispiele: S. 61 ff

Vorwissen aktivieren

Zweck: Erklären auf «Vorhandenes» ausrichten und Assoziationen ermöglichen
Idee: Verstehenselemente «docken» an das Vorwissen der Lernenden «an» und tragen so zu einem besseren Verständnis bei.
Vorgehen: Es gibt mehrere Möglichkeiten, «Vorhandenes» zu aktivieren, z. B.:

- Gemeinsam ein Mindmap erstellen (Methode: Wissenspool)
- Vertraute Aufgaben, Beispiele usw. erinnern bzw. bearbeiten
- Übersichts- bzw. Strukturwissen in Erinnerung rufen.

Beispiele: S. 65

(B) Inhalte aneignen

Aufgaben

Zweck: Verarbeitungsprozesse der Lernenden initiieren
Idee: Aufgaben kanalisieren die Lernhandlungen und bewirken Aneignungshandlungen, die das Verstehen und Memorieren der jeweiligen Inhalte unterstützen.
Vorgehen: Sich das Spektrum möglicher Aufgaben (in Verbindung mit bestimmten Aneignungsleistungen) vergegenwärtigen und unterschiedliche Aufgabentypen bestimmen. Dabei insbesondere den Einstieg und das Ergebnis einer Aufgabe bedenken.

Beispiele: S. 118ff

Fragen

Zweck: Verarbeitungsprozesse der Lernenden initiieren
Idee: Fragen helfen dabei, einen bestimmten Aspekt des Lerngegenstandes in den Blick zu nehmen und dabei insbesondere auf das Verstehen desselben auszurichten.
Vorgehen: Häufig ist es sinnvoll, sich sowohl den erwarteten inhaltlichen Beitrag der Lernenden als auch die dazu erforderliche Lernhandlung zu vergegenwärtigen.

Beispiele: S. 129ff

Inhalte «breittreten» (= elaborieren)

Zweck: Einen Sachverhalt mit anderen Inhalten assoziieren bzw. vernetzen
Idee: Wissen zu elaborieren, bedeutet, es in möglichst vielfältiger Weise «weiterzuverarbeiten»; daher kommt auch die Metapher vom Wissen «breittreten» als Charakterisierung für eine derartige Transformationsleistung.
Vorgehen: Wissen kann auf ganz vielfältige Weise «breitgetreten» werden, z. B.:

- konzentrieren bzw. reduzieren,
- erklären,
- visualisieren,
- fachlich denken (= reflektieren),
- situativ einbetten,
- einen persönlichen Bezug herstellen usw.

Beispiele: S. 135ff

Lernprodukte

Zweck: Verarbeitungsprozesse der Lernenden initiieren
Idee: Lernergebnisse mit Produktcharakter sind für die Lernenden gut wahrnehmbar und häufig (in Verbindung mit einer Anwendungssituation) auch gut nachvollziehbar. Im Unterschied zu einer Übungsaufgabe lassen sich Lernprodukte oft für nachfolgende Lernprozesse nutzen.
Vorgehen: Sich das Spektrum möglicher Lernprodukte deutlich machen und im Rahmen des verfügbaren Zeitbudgets auswählen.

Beispiele: S. 127f

Selbsterklärungen

Zweck: Die gezielte Aneignung des jeweiligen Inhalts anregen
Idee: Die Lernenden arbeiten beispielsweise mit ausgearbeiteten Lösungsbeispielen und erschließen sich den Inhalt weitgehend selbst.
Vorgehen: Grundsätzlich ist zu überlegen, welche Aneignungshandlungen bei der jeweiligen Zielgruppe und der Lernsituation sinnvoll sind. Reduzierte Erklärungen in der Beispiellösung in der Kombination mit Aufforderungen zu gezielten Schlussfolgerungen sind beispielsweise für fachliche Novizen in der Regel hilfreicher als für fortgeschrittene Lernende.

Beispiele: S. 126

(C) Inhalte verstehen

Fachlandkarte

Zweck: Eine grobe fachliche Orientierung ermöglichen
Idee: Fachlandkarten sind Strukturhilfen auf der Ebene des Fachs (= «Routenplaner für die Lehre»). Sie tragen dazu bei, die fachliche Grundlandschaft sichtbar zu machen, indem sie Übersichts- und Strukturwissen bereitstellen, z. B. in Form von Begriffsnetzen.
Vorgehen: Bestimmen Sie die einzelnen Elemente Ihrer Fachlandkarte:

- Strukturen, z. B. das «große Ganze» und die Spezialgebiete;
- Anordnungen, z. B. in der Biologie nach Lebensräumen oder nach dem System der Pflanzen und Tiere.

Beispiele: S. 90

Inspiration

Zweck: Einen im Allgemeinen unerwarteten Impuls setzen
Idee: Eine neue Perspektive einnehmen bzw. einen ungewöhnlichen Aspekt fokussieren
Vorgehen: Es empfiehlt sich, bislang eher unbeachtete Aspekte eines Sachverhalts in den Blick zu nehmen.

Beispiele: S. 163f

Konzept-Konfrontation

Zweck: Gängige Annahmen konfrontieren
Idee: Eine Gegenposition einnehmen und dafür argumentieren
Vorgehen: Es empfiehlt sich, nach alternativen Sichtweisen, Gegenpositionen und (scheinbaren) Widersprüchen Ausschau zu halten.

Beispiele: S. 164f

Verständlichkeits-Check

Zweck: Die Erklärung auf Verständlichkeit prüfen
Idee: Die vier Kriterien der Verständlichkeit anwenden
Vorgehen: Im Einzelnen sind zu prüfen:

- Einfachheit,
- Gliederung/Ordnung,
- Kürze/Prägnanz (mittlere Ausprägung),
- anregende Zusätze.

Beispiele: S. 156f

Verstehens-Check

Zweck: Das eigene Verstehen überprüfen
Idee: Einige inhaltsrelevante Fragen beantworten, die auf Verstehen bzw. Verständnis abzielen
Vorgehen: Beispielhafte Fragen sind:

- Was ist bei diesem Inhalt (besonders) wichtig?
- Welche zentralen Botschaften (im Text oder in anderen Unterlagen) gibt es?

Beispiele: S. 153

Anmerkungen

1 Ewald Terhart: Fremde Schwestern. Zum Verhältnis von Allgemeiner Didaktik und empirischer Lehr-Lern-Forschung. In: Zeitschrift für Pädagogische Psychologie, 16(2), 2002, S. 83
2 Thilo Kleickmann: Kognitiv aktivieren und inhaltlich strukturieren im naturwissenschaftlichen Sachunterricht, IPN Leibniz-Institut für die Pädagogik der Naturwissenschaften und Mathematik an der Universität Kiel, 2012, S. 8
3 Barbara Schmidt-Thieme: Erklären können. Aufbau von Erklärkompetenz im Lehramtsstudium. In: Jürgen Roth/Judith Ames (Hrsg.): Beiträge zum Mathematikunterricht 2014, Münster, S. 1075
4 Oliver Scholz: Verstehen verstehen. In: Markus Helmerich et al.: Mathematik verstehen - Philosophische und didaktische Perspektiven, Heidelberg 2011, S. 9
5 Ewald Kiel: Erklären als didaktisches Handeln, Würzburg 1999, S. 83
6 Anja Stukenbrock: Erklären - Zeigen - Demonstrieren. In: Janet Spreckels: Neue Perspektiven aus der Gesprächs- und Unterrichtsforschung, Hohengehren 2009, S. 161
7 Kurt Reusser/Christine Pauli: Verständnisorientierung in Mathematikstunden erfassen - Ergebnisse eines methodenintegrativen Ansatzes. In: Zeitschrift für Pädagogik, 59. Jg. 2013, Heft 3, S. 308
8 Anja Stukenbrock: Erklären - Zeigen - Demonstrieren. In: Janet Spreckels: Neue Perspektiven aus der Gesprächs- und Unterrichtsforschung, Hohengehren 2009, S. 160
9 Paul Ziff: Understanding. In: ders.: Understanding understanding, Ithaca et al. 1972, S. 20
10 Johannes König: Welche Merkmale sollte eine «gute» Lehrkraft haben? Gruppendiskussionen mit Schülerinnen und Schülern der zehnten Klasse; Humboldt-Universität Berlin 2007. http://edoc.hu-berlin.de/oa/reports/reRNbCttzVNJc/PDF/26W7Vi1P0HXNk.pdf; abgerufen am 21.10.2016
11 «Fachlich gebildet und gut im Erklären – das ist das Idealbild eines Lehrers. Wie aus einer Umfrage im Auftrag des evangelischen Monatsmagazins ‹chrismon› (August 2012) hervorgeht, wünschen sich 83 Prozent der Befragten fachlich gebildete Pädagogen. 76 Prozent gaben an, ein Lehrer müsse gut erklären können. 66 Prozent halten es für eine Schlüsselqualifikation, wenn ein Lehrer Schüler ermutigen kann. (...) Das Institut Emnid hat 1001 Menschen befragt, bis zu drei Nennungen von Qualifikationen waren möglich.» Gemeinschaftswerk der Evangelischen Publizistik: Umfrage; Lehrer sollen schlau sein und gut erklären können. https://www.evangelisch.de/inhalte/5900/27-07-2012/umfrage-lehrer-sollen-schlau-sein-und-gut-erklaeren-koennen; abgerufen am 24.10.2016
12 E-teaching.org: Lehren und Lernen mit Videos; https://www.e-teaching.org/praxis/themenspecials/lehren-und-lernen-mit-videos; abgerufen am 21.10.2016
13 Anke Wagner/Claudia Wörn: Erklären lernen – Mathematik verstehen. Ein Praxisbuch mit Lernangeboten, Seelze 2011, S. 8
14 Josef Leisen: Das Erklären im Unterricht. In: Der mathematische und naturwissenschaftliche Unterricht (MNU), 60/8, 2007, S. 459
15 Anke Wagner/Claudia Wörn: Erklären lernen – Mathematik verstehen. Ein Praxisbuch mit Lernangeboten, Seelze 2011, S. 7

16 Zitiert nach: Barbara Schmidt-Thieme: Erklären können. Aufbau von Erklärkompetenz im Lehramtsstudium. In: Jürgen Roth/Judith Ames (Hrsg.): Beiträge zum Mathematikunterricht 2014, Münster, S. 1076 f.
17 Christine Pauli: Einen Sachverhalt erklären, Pädagogik, 67(3), 2015, S. 44
18 Wikipedia: Erklärung; https://de.wikipedia.org/wiki/Erkl%C3 %A4rung; abgerufen am 18.10.2016
19 Karl R. Popper: Logik der Forschung. 4. Aufl. Tübingen 1971, S. 31
20 Ulrike Pailer: Verstehen versus Erklären – die Geschichte einer unglücklichen Gegenüberstellung. Seminararbeit «Interkulturelle Philosophie», Wien 2005, S. 4 f.
21 Wilhelm Dilthey: Ideen über eine beschreibende und zergliedernde Psychologie. In: Gesammelte Schriften, V. Band: Die geistige Welt. Einleitung in die Philosophie des Lebens. Erste Hälfte, Leipzig und Berlin 1924. S. 144 (Erstveröffentlichung 1894)
22 Gerhard Roth: Bildung braucht Persönlichkeit, überarbeitete u. erweiterte Auflage 2015, S. 265 f.
23 Barbara Schmidt-Thieme: Erklären können. Aufbau von Erklärkompetenz im Lehramtsstudium. In: Jürgen Roth/Judith Ames (Hrsg.): Beiträge zum Mathematikunterricht 2014, Münster, S. 1075
24 Robert Zimmer: Denksport Philosophie, München 2015, S. 78 f.
25 Jörg Wittwer/Alexander Renkl: Why Instructional Explanations Often Do Not Work: A Framework for Understanding the Effectiveness of Instructional Explanations. In: Educational Psychologist, 43(1), 2008, S. 52
26 Christine Pauli: Einen Sachverhalt erklären, Pädagogik, 67(3), 2015, S. 45
27 Gaea Leinhardt: Instructional Explanations: A Commonplace for Teaching and Location for Contrast. In: V. Richardson (ed.): Handbook of research on teaching, 4. Aufl. Washington DC 2001, S. 344
28 Gordan Varelija: Kinder verstehen Mathematik – Ein Instrumentarium der Kritik von Mathematikunterricht in der Volksschule, Dissertation Alpen-Adria-Universität Klagenfurt 2015, S. 169
29 Kurt Reusser/Christine Pauli: Verständnisorientierung in Mathematikstunden erfassen - Ergebnisse eines methodenintegrativen Ansatzes. In: Zeitschrift für Pädagogik, 59. Jg. 2013, Heft 3, S. 309
30 Mareike Kunter/Ulrich Trautwein: Psychologie des Unterrichts, Paderborn 2013, S. 94
31 Ebd., S. 94
32 Jörg Wittwer/Alexander Renkl: Why Instructional Explanations Often Do Not Work: A Framework for Understanding the Effectiveness of Instructional Explanations. In: Educational Psychologist, 43(1), 2008, S. 53; s. auch: Danielle S. McNamara/Walter Kintsch: Learning from texts: Effects of prior knowledge and text coherence. In: Discourse Processes, 22/1996, S. 247–288
33 Jörg Wittwer/Alexander Renkl: Why Instructional Explanations Often Do Not Work: A Framework for Understanding the Effectiveness of Instructional Explanations. In: Educational Psychologist, 43(1), 2008, S. 53
34 Diethelm Wahl u. a.: Erwachsenenbildung konkret – Mehrphasiges Dozententraining – Eine neue Form erwachsenendidaktischer Ausbildung von Referenten und Dozenten, Weinheim 1991, S. 63
35 Vgl. K. Anders Ericsson/Ralf Th. Krampe/Clemens Tesch-Römer: The role of deliberate practise in the acquisition of expert performance. In: Psychological Review, 100/1993, S. 363–406; Y.J. Tenney/L.C. Kurland: The development of troubleshooting expertise

in radar mechanics. In: J. Psotka/L.D. Massey/S.A. Mutter (ed.): Intelligent tutoring systems: Lessons learned, Hillsdale 1988, S. 59–83; zusammenfassend: Michael Kerres, Multimediale und telemediale Lernumgebungen – Konzeption und Entwicklung, München 2001, S. 173

36 Vgl. Gaea Leinhardt: Instructional Explanations: A Commonplace for Teaching and Location for Contrast. In: V. Richardson (ed.): Handbook of research on teaching, 4. Aufl. Washington DC 2001; Jörg Wittwer/Alexander Renkl: Why Instructional Explanations Often Do Not Work: A Framework for Understanding the Effectiveness of Instructional Explanations. In: Educational Psychologist, 43(1), 2008, S. 52

37 Daniel L. Schwartz/John D. Bransford: A time for telling. In: Cognition and Instruction, 16/1998, S. 475–522; s. auch: Jörg Wittwer/Alexander Renkl: Why Instructional Explanations Often Do Not Work: A Framework for Understanding the Effectiveness of Instructional Explanations. In: Educational Psychologist, 43(1), 2008, S. 57.

38 Jörg Wittwer/Alexander Renkl: Why Instructional Explanations Often Do Not Work: A Framework for Understanding the Effectiveness of Instructional Explanations. In: Educational Psychologist, 43(1), 2008, S. 57

39 Sigrid Nolda: Vom Verschwinden des Wissens in der Erwachsenenbildung. In: Zeitschrift für Pädagogik, Jg. 47, H. 1, 2001, S. 107

40 Martin Lehner: Didaktische Reduktion, Bern 2012, S. 131

41 Jürgen Gideon: Das «Princip der Reduction» – Bemerkungen über das Verhältnis von Deutschunterricht, Germanistikstudium und Referendariat. In: Neue Sammlung 31 (1991), 4, S. 554–555

42 Ilona Esslinger-Hinz u. a.: Guter Unterricht als Planungsaufgabe – Ein Studien- und Arbeitsbuch zur Grundlegung unterrichtlicher Basiskompetenzen, Bad Heilbrunn 2007, S. 93

43 Lothar Klingberg: Einführung in die Allgemeine Didaktik, Berlin 1974, S. 46

44 Clemens Wieser: Sozialwissenschaft vermitteln und aneignen – Chancen und Risiken für die Gestaltung von Unterricht. Wiesbaden 2015, S. 8

45 Ebd., S. 7

46 Ewald Terhart: Konstruktivismus und Unterricht – Gibt es einen neuen Ansatz in der Allgemeinen Didaktik? In: Zeitschrift für Pädagogik, 45 (1999) 5, S. 642

47 Rolf Arnold: Ich lerne, also bin ich – Eine systemisch-konstruktivistische Didaktik, Heidelberg 2007, S. 34

48 Rolf Arnold/Horst Siebert: Die Verschränkung der Blicke: Konstruktivistische Erwachsenenbildung im Dialog, Baltmannsweiler 2006, S. 9

49 Rolf Arnold: Die emotionale Konstruktion der Wirklichkeit, Baltmannsweiler, 2005, S. 69

50 Ebd., S. 166

51 Ludwig A. Pongratz: Untiefen im Mainstream – Zur Kritik konstruktivistisch-systemtheoretischer Pädagogik, Paderborn 2009, S. 205

52 Klaus Holzkamp: Lernen – Sozialwissenschaftliche Grundlegung, Frankfurt/New York 1995, S. 208

53 Julian Nida-Rümelin/Klaus Zierer: Auf dem Weg in eine neue deutsche Bildungskatastrophe – Zwölf unangenehme Wahrheiten, Freiburg et al. 2015, S. 183

54 Ilona Esslinger-Hinz u. a.: Guter Unterricht als Planungsaufgabe – Ein Studien- und Arbeitsbuch zur Grundlegung unterrichtlicher Basiskompetenzen, Bad Heilbrunn 2007, S. 93 f.

55 Ewald Terhart: Fremde Schwestern. Zum Verhältnis von Allgemeiner Didaktik und empirischer Lehr-Lern-Forschung. In: Zeitschrift für Pädagogische Psychologie, 16(2), 2002, S. 83
56 Studienseminar Wolfsburg: Standards für die Fachseminare Biologie, Chemie, Physik und Mathematik; http://www.studienseminar-wolfsburg.de/index.php?option=com_content&view=article&id=184:standards-ph&catid=49:bio&Itemid=82. Abgerufen am 18.10.2016
57 Erik Haberzeth: Thematisierungsstrategien im Vermittlungsprozess – Empirische Analysen zum Umgang mit Wissen im Planungsprozess von Weiterbildungsangeboten, Hohengehren 2010
58 Clemens Wieser: Sozialwissenschaft vermitteln und aneignen – Chancen und Risiken für die Gestaltung von Unterricht. Wiesbaden 2015, S. 13
59 Christine Pauli: Einen Sachverhalt erklären, Pädagogik, 67(3), 2015, S. 46
60 Anke Wagner/Claudia Wörn: Erklären lernen – Mathematik verstehen. Ein Praxisbuch mit Lernangeboten, Seelze 2011, S. 8
61 Andreas Gold: Guter Unterricht – Was wir wirklich darüber wissen, Göttingen 2015, S. 88
62 Ilona Esslinger-Hinz u. a.: Guter Unterricht als Planungsaufgabe – Ein Studien- und Arbeitsbuch zur Grundlegung unterrichtlicher Basiskompetenzen, Bad Heilbrunn 2007, S. 25
63 Ebd., S. 25
64 Manfred Prenzel u. a.: Lernmotivation in der Aus- und Weiterbildung: Merkmale und Bedingungen. In: Christian Harteis/Helmut Heid/Susanne Kraft (Hrsg.): Kompendium Weiterbildung, Opladen 2000, S. 163–174
65 Ilona Esslinger-Hinz u. a.: Guter Unterricht als Planungsaufgabe – Ein Studien- und Arbeitsbuch zur Grundlegung unterrichtlicher Basiskompetenzen, Bad Heilbrunn 2007, S. 89
66 Ebd., S. 26
67 Sigrid Nolda: Vom Verschwinden des Wissens in der Erwachsenenbildung. In: Zeitschrift für Pädagogik, Jg. 47, 2001, H. 1, S. 117
68 Erik Haberzeth: Thematisierungsstrategien im Vermittlungsprozess – Empirische Analysen zum Umgang mit Wissen im Planungsprozess von Weiterbildungsangeboten, Hohengehren 2010, S. 29
69 Wolfgang Klafki: Didaktische Analyse als Kern der Unterrichtsvorbereitung. In: Heinrich Roth/Alfred Blumenthal (Hrsg.): Grundlegende Aufsätze aus der Zeitschrift Die Deutsche Schule, Hannover 1969, S. 15–20
70 Wolfgang Klafki: Neue Studien zur Bildungstheorie und Didaktik – Zeitgemäße Allgemeinbildung und kritisch-konstruktive Didaktik, 6. Aufl. Weinheim u. a. 2007, S. 279–280 (Erstveröffentlichung 1985)
71 Martin Wagenschein, zit. nach Hartmut von Hentig: Einführung. In: Martin Wagenschein: Verstehen lehren – Genetisch, Sokratisch, Exemplarisch, 4. Aufl. Weinheim u. a. 2008, S. 10
72 Martin Wagenschein: Ursprüngliches Verstehen und exaktes Denken, Pädagogische Schriften, Bd. 1, Stuttgart 1965, S. 316
73 Andreas Gruschka: Lehren, Stuttgart 2014, S. 55
74 Andreas Gruschka: Verstehen lehren – Ein Plädoyer für guten Unterricht, Stuttgart 2011, S. 136 f.

75 Ebd., S. 136
76 Martin Lehner: Didaktische Reduktion, Bern 2012
77 Andreas Gruschka: Verstehen lehren – Ein Plädoyer für guten Unterricht, Stuttgart 2011, S. 139
78 Ludwig A. Pongratz: Sackgassen der Bildung – Pädagogik anders denken, Paderborn 2010 , S. 115
79 Hermann J. Forneck: Der verlorene Zusammenhang – Eine Analyse sich auseinander entwickelnder Praktiken der Wissensproduktion. In: Hessische Blätter für Volksbildung, Jg. 54, 2004, H. 1, S. 7
80 Ebd., S. 8 u. 10; vgl. Erik Haberzeth: Thematisierungsstrategien im Vermittlungsprozess – Empirische Analysen zum Umgang mit Wissen im Planungsprozess von Weiterbildungsangeboten, Hohengehren 2010, S. 9
81 Alfred Schirlbauer: 37 Elefanten – Oder: Kann man ohne Lerntheorie unterrichten? In: Konstantin Mitgutsch u. a. (Hrsg.): Dem Lernen auf der Spur – Die pädagogische Perspektive, Stuttgart 2008, S. 210
82 Sigrid Nolda: Vom Verschwinden des Wissens in der Erwachsenenbildung. In: Zeitschrift für Pädagogik, Jg. 47, 2001, H. 1, S. 101
83 Jürgen Wittpoth: Recht, Politik und Struktur der Weiterbildung – Eine Einführung, Hohengehren 1997, S. 64 f.
84 Sigrid Nolda: Vom Verschwinden des Wissens in der Erwachsenenbildung. In: Zeitschrift für Pädagogik, Jg. 47, 2001, H. 1, S. 101
85 Hans Tietgens: Vorbemerkungen. In: Wolfgang Schulenberg u. a. (Hg.): Transformationsprobleme der Weiterbildung, Braunschweig 1975, S. 7
86 Sigrid Nolda: Vom Verschwinden des Wissens in der Erwachsenenbildung. In: Zeitschrift für Pädagogik, Jg. 47, 2001, H. 1, S. 116
87 Erhard Schlutz: Didaktischer Epochenwechsel? Klärungsbedarfe zur Weiterentwicklung des didaktischen Denkens, mit Blick auf ein DFG-gefördertes Forschungsvorhaben. In: REPORT Literatur- und Forschungsreport Weiterbildung 3, 2005, S. 21
88 Christiane Schiersmann: Berufliche Weiterbildung, Wiesbaden 2007, S. 179
89 Ernst Kircher: Elementarisierung und didaktische Rekonstruktion. In: ders./Raimund Girwidz/Peter Häußler (Hrsg.): Physikdidaktik – Theorie und Praxis, 2. Aufl. Heidelberg u. a. 2009, S. 116 f.
90 Kirstin Erath/Susanne Prediger: Was wird zum Erklären gelernt? Konstitution eines Lerngegenstands in der Klasseninteraktion. In: Jürgen Roth/Judith Ames (Hrsg.): Beiträge zum Mathematikunterricht 2014, Münster, S. 345
91 Anke Wagner/Claudia Wörn: Erklären lernen – Mathematik verstehen. Ein Praxisbuch mit Lernangeboten, Seelze 2011
92 Joachim Kahlert: Der Sachunterricht und seine Didaktik, 3., aktualisierte Aufl., Bad Heilbrunn 2009, S. 122
93 Constanze Kirchner (Hrsg.): Kunst – Didaktik für die Grundschule, Berlin 2013, S. 47
94 Clemens Wieser: Sozialwissenschaft vermitteln und aneignen – Chancen und Risiken für die Gestaltung von Unterricht. Wiesbaden 2015, S. 1
95 Urs Aeschbacher: Eine Lanze für das Erklären. In: Beiträge zur Lehrerbildung, 27 (3), 2009, S. 431; vgl. die Literaturübersicht von Wittwer & Renkl, 2008
96 Martin Wagenschein, zit. nach Hartmut von Hentig: Einführung. In: Martin Wagenschein: Verstehen lehren – Genetisch, Sokratisch, Exemplarisch, 4. Aufl. Weinheim u. a. 2008, S. 10

97 Martin Wagenschein: Rettet die Phänomene! (Der Vorrang des Unmittelbaren), In: ders.: Erinnerungen für morgen – Eine pädagogische Autobiografie, 2., ergänzte und durchgesehene Auflage, Weinheim 1989, S. 135 (Erstveröffentlichung 1956)
98 Martin Wagenschein: Ursprüngliches Verstehen und exaktes Denken 2, Stuttgart 1970, S. 26
99 Gespräch mit Martin Wagenschein. In: ders.: Naturphänomene sehen und verstehen – Genetische Lehrgänge, Bern 2009, S. 32
100 Martin Wagenschein: Superklug. In: ders.: Naturphänomene sehen und verstehen – Genetische Lehrgänge, Bern 2009, S. 33
101 Martin Wagenschein: Rettet die Phänomene! (Der Vorrang des Unmittelbaren), In: ders.: Erinnerungen für morgen – Eine pädagogische Autobiografie, 2., ergänzte und durchgesehene Auflage, Weinheim 1989, S. 140 f. (Erstveröffentlichung 1956)
102 Martin Wagenschein: ...«zäh am Staunen» – Pädagogische Texte zum Bestehen der Wissensgesellschaft, zusammengestellt und herausgegeben von Horst Rumpf, Seelze-Velber 2002, S. 27 f.
103 Ezra Pound: ABC des Lesens, Frankfurt/M. 1962, S. 110
104 Horst Rumpf: Die Verstopfung der Köpfe und das wirkliche Verstehen. In: Martin Wagenschein: ...«zäh am Staunen» – Pädagogische Texte zum Bestehen der Wissensgesellschaft, zusammengestellt und herausgegeben von Horst Rumpf, Seelze-Velber 2002, S. 11 f.
105 Martin Wagenschein: ...«zäh am Staunen» – Pädagogische Texte zum Bestehen der Wissensgesellschaft, zusammengestellt und herausgegeben von Horst Rumpf, Seelze-Velber 2002, S. 74 f.
106 Martin Wagenschein: Ursprüngliches Verstehen und exaktes Denken 2, Stuttgart 1970, S. 120
107 Martin Wagenschein: Verstehen lehren – Genetisch, Sokratisch, Exemplarisch, 4. Aufl. Weinheim u. a. 2008, S. 79 (Erstveröffentlichung 1956)
108 Martin Wagenschein: Ursprüngliches Verstehen und exaktes Denken, Pädagogische Schriften, Bd. 1, Stuttgart 1965, S. 316
109 Martin Wagenschein: ...«zäh am Staunen» – Pädagogische Texte zum Bestehen der Wissensgesellschaft, zusammengestellt und herausgegeben von Horst Rumpf, Seelze-Velber 2002, S. 96
110 Hans Aebli: Zwölf Grundformen des Lehrens – Eine Allgemeine Didaktik auf psychologischer Grundlage. Medien und Inhalte didaktischer Kommunikation, der Lernzyklus, 13. Auflage Stuttgart 2006 (Erstauflage 1983), S. 389
111 Ebd., S. 203
112 Ebd., S. 204
113 Ebd., S. 214
114 Hans Aebli: Denken, das Ordnen des Tuns. Kognitive Aspekte der Handlungstheorie (Bd.1), Stuttgart 1980, S. 228 ff.
115 Hans Aebli: Zwölf Grundformen des Lehrens – Eine Allgemeine Didaktik auf psychologischer Grundlage. Medien und Inhalte didaktischer Kommunikation, der Lernzyklus, 13. Auflage Stuttgart 2006 (Erstauflage 1983), S. 210
116 Ebd., S. 260
117 Ebd., S. 210 f.
118 Ebd., S. 235
119 Ebd., S. 269

120 Ebd., S. 267
121 Ebd., S. 261
122 Ebd., S. 225 u. 245
123 Ebd., S. 234 f.
124 Ebd., S. 264
125 Ebd., S. 133
126 Ebd., S. 263
127 Oliver Scholz: Verstehen verstehen. In: Markus Helmerich et al.: Mathematik verstehen - Philosophische und didaktische Perspektiven, Heidelberg 2011, S. 12 f.
128 Hans Aebli: Zwölf Grundformen des Lehrens – Eine Allgemeine Didaktik auf psychologischer Grundlage. Medien und Inhalte didaktischer Kommunikation, der Lernzyklus, 13. Auflage Stuttgart 2006 (Erstauflage 1983), S. 227
129 Ewald Kiel: Erklären als didaktisches Handeln, Würzburg 1999, S. 80
130 Ebd., S. 81 f.
131 Ebd., S. 77 f.
132 Ebd., S. 95
133 Ebd., S. 135 f.
134 Ebd., S. 148
135 Ebd., S. 151
136 Ebd., S. 158
137 Ebd., S. 158
138 Barbara Drollinger-Vetter: Verstehenselemente und strukturelle Klarheit – Fachdidaktische Qualität der Anleitung von mathematischen Verstehensprozessen im Unterricht, Münster et al. 2011, S. 17
139 Julian Nida-Rümelin/Klaus Zierer: Auf dem Weg in eine neue deutsche Bildungskatastrophe – Zwölf unangenehme Wahrheiten, S. 94
140 Barbara Drollinger-Vetter: Verstehenselemente und strukturelle Klarheit – Fachdidaktische Qualität der Anleitung von mathematischen Verstehensprozessen im Unterricht, Münster et al. 2011, S. 27; James Hiebert/Thomas P. Carpenter: Learning and teaching with understanding. In: Douglas A. Grouws (Hrsg.): Handbook of research on mathematics teaching and learning, New York 1992, S. 67
141 Barbara Drollinger-Vetter: Verstehenselemente und strukturelle Klarheit – Fachdidaktische Qualität der Anleitung von mathematischen Verstehensprozessen im Unterricht, Münster et al. 2011, S. 28
142 Ebd., S. 301
143 Hans Aebli: Zwölf Grundformen des Lehrens – Eine Allgemeine Didaktik auf psychologischer Grundlage. Medien und Inhalte didaktischer Kommunikation, der Lernzyklus, 13. Auflage Stuttgart 2006 (Erstauflage 1983), S. 389
144 Barbara Drollinger-Vetter: Verstehenselemente und strukturelle Klarheit – Fachdidaktische Qualität der Anleitung von mathematischen Verstehensprozessen im Unterricht, Münster et al. 2011, S. 244
145 Ebd., S. 200
146 Ebd., S. 204
147 Ebd., S. 326
148 Ebd., S. 205
149 Ebd., S. 207
150 Ebd., S. 209

151 Andreas Gold: Guter Unterricht – Was wir wirklich darüber wissen. Göttingen 2015, S. 57
152 Kurt Reusser/Christine Pauli: Verständnisorientierung in Mathematikstunden erfassen – Ergebnisse eines methodenintegrativen Ansatzes. In: Zeitschrift für Pädagogik, 59. Jg. 2013, Heft 3, S. 318
153 Barbara Drollinger-Vetter: Verstehenselemente und strukturelle Klarheit – Fachdidaktische Qualität der Anleitung von mathematischen Verstehensprozessen im Unterricht, Münster u. a. 2011, S. 187 f. und 244
154 Ebd., S. 179
155 Vgl. ebd., S. 247
156 Herbert F. Bauer/Hans Joachim Bader: Elementarisierung – didaktische Reduktion – ein Kernproblem des Chemieunterrichts. In: Peter Pfeifer et al.: Konkrete Fachdidaktik Chemie. 3. Aufl. München 2002, S. 182
157 Ernst Kircher: Elementarisierung und didaktische Rekonstruktion. In: ders./Raimund Girwidz/Peter Häußler (Hrsg.): Physikdidaktik – Theorie und Praxis, 2. Aufl. Heidelberg u. a. 2009, S. 116 f.
158 Ebd., S. 117
159 Vgl. DIE ZEIT Geschichte: Die Deutschen und die Nation (1789–1871), Hamburg 2010, S. 64 ff.
160 Martin Lehner: Didaktische Reduktion, Bern 2012
161 Martin Lehner: Didaktische Reduktion, Bern 2012, S. 94 ff.
162 Philip Hübl: Folge dem weißen Kaninchen … in die Welt der Philosophie, Reinbek bei Hamburg 2012, S. 60
163 Ernst Kircher: Elementarisierung und didaktische Rekonstruktion. In: ders./Raimund Girwidz/Peter Häußler (Hrsg.): Physikdidaktik – Theorie und Praxis, 2. Aufl. Heidelberg u. a. 2009, S. 118
164 Barbara Drollinger-Vetter: Verstehenselemente und strukturelle Klarheit – Fachdidaktische Qualität der Anleitung von mathematischen Verstehensprozessen im Unterricht, Münster et al. 2011, S. 2
165 Anke Wagner/Claudia Wörn: Erklären lernen – Mathematik verstehen. Ein Praxisbuch mit Lernangeboten, Seelze 2011, S. 7
166 Kirstin Erath/Susanne Prediger: Was wird zum Erklären gelernt? Konstitution eines Lerngegenstands in der Klasseninteraktion. In: Jürgen Roth/Judith Ames (Hrsg.): Beiträge zum Mathematikunterricht 2014, Münster, S. 347–348
167 Barbara Drollinger-Vetter: Verstehenselemente und strukturelle Klarheit – Fachdidaktische Qualität der Anleitung von mathematischen Verstehensprozessen im Unterricht, Münster et al. 2011, S. 73
168 Ebd., S. 73
169 Julian Roelle/Nina Lehmkuhl/Martin-Uwe Beyer/Kirsten Berthold: The Role of Specificity, Targeted Learning Activities and Prior Knowledge for the Effects of Relevance Instruction. In: Journal of Educational Psychology, Vol. 107, No. 3, 2015, S. 722
170 Herbert Gudjons: Frontalunterricht – neu entdeckt. Integration in offene Unterrichtsformen, Bad Heilbrunn 2007, S. 52
171 Josef Leisen: Das Erklären im Unterricht. In: Der mathematische und naturwissenschaftliche Unterricht (MNU), 60/8, 2007, S. 460
172 Klaus-Peter Busse: Bildumgangsspiele: Kunst unterrichten, Norderstedt 2004, S. 157

173 Konrad Paul Liessmann: Geisterstunde. Die Praxis der Unbildung – Eine Streitschrift, Wien 2014, S. 76
174 Christine Pauli: Einen Sachverhalt erklären, Pädagogik, 67(3), 2015, S. 45
175 Hans-Dietrich Schultz: Gegen die Stofffülle – Ideengeschichtlicher Rückblick zum exemplarischen Prinzip im Geographieunterricht. In: Geographie und Schule, 30 (2008), 176, S. 6
176 Malcolm Gladwell: Überflieger. Warum manche Menschen erfolgreich sind – und andere nicht, München 2010, S. 27
177 Ebd., S. 29
178 Gerd Gigerenzer: Risiko – Wie man die richtigen Entscheidungen trifft, München 2013, S. 212 ff.
179 In Anlehnung an: Gerd Gigerenzer: Risiko – Wie man die richtigen Entscheidungen trifft, München 2013, S. 221
180 Vgl. Ludwig Wittgenstein: Philosophische Untersuchungen, § 593
181 Wolfgang Schnotz: Pädagogische Psychologie – Workbook, Weinheim 2006, S. 185
182 Alain Lieury: Ein Gedächtnis wie ein Elefant – Tipps und Tricks gegen das Vergessen, Berlin, Heidelberg 2013, S. 173 f.; Gerd Mietzel: Pädagogische Psychologie des Lernens und Lehrens, 8., überarbeitete und erweiterte Aufl., Göttingen u. a. 2007, S. 252–254
183 Gerd Mietzel: Pädagogische Psychologie des Lernens und Lehrens, 8., überarbeitete und erweiterte Aufl., Göttingen u. a. 2007, S. 253
184 Alain Lieury: Ein Gedächtnis wie ein Elefant – Tipps und Tricks gegen das Vergessen, Berlin, Heidelberg 2013, S. 198
185 Martin Schuster: Für Prüfungen lernen – Strategien zur optimalen Prüfungsvorbereitung, Göttingen u. a. 2001, S. 28
186 Vgl. Michael Kämper-van den Boogart (Hrsg.): Deutsch-Didaktik, Berlin 2008, S. 56
187 Wilhelm Killermann/Peter Hiering/Bernhard Starosta: Biologieunterricht heute – Eine moderne Fachdidaktik, 13. Aufl., Donauwörth 2009, S. 261
188 Hans G. Hoffmann/Marion Hoffmann: Großes Übungsbuch Englisch NEU Grammatik, München 2014, S. 77
189 Katja Berlin: Wir nennen es Fortschritt. In: Brand Eins, Schwerpunkt Digitalisierung, 7/2016. https://www.brandeins.de/archiv/2016/digitalisierung/katja-berlin-wir-nennen-es-fortschritt/; abgerufen am 3.3.2017
190 Franz-Peter Burkard/Axel Weiß: dtv-Atlas Pädagogik, München 2008, S. 170
191 Vgl. Heinz Mandl/Fritz Fischer: Wissen sichtbar machen – Wissensmanagement mit Mapping-Techniken, Göttingen 2000
192 Vera Birkenbihl: Das «neue» Stroh im Kopf – Vom Gehirn-Besitzer zum Gehirn-Benutzer, 38. Aufl., Speyer 2001, S. 273
193 Verena Steiner: Exploratives Lernen – Der persönliche Weg zum Erfolg. Eine Anleitung für Studium, Beruf und Weiterbildung, aktualisierte und erweiterte Neuausgabe, München 2013, S. 185
194 Lutz von Rosenstiel: Grundlagen der Organisationspsychologie, Stuttgart 1992, S. 49
195 Bruce W. Tuckman: Development Sequences in Small Groups, Psychological Bulletin, June 1965, S. 384–399
196 Herbert Gudjons: Frontalunterricht – neu entdeckt. Integration in offene Unterrichtsformen, Bad Heilbrunn 2007, S. 164 f.; vgl. Hilbert Meyer: Plädoyer für eine Wiederbelebung des Frontalunterrichts. In: ders.: Türklinkendidaktik, Berlin 2001, S. 115

197 Thomas Schaller: Die berühmtesten Formeln der Welt … und wie man sie versteht, Salzburg 2007, S. 112–113
198 Johann Wolfgang Goethe, zit. nach Ludwig Reiners/Stephan Meyer/Jürgen Schiewe, Stilkunst – Ein Lehrbuch deutscher Prosa, München 1991, S. 240
199 Natalie Angier: Naturwissenschaft – Was man wissen muss, um die Welt zu verstehen, München 2007, S. 28
200 Andreas Dolle/Birgit Lutzer: Besser erklären, mehr verkaufen – Ein Ratgeber für Techniker, Ingenieure und andere «Fachchinesen», Wiesbaden 2009, S. 43 f.
201 Ebd., S. 43 f.
202 Bernardo Wagner: Didaktik der Elektrotechnik, Version 1.3, S. 30; http://www.zdt.uni-hannover.de/images/1/1e/Didaktik_skript_160402, Abruf 8.5.2011
203 Deutscher Fußball-Bund: Fußball-Regeln 2015/2016. http://www.dfb.de/fileadmin/_dfbdam/72920-fussballregeln_2015_2016_INTERNET.pdf; abgerufen am 2.11.2016
204 Der Begriff Kurzzeitgedächtnis wird nicht immer einheitlich verwendet. Zudem gibt es den (neueren) Begriff Arbeitsgedächtnis, der teilweise synonym mit dem Begriff Kurzzeitgedächtnis gebraucht wird.
205 Nelson Cowan: Working Memory Capacity, New York 2005
206 John Sweller: Cognitive load during problem solving: Effects on learning. In: Cognitive Science 12, 2/1988, S. 257–285
207 Christopher Chabris/Daniel Simons: Der unsichtbare Gorilla: Wie unser Gehirn sich täuschen lässt, München 2011, S. 59
208 Clemens Wieser: Sozialwissenschaft vermitteln und aneignen – Chancen und Risiken für die Gestaltung von Unterricht. Wiesbaden 2015, S. 55
209 Susanne Prediger/Bärbel Barzel/Timo Leuders/Stephan Hussmann: Systematisieren und Sichern. Nachhaltiges Lernen durch aktives Ordnen. In: Mathematik lehren, 164/2011, S. 7; s. auch Robert K. Atkinson/Alexander Renkl (Hrsg.): Interactive learning environments: Contemporary issues and trends (Special issue). In: Educational Psychology Review, 19/2009, S. 235–399
210 Mareike Kunter/Ulrich Trautwein: Psychologie des Unterrichts, Paderborn 2013, S. 86
211 Andreas Gold: Guter Unterricht – Was wir wirklich darüber wissen. Göttingen 2015, S. 75
212 Thilo Kleickmann: Kognitiv aktivieren und inhaltlich strukturieren im naturwissenschaftlichen Sachunterricht, IPN Leibniz-Institut für die Pädagogik der Naturwissenschaften und Mathematik an der Universität Kiel, 2012, S. 8
213 Fritz Oser/Jean-Luc Patry: Choreographien unterrichtlichen Lernens: Basismodelle des Unterrichts. (Berichte zur Erziehungswissenschaft Nr. 89). Freiburg (CH): Pädagogisches Institut der Universität Freiburg, 1990
214 Mareike Kunter/Ulrich Trautwein: Psychologie des Unterrichts, Paderborn 2013, S. 77
215 Ebd., S. 65
216 Ebd., S. 76
217 Ebd., S. 77
218 Kurt Reusser/Christine Pauli: Verständnisorientierung in Mathematikstunden erfassen - Ergebnisse eines methodenintegrativen Ansatzes. In: Zeitschrift für Pädagogik, 59. Jg. 2013, Heft 3; vgl. Christine Pauli: Einen Sachverhalt erklären, Pädagogik, 67(3), 2015, S. 46
219 Mareike Kunter/Ulrich Trautwein: Psychologie des Unterrichts, Paderborn 2013, S. 116 ff.

220 Hilbert Meyer: Plädoyer für eine Wiederbelebung des Frontalunterrichts. In: ders.: Türklinkendidaktik, Berlin 2001, S. 104
221 Herbert Gudjons: Frontalunterricht – neu entdeckt. Integration in offene Unterrichtsformen, Bad Heilbrunn 2007, S. 57
222 Klaus W. Döring: Lehren in der Erwachsenenbildung, Weinheim u. a. 1983, S. 148 ff.; ders.: Praxis der Weiterbildung. Analysen – Reflexionen – Konzepte, Weinheim 1991, S. 90 ff.
223 Susanne Prediger/Bärbel Barzel/Timo Leuders/Stephan Hussmann: Systematisieren und Sichern. Nachhaltiges Lernen durch aktives Ordnen. In: Mathematik lehren, 164/2011, S. 8
224 Andreas Gold: Guter Unterricht – Was wir wirklich darüber wissen, Göttingen 2015, S. 58
225 Mareike Kunter/Ulrich Trautwein: Psychologie des Unterrichts, Paderborn 2013, S. 87 f.
226 Michael Neubrand et al.: Aufgaben im COACTIV-Projekt: Einblicke in das Potential für kognitive Aktivierung im Mathematikunterricht. In: Mareike Kunter et al. (Hrsg.): Professionelle Kompetenz von Lehrkräften – Ergebnisse aus dem Forschungsprogramm COACTIV, S. 130
227 Mareike Kunter/Ulrich Trautwein: Psychologie des Unterrichts, Paderborn 2013, S. 88; s. auch Klieme, et al., 2001
228 Andreas Gold: Guter Unterricht – Was wir wirklich darüber wissen, Göttingen 2015, S. 59
229 In Anlehnung an: Uwe Maier/Marc Kleinknecht/Kerstin Metz/Thorsten Bohl: Ein allgemeindidaktisches Kategoriensystem zur Analyse des kognitiven Potentials von Aufgaben. In: Beiträge zur Lehrerbildung 28 (1), 2010; Christian Kollmitzer: Zum Zusammenhang zwischen Aufgaben und Lernhandlungen. Ein Beitrag zur Qualitätsverbesserung der Lehre in technischen Fachhochschulen. Unveröffentlichte Dissertation, Alpen-Adria-Universität Klagenfurt 2014
230 Eva Kölbach/Andrea Maier-Richter/Elke Sumfleth: Lösungsbeispiele – Eine besondere Form von Lernaufgaben zur Unterstützung individuellen Lernens in den Naturwissenschaften. In: Chemikon 22/2015, S. 11
231 Uwe Maier/Marc Kleinknecht/Kerstin Metz/Thorsten Bohl: Ein allgemeindidaktisches Kategoriensystem zur Analyse des kognitiven Potentials von Aufgaben. In: Beiträge zur Lehrerbildung 28 (1), 2010, S. 92
232 Andreas Gold: Guter Unterricht – Was wir wirklich darüber wissen. Göttingen 2015, S. 56
233 Claudio Caduff/Alois Hundertpfund/Erika Langhans/Daniela Plüss: Unterrichten an Berufsfachschulen – Allgemeinbildender Unterricht (ABU), Bern 2010, S. 128 f.
234 Ebd., S. 128 f.
235 Andreas Gold: Guter Unterricht – Was wir wirklich darüber wissen, Göttingen 2015, S. 138
236 Natalie Angier: Naturwissenschaft – Was man wissen muss, um die Welt zu verstehen, München 2007, S. 68 f.
237 Alexandra Scherrmann: Lernen mit Lösungsbeispielen beim Auswerten von Daten. In: Matthias Ludwig/Michael Kleine (Hrsg.): Beiträge zum Mathematikunterricht 2012, S. 734
238 Julian Roelle/Claudia Müller/Detlev Roelle/Kirsten Berthold: Learning from Instructional Explanations: Effects of Prompts Based on the Active-Constructive-Interac-

tive Framework. In: PLoS ONE 10(4) 2015; https//journals.plos.org/plosone/article?id=10.1371/journal.pone.0124115, S. 25; abgerufen am 24.10.2016; s. auch: Julian Roelle/Nina Lehmkuhl/Martin-Uwe Beyer/Kirsten Berthold: The Role of Specificity, Targeted Learning Activities and Prior Knowledge for the Effects of Relevance Instruction. In: Journal of Educational Psychology, Vol. 107, No. 3, 2015, S. 722

239 John Sweller/Graham Cooper: The use of worked examples as a substitute for problem solving in learning algebra. In: Cognition and Instruction, 2/1985, S. 59–89

240 Andreas Gold: Guter Unterricht – Was wir wirklich darüber wissen. Göttingen 2015, S. 138

241 Vgl. Norbert Landwehr/Elisabeth Müller: Begleitetes Selbststudium, Didaktische Grundlagen und Umsetzungshilfen, Bern 2006, S. 76

242 Vgl. ebd., S. 80

243 Oliver Scholz: Verstehen verstehen. In: Markus Helmerich et al.: Mathematik verstehen – Philosophische und didaktische Perspektiven, Heidelberg 2011, S. 8

244 Lothar Bunn: Erfolgreich Klausuren schreiben, Konstanz u. a. 2013, S. 97–99

245 Astrid Kaiser: Neue Einführung in die Didaktik des Sachunterrichts, 3. Auflage Hohengehren 2010, S. 268, vgl. auch Jerry Richardson: erfolgreich kommunizieren, München 1992, S. 68

246 Manfred Prior/Heike Winkler: MiniMax für Lehrer – 16 Kommunikationsstrategien mit maximaler Wirkung, Weinheim et al. 2009, S. 60 ff.

247 Claudio Caduff: Strukturiert Allgemeinbildung unterrichten, Didaktische Hausapotheke Nr. 4, PH Zürich, Bern 2016, S. 14

248 Rolf Dobelli: Fragen an das Leben, Zürich 2014

249 Alfred Schirlbauer: Ultimatives Wörterbuch der Pädagogik – Diabolische Betrachtungen, 2. erweiterte Auflage 2015, S. 44

250 Im Science-Fiction-Roman «Per Anhalter durch die Galaxis» von Douglas Adams wird nach der «Antwort auf das Leben, das Universum und den ganzen Rest» gefragt. Oft wird dies verkürzt als die Frage nach dem «Sinn des Lebens» umschrieben.

251 Carol J. DeBoth/Roger L. Dominowski: Individual Differences in Learning – Visual versus Auditory Presentation. In: Journal of Educational Psychology, 70/4 1978, S. 498–503; Marcia Ozier: Individual differences in free recall – When some people remember better than others. In: Gordon H. Bower (Hrsg.): Psychology of Learning and Motivation, V. 14, New York 1980; Fons Jaspers: Speech and voice in instructional programs. In: Educational Media International, 31/1994, S. 114–122; Helmut Felix Friedrich/Steffen-Peter Ballstaedt: Strategien für das Lernen mit Medien. In: Helmut Felix Friedrich et al. (Hrsg.): Multimediale Lernumgebungen in der betrieblichen Weiterbildung – Gestaltung, Lernstrategien, Evaluation, Neuß 1997, S. 172; Bernd Weidenmann: Lernen mit Medien. In: Andreas Krapp/Bernd Weidenmann (Hrsg.): Pädagogische Psychologie, 5. Aufl., Weinheim 2001, S. 429–430; Aljoscha Neubauer/Elsbeth Stern: Lernen macht intelligent – Warum Begabung gefördert werden muss, München 2007, S. 254; Maike Looß: Die Lerntypentheorie – Hilfreiches Konzept oder populärer Irrtum? In: Forschung & Lehre, 2009; http://www.forschung-und-lehre.de/wordpress/?p=3275; abgerufen am 3.3.2017

252 Verena Steiner: Exploratives Lernen – Der persönliche Weg zum Erfolg. Eine Anleitung für Studium, Beruf und Weiterbildung, aktualisierte und erweiterte Neuausgabe, München 2013, S. 153

253 Vgl. Hans Aebli: Zwölf Grundformen des Lehrens, 13. Aufl., Stuttgart 2006, S. 310–325; auch Gerhard Steiner: Wiederholungsstrategien. In: Heinz Mandl/Helmut F. Friedrich (Hrsg.): Handbuch Lernstrategien, Göttingen u. a. 2006, S. 104
254 Richard J. Gerrig/Philip G. Zimbardo: Psychologie, 18., aktualisierte Aufl., Hallbergmoos 2008, S. 254
255 Vgl. Marvin Minsky: K-Lines: A Theory of Memory. In: Cognitive Science 4 (1980), S. 119 f.
256 Hans-Christoph Mertins/Markus Gilbert: Prüfungstrainer Experimentalphysik, 2. Aufl., Heidelberg 2011, S. 100–108
257 Paul Ziff: Understanding. In: ders.: Understanding understanding, Ithaca et al. 1972, S. 20
258 Gerhard Roth: Bildung braucht Persönlichkeit, überarbeitete u. erweiterte Auflage 2015, S. 261
259 Thomas Bartelborth: Erklären, Berlin 2007, S. 19
260 Oliver Scholz: Verstehen verstehen. In: Markus Helmerich et al.: Mathematik verstehen – Philosophische und didaktische Perspektiven, Heidelberg 2011, S. 5
261 Alfred Schirlbauer: 37 Elefanten – Oder: Kann man ohne Lerntheorie unterrichten? In: Konstantin Mitgutsch u. a. (Hrsg.): Dem Lernen auf der Spur – Die pädagogische Perspektive, Stuttgart 2008, S. 205
262 Gerhard Roth: Bildung braucht Persönlichkeit, überarbeitete u. erweiterte Auflage 2015, S. 282 f.
263 Oliver Scholz: Verstehen verstehen. In: Markus Helmerich et al.: Mathematik verstehen – Philosophische und didaktische Perspektiven, Heidelberg 2011, S. 5
264 Martin Lehner: Didaktische Reduktion, Bern 2012
265 Gerald Wittmann: Erklärsituationen als Schlüssel zu individuellen Konzepten mathematischer Begriffe und Verfahren. Ein Überblick zu mathematikdidaktischen Forschungsansätzen. In: Janet Spreckels: Neue Perspektiven aus der Gesprächs- und Unterrichtsforschung, Hohengehren 2009, S. 99
266 Gerhard Roth: Bildung braucht Persönlichkeit, überarbeitete u. erweiterte Auflage 2015, S. 282 f.
267 Marcus Gabriel: Warum es die Welt nicht gibt, München 2015, S. 61
268 Gerald Wittmann: Erklärsituationen als Schlüssel zu individuellen Konzepten mathematischer Begriffe und Verfahren. Ein Überblick zu mathematikdidaktischen Forschungsansätzen. In: Janet Spreckels: Neue Perspektiven aus der Gesprächs- und Unterrichtsforschung, Hohengehren 2009, S. 114
269 Clemens Wieser: Sozialwissenschaft vermitteln und aneignen – Chancen und Risiken für die Gestaltung von Unterricht. Wiesbaden 2015, S. 30
270 Gerhard Roth: Bildung braucht Persönlichkeit, überarbeitete u. erweiterte Auflage 2015, S. 261
271 Joachim Kahlert: Der Sachunterricht und seine Didaktik, 3., aktualisierte Aufl., Bad Heilbrunn 2009, S. 121
272 Silke Mikelskis-Seifert: Im Physikunterricht modellieren. In: Helmut F. Mikelskis (Hrsg.): Physikdidaktik – Praxishandbuch für die Sekundarstufe I und II, Berlin 2006, S. 122 u. 126
273 Ebd., S. 121

274 Fritz Siemsen: Typische Fehlkonzepte bei Lehramtskandidaten und ihre Behebung, Universität Frankfurt, Institut für Didaktik der Physik; http://user.uni-frankfurt.de/~siemsen/GDCP_2007_Siemsen_-_Typische_Fehler.pdf; Abruf 5.12.2016

275 Natalie Angier: Naturwissenschaft – Was man wissen muss, um die Welt zu verstehen, München 2007, S. 64

276 Björn Andersson/Christina Kärrqvist: How Swedish Pupils, aged 12–15 years, understand light and its properties. European Journal of Science Education 5/1983, S. 387–402

277 Silke Mikelskis-Seifert: Im Physikunterricht modellieren. In: Helmut F. Mikelskis (Hrsg.): Physikdidaktik – Praxishandbuch für die Sekundarstufe I und II, Berlin 2006, S. 123

278 Friedrich Schleiermacher: Aphorismen zur Pädagogik. In: Ausgewählte pädagogische Schriften, besorgt von Ernst Lichtenstein, Paderborn 1964, S. 33

279 Peter Haupt: Verwendung von Strukturmodellen – als Beispiel zur Elementarisierung und didaktischen Reduktion. In: Naturwissenschaften im Unterricht. Chemie, 7 (1996), Nr. 34, S. 13

280 Vgl. Silke Mikelskis-Seifert: Im Physikunterricht modellieren. In: Helmut F. Mikelskis (Hrsg.): Physikdidaktik – Praxishandbuch für die Sekundarstufe I und II, Berlin 2006, S. 128; Bernd Lutz/Peter Pfeifer: Fachwissenschaft, Lebenswirklichkeit und Chemieunterricht. In: Peter Pfeifer et al.: Konkrete Fachdidaktik Chemie. 3. Aufl. München 2002, S. 49

281 Bernd Lutz/Peter Pfeifer: Fachwissenschaft, Lebenswirklichkeit und Chemieunterricht. In: Peter Pfeifer et al.: Konkrete Fachdidaktik Chemie. 3. Aufl. München 2002, S. 55

282 Gerald Wittmann: Erklärsituationen als Schlüssel zu individuellen Konzepten mathematischer Begriffe und Verfahren. Ein Überblick zu mathematikdidaktischen Forschungsansätzen. In: Janet Spreckels: Neue Perspektiven aus der Gesprächs- und Unterrichtsforschung, Hohengehren 2009, S. 94

283 Walter Köhnlein: Leitende Prinzipien und Curriculum des Sachunterrichts. In: Edith Glumpler/Steffen Wittkowske (Hrsg.): Sachunterricht heute – Zwischen interdisziplinärem Anspruch und traditionellem Fachbezug, Bad Heilbrunn 1996, S. 59

284 Martin Wagenschein: Verdunkelndes Wissen? In: ders.: Verstehen lehren – Genetisch, Sokratisch, Exemplarisch, 4. Aufl. Weinheim u. a. 2008, S. 65 (Erstveröffentlichung 1965)

285 Karl Popper: Objektive Erkenntnis – Ein evolutionärer Entwurf, Hamburg 1974, S. 354–375

286 George Steiner in der Sendung «Sternstunde Philosophie», SF 1, 4. Dezember 2011. http://www.youtube.com/watch?v=qu_3aGMwVUg; Zugang am 4.12.2013

287 University of Oxford: Student approaches to learning; http://www.learning.ox.ac.uk/media/global/wwwadminoxacuk/localsites/oxfordlearninginstitute/documents/supportresources/lecturersteachingstaff/resources/resources/Student_Approaches_to_Learning.pdf Zugang am 19.5.2014

288 Vgl. Wolfgang Widulle: Handlungsorientiert im Studium – Arbeitsbuch für soziale und pädagogische Berufe, Wiesbaden 2009, S. 199

289 Verena Schneider: Gut gelernt und Zeit gespart – Praktische Tipps und Übungen für effektives und erfolgreiches Lernen, Augsburg 2007, S. 84

290 Andreas Gold: Guter Unterricht – Was wir wirklich darüber wissen, Göttingen 2015, S. 56

291 Oliver Scholz: Verstehen verstehen. In: Markus Helmerich et al.: Mathematik verstehen - Philosophische und didaktische Perspektiven, Heidelberg 2011, S. 10

292 Inghard Langer/Friedemann Schulz von Thun/Reinhard Tausch: Sich verständlich aus drücken, 10. Auflage München 2015

293 Martin Apolin: Die Sprache in Physikschulbüchern (unter besonderer Berücksichtigung von Texten zur speziellen Relativitätstheorie), Dissertation Universität Wien 2002, S. 62

294 Andreas Dolle/Birgit Lutzer: Besser erklären, mehr verkaufen – Ein Ratgeber für Techniker, Ingenieure und andere «Fachchinesen», Wiesbaden 2009, S. 137 ff.

295 Peter Reimann/Andreas Rapp: Expertiseerwerb. In: Alexander Renkl (Hrsg.): Lehrbuch Pädagogische Psychologie, Bern 2008, S. 190

296 Andreas Gold: Guter Unterricht – Was wir wirklich darüber wissen. Göttingen 2015, S. 130 f.; vgl. Weinert/Helmke,1997

297 Andreas Dolle/Birgit Lutzer: Besser erklären, mehr verkaufen – Ein Ratgeber für Techniker, Ingenieure und andere «Fachchinesen», Wiesbaden 2009, S. 22

298 Jörg Wittwer/Alexander Renkl: Why Instructional Explanations Often Do Not Work: A Framework for Understanding the Effectiveness of Instructional Explanations. In: Educational Psychologist, 43(1), 2008, S. 57

299 Claudio Caduff: Strukturiert Allgemeinbildung unterrichten, Didaktische Hausapotheke Nr. 4, PH Zürich, Bern 2016, S. 23; vgl. Gerhard Steiner: Der Kick zum effizienten Lernen. Erfolgreich und effizient ausbilden dank lernpsychologischer Kompetenz – vermittelt an 30 Beispielen, 2007, S. 80 ff.

300 Jörg Wittwer/Alexander Renkl: Why Instructional Explanations Often Do Not Work: A Framework for Understanding the Effectiveness of Instructional Explanations. In: Educational Psychologist, 43(1), 2008, S. 58 f.

301 Hans Aebli: Zwölf Grundformen des Lehrens – Eine Allgemeine Didaktik auf psychologischer Grundlage. Medien und Inhalte didaktischer Kommunikation, der Lernzyklus, 13. Auflage Stuttgart 2006 (Erstauflage 1983), S. 269 f.

302 Ebd., S. 270

303 Barbara Drollinger-Vetter: Verstehenselemente und strukturelle Klarheit – Fachdidaktische Qualität der Anleitung von mathematischen Verstehensprozessen im Unterricht, Münster et al. 2011, S. 187

304 Ebd., S. 184

305 Ebd., S. 183

306 Gordan Varelija: Kinder verstehen Mathematik – Ein Instrumentarium der Kritik von Mathematikunterricht in der Volksschule, Dissertation Alpen-Adria-Universität Klagenfurt 2015, S. 169

307 Elke Wild/Jens Möller: Pädagogische Psychologie, Heidelberg 2009, S. 17 f.

308 Robert K. Atkinson/Alexander Renkl/Mary M. Merrill: Transitioning from studying examples to solving problems: Combining fading with prompting fosters learning. Journal of Educational Psychology, 95 (2003) Suppl. 95, S. 774–783

309 Michelene T.H. Chi/Miriam Bassok/Matthew M. Lewis/Peter Reinmann/Robert Glaser: Self-Explanations: How students study and use examples in learning to solve problems. In: Cognitive Science, 13/1989, S. 145–182; Alexander Renkl/Robin Stark/Hans Gruber/Heinz Mandl: Learning from worked-out examples: The effects of example variability and elicited self-explanations. In: Contemporary Educational Psychology 23/1998, S. 90–108

310 Gabi Reinmann-Rothmeier/Heinz Mandl: Wissensvermittlung: Ansätze zur Förderung des Wissenserwerbs. In: Enzyklopädie der Psychologie, Bd. 6, 1998, S. 469; s. auch: Herbert Gudjons: Frontalunterricht – neu entdeckt. Integration in offene Unterrichtsformen, Bad Heilbrunn 2007, S. 71
311 Peter Littger: The devil lies in the detail – Lustiges und Lehrreiches über unsere Lieblingsfremdsprache, Köln 2015, S. 98 f.
312 Alfred Schirlbauer: Ultimatives Wörterbuch der Pädagogik – Diabolische Betrachtungen, 2. erweiterte Auflage 2015, S. 46
313 Konrad Paul Liessmann: Geisterstunde. Die Praxis der Unbildung – Eine Streitschrift, Wien 2014, S. 41

Literatur

Im folgenden Literaturverzeichnis sind Werke aufgeführt, die in der einen oder anderen Weise einen Beitrag zum Themenfeld «Erklären und Verstehen» leisten. Das Verzeichnis erhebt keinen Anspruch auf Vollständigkeit:

Aeschbacher, Urs: Eine Lanze für das Erklären. In: Beiträge zur Lehrerbildung, 27 (3), 2009, S. 431–437

Caduff, Claudio: Strukturiert Allgemeinbildung unterrichten, Didaktische Hausapotheke Nr. 4, PH Zürich, Bern 2016

Drollinger-Vetter, Barbara: Verstehenselemente und strukturelle Klarheit – Fachdidaktische Qualität der Anleitung von mathematischen Verstehensprozessen im Unterricht, Münster et al. 2011

Gold, Andreas: Guter Unterricht – Was wir wirklich darüber wissen, Göttingen 2015

Kunter, Mareike/Trautwein, Ulrich: Psychologie des Unterrichts, Paderborn 2013

Lehner, Martin: Didaktische Reduktion, Bern 2012

Lehner, Martin: Viel Stoff – wenig Zeit. Wege aus der Vollständigkeitsfalle, 4. Auflage Bern 2013

Leisen, Josef: Das Erklären im Unterricht. In: Der mathematische und naturwissenschaftliche Unterricht 60 (2007), 8, 459–462

Pauli, Christine: Einen Sachverhalt erklären. In: Pädagogik, 67(3), 2015, S. 44–47

Reusser, Kurt/Pauli, Christine: Verständnisorientierung in Mathematikstunden erfassen – Ergebnisse eines methodenintegrativen Ansatzes. In: Zeitschrift für Pädagogik, 59. Jg. 2013, Heft 3, S. 308–335

Scholz, Oliver: Verstehen verstehen. In: Markus Helmerich et al.: Mathematik verstehen – Philosophische und didaktische Perspektiven, Heidelberg 2011, S. 3–14

Wagenschein, Martin: … «zäh am Staunen» – Pädagogische Texte zum Bestehen der Wissensgesellschaft, zusammengestellt und herausgegeben von Horst Rumpf, Seelze-Velber 2002

Wagner, Anke/Wörn, Claudia: Erklären lernen – Mathematik verstehen, Ein Praxisbuch mit Lernangeboten, Seelze 2011

Wittwer, Jörg/Renkl, Alexander: Why Instructional Explanations Often Do Not Work: A Framework for Understanding the Effectiveness of Instructional Explanations. In: Educational Psychologist, 43(1), 2008, S. 49–64

Sachregister

Bitte beachten Sie auch die folgenden Seiten!